不懂财务就当不好经理

用数据思考，管理更靠谱

Without the Knowledge of Financing,
You could never be a Remarkable Manager

吴晶 ◎ 著

立信会计出版社
LIXIN ACCOUNTING PUBLISHING HOUSE

图书在版编目（CIP）数据

不懂财务就当不好经理/吴晶著.--上海：立信会计出版社，2016.6
（去梯言）
ISBN 978-7-5429-5018-5

Ⅰ.①不… Ⅱ.①吴… Ⅲ.①企业管理－财务管理
Ⅳ.①F275

中国版本图书馆CIP数据核字(2016)第101900号

策划编辑　蔡伟莉
责任编辑　陈　昕
封面设计　久品轩

不懂财务就当不好经理

出版发行	立信会计出版社			
地　　址	上海市中山西路2230号	邮政编码	200235	
电　　话	（021）64411389	传　真	（021）64411325	
网　　址	www.lixinaph.com	电子邮箱	lxaph@sh163.net	
网上书店	www.shlx.net	电　话	（021）64411071	
经　　销	各地新华书店			
印　　刷	固安县保利达印务有限公司			
开　　本	720毫米×1000毫米	1/16		
印　　张	20.5	插　页	1	
字　　数	356千字			
版　　次	2016年6月第1版			
印　　次	2018年3月第4次			
书　　号	978-7-5429-5018-5/F			
定　　价	42.00元			

如有印订差错，请与本社联系调换

前　言
Preface

　　经济越发展，财务越重要。搞经济离不开财务，财务工作与经济发展密切相关。作为提供经济信息的核算系统和发挥管理功能的财务知识，对社会经济发展有着举足轻重的作用。

　　鉴于财务工作在企业经营管理中的特殊地位，非财务管理人员应掌握公司财务的基本知识和基本技能。然而，目前仍然有很多的管理人员没有财务专业背景，非常缺乏财务基础知识。《不懂财务就当不好经理》一书的目的正在于帮助各非财务部门的管理人员掌握公司财务基本知识与技能，使之尽早转变为一名优秀的综合型管理人员。

　　全书共分为三大部分，即财务基本常识、财务账表的基本原理和各部门经理最需要掌握的财务知识。本书首先从职场经理人所必备的财务基础知识开始，深入浅出地介绍账户、支票、坐支、会计科目及报表原理，然后分部门有针对性地重点阐述各部门经理应该具备的财务知识。书中内容涉及销售部门、人事部门、采购部门、生产部门及法务部门等，涵盖了公司日常运营的各个方面。在这些论述中，作者注重结合各部门经理的工作实务，把大家认为枯燥的财务知识生动具体地阐述出来，从而为读者职业生涯的上升助一臂之力。

　　在借鉴国内外大量文献资料的基础上，本书注重：

　　（1）总结我国目前公司经营中最实用的财务知识，吸收国外先进理论与实践中有用的东西，洋为中用。

　　（2）理论联系实际，反映和体现公司经营中的最新业务动态，吸收最新的成果。

（3）注重财务基础知识的介绍，化繁为简。
（4）阐述系统、全面、清晰、实用，可读性强。

本书还可作为相关工作部门、中外资公司人员的培训教材和参考读本。

作为广大非财务专业管理人员的入门读本，既要严格遵守科学的财务体系，又要深入浅出地表述准确，作者难免在编写过程中存在一些疏漏之处，期待各位业内专家、学者和广大读者批评指正。

目 录

Contents

第一章 职场财务常识

第一节 人人都要有会计思维
——成本、盈利意识是职场必备的财务素质 ……… 2
海尔人节约的故事 ……… 2
具有成本、盈利意识的员工更受欢迎 ……… 3
具有成本、盈利意识的员工更容易成为老板 ……… 3
成本、盈利意识应贯穿日常工作 ……… 4
成为企业最赚钱的人 ……… 5

第二节 学会怎样与钱打交道
——谈账户、坐支、各种结算常识 ……… 6
了解银行账户 ……… 6
谈谈坐支 ……… 7
结算方式的种类 ……… 8
旅行支票 ……… 16
银行结算纪律 ……… 17
货币资金内部控制的规定 ……… 17

第二章 财务入门基本功

第一节 会计核算些什么
——会计基本八要素 ……… 20
清清楚楚地了解什么是资产 ……… 20
清清楚楚地了解什么是负债 ……… 22
清清楚楚地了解什么是所有者权益 ……… 23

清清楚楚地了解什么是收入 ………………………… 25
清清楚楚地了解什么是费用 ………………………… 26
清清楚楚地了解什么是利润 ………………………… 27
清清楚楚地了解什么是会计计量属性 ……………… 27
清清楚楚地了解什么是财务会计报告 ……………… 28

第二节 判断入账时差的因素
——权责发生制和收付实现制 ………………… 29

第三节 所有企业的一条财务铁律
——会计恒等式 ………………………………… 32

第三章 主要会计科目

第一节 公司的家当
——资产类项目 ………………………………… 36

正确理解会计中的货币资金 ………………………… 36
正确理解会计中的交易性金融资产 ………………… 37
正确理解会计中的应收账款 ………………………… 37
正确理解会计中的其他应收款 ……………………… 39
正确理解会计中的存货 ……………………………… 39
正确理解会计中的待摊费用 ………………………… 40
正确理解会计中的长期投资 ………………………… 41
正确理解会计中的固定资产 ………………………… 42
正确理解会计中的在建工程 ………………………… 43
正确理解会计中的无形资产 ………………………… 44
正确理解会计中的长期待摊费用 …………………… 45

第二节 对外的义务
——负债类项目 ………………………………… 46

短期借款的确认 ……………………………………… 46
应付账款的确认 ……………………………………… 46
预收款项的确认 ……………………………………… 47
应付职工薪酬的确认 ………………………………… 47
应交税费的确认 ……………………………………… 48
预提费用的确认 ……………………………………… 48
预计负债的确认 ……………………………………… 48

　　　　　　长期借款的确认 ·················· 49
第三节　老板的蛋糕
　　　　——权益类项目 ························· 50
　　　　　　全面理解实收资本或股本的含义 ········ 50
　　　　　　全面理解资本公积的含义 ············ 50
　　　　　　全面理解盈余公积的含义 ············ 51
　　　　　　全面理解未分配利润的含义 ··········· 52

第四章　记账是怎么回事

第一节　账本的最初原形
　　　　——丁字账 ························· 54
　　　　　　弄清楚会计账户的概念 ············· 54
　　　　　　掌握会计账户的结构与格式 ··········· 54
　　　　　　了解资产类账户的结构 ············· 56
　　　　　　了解负债类账户的结构 ············· 56
　　　　　　了解所有者权益类账户的结构 ········· 57
　　　　　　了解收入类账户的结构 ············· 57
　　　　　　了解费用成本类账户的结构 ··········· 57
第二节　最通行的记账方法
　　　　——借贷记账法 ······················ 59
　　　　　　不可不知的借贷记账法基本理论 ········ 59
第三节　日常经济事项的会计翻译
　　　　——会计分录 ······················· 62

第五章　一个公司的体检表

第一节　反映现状的财务报表
　　　　——资产负债表 ····················· 66
　　　　　　掌握资产负债表的概念与结构 ········· 66
　　　　　　学会编制资产负债表 ··············· 68
第二节　评价过去的财务报表
　　　　——利润表 ························· 74
　　　　　　掌握利润表的概念与结构 ············ 74

　　　　学会编制利润表 ……………………………………………… 76
　第三节　看真金白银的财务报表
　　　　——现金流量表 ……………………………………………… 79
　　　　现金流量表的意义 …………………………………………… 79
　　　　现金流量表的结构 …………………………………………… 81
　　　　现金流量的分类有哪些 ……………………………………… 84
　　　　现金流量表基本部分的编制方法 …………………………… 85

第六章　总经理必备财务知识

　第一节　观念第一
　　　　——财务管理观念 …………………………………………… 92
　　　　财务管理的对象是谁 ………………………………………… 92
　　　　认识现金流转的概念 ………………………………………… 92
　　　　什么是现金的短期循环 ……………………………………… 93
　　　　什么是现金的长期循环 ……………………………………… 94
　　　　什么是现金流转不平衡 ……………………………………… 95
　第二节　审时度势
　　　　——熟悉与财务有关的几种环境 …………………………… 99
　　　　认真审视法律环境 …………………………………………… 99
　　　　认真审视金融市场环境 ……………………………………… 101
　　　　认真审视经济环境 …………………………………………… 107
　第三节　不当糊涂虫
　　　　——如何看懂报表 …………………………………………… 109
　　　　掌握会计报表的分析步骤 …………………………………… 109
　　　　会计报表分析的具体方法 …………………………………… 110
　第四节　稳坐钓鱼台的诀窍
　　　　——提高股东收益率并合理分红 …………………………… 114
　　　　股利分配政策与内部筹资 …………………………………… 114

第七章　销售经理必备财务知识

　第一节　不被炒鱿鱼的前提
　　　　——熟悉利润规划 …………………………………………… 118

　　　　　了解成本、数量与利润的相互关系 ·················· 118
　　　　　掌握盈亏临界分析的方法 ························ 125
　第二节　搞懂与工资直接挂钩的东西
　　　　　——什么才算销售收入 ························ 127
　　　　　搞懂收入的概念及其分类 ······················ 127
　　　　　搞懂销售商品收入的确认与计量 ·················· 128
　　　　　特殊情况下的商品销售收入确认 ·················· 132
　　　　　提供劳务收入的确认与计量 ···················· 141
　　　　　特殊劳务收入的确认方法 ······················ 143
　第三节　财务上怎样记录公司的业绩
　　　　　——销售过程的核算 ·························· 145
　　　　　做好销售过程的核算 ·························· 145
　第四节　收入再多，也还要看回款
　　　　　——应收账款管理 ···························· 151
　　　　　应收账款管理的目标 ·························· 151
　　　　　信用政策的确定 ······························ 152
　　　　　应收账款的收账 ······························ 156

第八章　人力资源经理必备财务知识

　第一节　要马儿快跑，就得备好草
　　　　　——薪酬管理中的财务知识 ···················· 160
　　　　　从下而上的薪酬预算方法 ······················ 160
　　　　　从上而下的薪酬预算方法 ······················ 161
　　　　　如何做好薪酬衡量 ···························· 162
　　　　　如何确立薪酬总额 ···························· 163
　　　　　如何抑制过高的人工成本 ······················ 168
　　　　　如何及时进行薪酬调整 ························ 170
　第二节　如何支付有讲究
　　　　　——薪酬支付的方法 ·························· 172
　　　　　模糊薪酬制究竟好不好 ························ 172
　　　　　增加薪酬透明度 ······························ 173
　　　　　把握支付的时机 ······························ 175
　　　　　合理的支付方式 ······························ 176

　　　　争取员工的信任 ………………………………………… 179

第三节　重赏之下出勇夫
　　　　——奖金管理体系 ……………………………………… 181
　　　　变化多样的奖金体系 …………………………………… 181
　　　　奖金是手段，激励是目的 ……………………………… 182
　　　　正确看待奖金奖励的管理 ……………………………… 183
　　　　运用好奖金激励的技巧 ………………………………… 185
　　　　完美的个人奖励计划 …………………………………… 186
　　　　奖惩一定要分明 ………………………………………… 194
　　　　最重要的是胡萝卜加大棒 ……………………………… 195

第四节　让上上下下感谢你
　　　　——学习合理避税的方法 ……………………………… 196
　　　　合理避税不是偷骗抗欠税 ……………………………… 196
　　　　合理避税必备五种素质 ………………………………… 199
　　　　合理避税必备六种意识 ………………………………… 202
　　　　人力资源经理避税三大招 ……………………………… 204
　　　　必修课：经常关注税务政策的调整 …………………… 205

第五节　极其重要的福利
　　　　——保险 ………………………………………………… 207
　　　　社会保险 ………………………………………………… 209

第九章　采购经理必备财务知识

第一节　采购主管脑筋中第一根弦
　　　　——如何订货 …………………………………………… 216
　　　　存货管理的目标 ………………………………………… 216
　　　　储备存货的有关成本 …………………………………… 216
　　　　做好存货决策 …………………………………………… 218

第二节　存货进出如何算账
　　　　——计价 ………………………………………………… 225
　　　　材料采购成本的计算 …………………………………… 225
　　　　必须要掌握的存货计价方法 …………………………… 227

第三节　明白采购的过程
　　——采购过程的核算 ················ 231
　　如何进行采购核算 ················ 231
　　固定资产购入业务的核算 ············ 235

第四节　不可忽视的一环
　　——发票管理 ···················· 238
　　发票管理的各环节 ················ 238
　　增值税专用发票的填开实例 ·········· 245

第十章　生产经理必备财务知识

第一节　时刻注意着
　　——什么是成本，如何控制成本 ········ 248
　　不可或缺的成本概念 ·············· 248
　　抓好成本管理的工作 ·············· 250
　　成本降低的基本原则 ·············· 257
　　成本降低的主要途径 ·············· 258
　　学习一点成本会计的技巧 ············ 258

第二节　最大的成本
　　——生产经营成本 ················ 260
　　各式各样的成本分类 ·············· 260
　　了解产品成本和期间成本 ············ 262
　　了解直接成本和间接成本 ············ 264

第三节　不能糊涂的账
　　——成本的归集与分配 ·············· 267
　　掌握成本计算的要求 ·············· 267
　　掌握成本计算的基本步骤 ············ 268
　　了解成本的归集和分配 ············ 271
　　了解人工费用的归集和分配 ·········· 273

第四节　共同费用怎么摊
　　——期间费用的核算 ················ 275
　　销售费用计算的方法 ·············· 275
　　管理费用计算的方法 ·············· 276

　　　　核算使用的主要科目及账务处理 …………………………………… 277
　　　　财务费用核算的方法 ………………………………………………… 278

第十一章　法律顾问必备财务知识

第一节　切蛋糕时你主刀
　　　　——盈利分配的程序和方式 ………………………………………… 282
　　　　股利分配的内容 ……………………………………………………… 282
　　　　股利支付的程序和方式 ……………………………………………… 283

第二节　像猎犬一样追逐到底
　　　　——参与债务人清算 ………………………………………………… 285
　　　　了解企业清算的类型 ………………………………………………… 285
　　　　了解破产清算的全过程 ……………………………………………… 286
　　　　了解解散清算的特点 ………………………………………………… 288
　　　　企业清算实施的方法 ………………………………………………… 290

第三节　公司脱胎换骨时需要你
　　　　——股权重组 ………………………………………………………… 293
　　　　什么是股份制改组 …………………………………………………… 293
　　　　什么是股权置换 ……………………………………………………… 295
　　　　什么是公司内部人持股 ……………………………………………… 296
　　　　什么是股票回购 ……………………………………………………… 297
　　　　什么是股权重组与并购 ……………………………………………… 299
　　　　弄清楚并购的动因 …………………………………………………… 302
　　　　充分认识企业并购的风险 …………………………………………… 304
　　　　筹措好并购的资金 …………………………………………………… 305
　　　　如何在股权重组中反收购 …………………………………………… 307

第四节　解救财务危机少不了你
　　　　——财务重整 ………………………………………………………… 311
　　　　做好非正式财务重整 ………………………………………………… 311
　　　　做好正式财务重整 …………………………………………………… 312
　　　　走好财务重整的程序 ………………………………………………… 313
　　　　作好财务重整的决策 ………………………………………………… 315

第一章
职场财务常识

人在职场，若要立于不败之地，终究要靠提高自身综合素质，而综合素质中如果缺乏财务常识，就会存在重大缺陷。

第一节 人人都要有会计思维

——成本、盈利意识是职场必备的财务素质

 海尔人节约的故事

中国海尔集团虽已进入世界500强，却经常为一些内部"琐事"而"小题大做"，《海尔人》就曾经刊登过这样的批评文章：

一张白纸写几个字就扔掉；拿宣传单铺在浴室的衣橱内；大小会议、开业店庆，即便于工作对集团内部部门，动辄也以精美的请柬相邀，尽管打个电话也完全可以达到请人的目的。更不论那精美的请柬每张至少要两元，而每张请柬拿在手里不超过两分钟就看完了弃之一边。还可以推想，得派人买请柬，填写请柬，再派人派车花时间送请柬，成本谁算过？

再说发传真，问一位驻外营销人员每天收发多少张传真，答曰：不论张，"张"太小儿科了，要论"米"。可有谁研究过：这几米的传真，有几张是有用的？

还有广告单，印时脑子没有预算，一印就是几十万张，一旦过时或不符合市场思路，便都成了废纸；可面对废了的印刷品，有几个上级对此追究过谁的责任？责任人应该承担百分之几的经济赔偿？至今没有因印刷品作废而受到经济处罚的事。

你也许认为这过于大惊小怪了——偌大一个海尔，浪费一张纸怕什么？多打一会儿电话算什么？

让我们来算算账吧！假如每一个海尔人一天浪费一张A4纸（按0.07元/张计），近2万名员工1年就会浪费45.99万元呢！

各级管理者应该把狠刹败家子行为与每个人的利益挂钩，否则，又不花他家的钱，他才不心疼！

不尽精微，无以致广大。杜绝浪费、控制成本，就是在为企业创造效益。而

第一章　职场财务常识

那些触目惊心的浪费，其实就体现在常常视而不见的细枝末节之中。

在现实中，一些员工没有成本意识，他们对于公司财物的损坏、浪费熟视无睹，让公司白白遭受损失，自然也使公司的开支增大，成本提高。这种行为应尽量杜绝。

 具有成本、盈利意识的员工更受欢迎

千万不要认为一个公司里只有生产人员和营销人员才能争取客户、增加产出为公司赚钱，一个公司要产生利润，就必须倚仗开源和节流。不直接与客户打交道的人也能通过节俭为公司赚钱。

每一个员工，都要在工作和生活中提高成本意识，养成为公司节约每一分钱的习惯。节俭实际上也是为公司赚钱。

公司无论是大是小，是富是穷，使用公物都要节俭，出差办事也绝对不能铺张浪费。节约一分钱，等于为公司赚了一分钱。就像富兰克林说的："注意小笔开支，小漏洞也能使大船沉没。"所以，一分也不能浪费。

一位年轻人到一家公司应聘。当他走进办公室时，看到门角有一张白纸，出于习惯，年轻人弯腰捡起白纸并把它交给了前台小姐。结果，在众多的应聘者中，这位年轻人战胜了其他比他条件更好的人，成了这家公司的正式员工。

后来，公司董事长在给他分配任务时说："其实那张门角的白纸是我们故意放的，那是对所有应聘者的一个考验，但只有你通过了。只有懂得珍惜公司最细微财物的员工，才能给公司创造财富。"

事实上，一个从小处着眼为公司着想的人，肯定能在其他的方面为公司着想。这样的人当然也就是能为企业赚钱的人。一个具有成本意识、处处维护公司利益的人才是老板愿意接受的人。

 具有成本、盈利意识的员工更容易成为老板

19世纪，石油巨头众多，最后却只有洛克菲勒独领风骚，其成功绝非偶然。有关专家在分析他的创富之道时发现，精打细算是他取得成功的主要原因之一。

洛克菲勒踏入社会后的第一个工作，就是在一家名为休威·泰德的公司当簿记员，这为他以后的数字生涯打下了良好的基础。由于他勤恳、认真、严谨，不仅把本职工作做得井井有条，还有几次在送交银行的单据上查出了错误，为公司节省了数笔可观的支出，因此深得老板的赏识。

后来，洛克菲勒拥有了自己的公司，他更加注重节约成本，提炼每加仑原油的成本要计算到小数点后的第3位。他每天早晨一上班，就要求公司各部门将一份有关净值的报表送上来。

经过多年的实践，洛克菲勒能够准确地查阅报上来的成本开支、销售以及损益等各项数字，从中发现问题，并以此来考核每个部门的工作。

1879年，他质问一个炼油厂的经理："为什么你们提炼一加仑原油要花1分8厘2毫，而东部的一个炼油厂干同样的工作却只要9厘1毫？"他甚至连价值极微的油桶塞子也不放过，他曾写过这样的回信：

"……上个月你汇报手头有1 119个塞子，本月初送去你厂10 000个，本月你厂使用9 527个，而现在报告剩余912个，那么其他的680塞子哪里去了呢？"

成本、盈利意识应贯穿日常工作

在现实生活中，有一些员工没有成本意识，他们对于公司财物的损坏、浪费熟视无睹，让公司白白遭受损失，自然也使公司的开支增大，成本提高。

如今一些大公司提倡这样的节约精神：节约每一分钱、每一分钟、每一张纸、每一度电、每一滴水、每一滴油、每一块煤、每一克料……

很多公司对纸张的使用都有严格的要求。例如：在打印机和复印机旁一般都设有三个盒子，一个是盛放新纸的，一个是盛放用过一面留待反面使用的，另一个才是盛放两面都用过可以处理掉的。如果用过一面的纸张不便于用于打印或复印，可以简单装订起来作为草稿纸，或者用于财务报销时贴发票。总之，一定可以另找其他用途，不可随意废弃。

在中午的休息时间或办公区长时间无人时，需自觉关闭电灯及电脑显示器等。如果在中午时间你到一家公司，发现里面灯光黯淡，电脑也似乎没有开机，不要担心，这一定是吃饭和午休时间。办公室的主人们也许正在公司的餐厅或楼下咖啡座里享受生活呢？

有的公司规定一次性纸杯只能供客人使用。在公司开会时，经常可以看到客人一侧是清一色的纸杯，而公司职员这一侧则是风格各异的瓷杯或玻璃杯。这是因为很多公司倡导环保节约的理念，即使这样的小细节，也规定得特别详细。

从小事做起，从我做起。老板们这样做的目的，是希望员工头脑中有一个简单却至关重要的概念，那就是每一个公司的成员都有责任尽力帮助公司赚钱。一旦员工的头脑中形成节约这个观念并习惯于这样做时，一定会见效果。

一个员工，只有有了替公司赚钱的责任感，才会付诸行动，去为公司赚钱和省钱。

成为企业最赚钱的人

比尔·盖茨说："能为公司赚钱的人，才是公司最需要的人。"

大多数公司、企业都是老板出资办起来的。公司是老板的，公司必须有效益，老板才能把公司开下去。所以，过去那种在体制内唯命是从、毕恭毕敬就能讨得领导欢心的时代已经过去了。那些能力平庸、没有业绩的员工再怎么曲意奉承也很难换取老板的赏识。

这是为什么呢？因为在市场竞争如此激烈的今天，老板考虑的是自己公司的生存和发展，你再乖乖听话、俯首听命，但你不能为老板赚钱，他照样炒你的鱿鱼。他的公司不是慈善机构，他不会允许那些不能为公司赚钱的人待在公司里。

现在，已经很难看到有迁就员工的老板，你不能为老板赚钱，你在公司里就等同于没有价值一般。谁为公司赚得多，谁的工资就领得多。你为公司赚得少，对不起，裁员、减薪的时候到了。

第二节　学会怎样与钱打交道

——谈账户、坐支、各种结算常识

 了解银行账户

单位银行账户包括以下几种：基本存款账户、一般存款账户、临时存款账户和专用存款账户。

基本存款账户是存款人办理日常转账结算和现金收付的账户。存款人的工资、奖金等现金的支取，只能通过该账户办理。

一般存款账户是存款人在基本存款账户以外的银行借款转存，与基本存款账户的存款人不在同一地点的附属非独立核算开立的账户。存款人可以通过该账户办理转账结算和现金缴存，但不能办理现金支取。

临时存款账户是存款人因临时经营活动需要开立的账户。存款人可以通过本账户办理转账结算和根据国家现金管理的规定办理现金收付。

专用存款账户是存款人因特定用途需要开立的账户。

存款人只能在银行开立一个基本存款账户。

下面举一个开户小案例。

张三在杭州注册成立了一家公司，派新招聘的李四去办理银行开户手续。

李四向开户银行领取、填制一式三联的《杭州市银行账户开立申请表》，在加盖单位公章、法人代表或负责人私章、主管单位公章后，连同由杭州市（含省）工商行政管理机关核发的《企业法人执照》或《营业执照》正本或其他规定文件的原件和复印件（符合申领事业单位登记证、社团登记证条件的单位需提供事业单位登记证、社团登记证原件和复印件）、由杭州市（含省）技术监督部门颁发的单位代码证书或代码ＩＣ卡的原件和复印件、法人代表或负责人身份证复印件及盖有存款人印章的印鉴卡片，送交开户银行。

开户银行审核同意后，在《杭州市银行账户开立申请表》上加盖公章，填制银行账号（重新登记的，原账号可以继续使用）等有关内容。

开户银行按照要求将有关信息录入计算机，并转送到中国人民银行杭州市分行，并将一式三联的《杭州市银行账户开立申请表》及有关文本资料送交中国人民银行杭州市分行终审，并向中国人民银行杭州市分行申领基本存款账户开户许可证、账户管理卡。

李四待中国人民银行杭州市分行将账户管理卡及有关文本资料发还开户银行后，向开户银行领取账户管理卡，同时启用基本存款账户。

至此，该公司的基本存款账户开设成功。

谈谈坐支

不少职场人士在与钱打交道时常常发生"坐支"的现象，即直接以本单位的现金收入直接支付所需开支。这就与财务纪律背道而驰。

按照中国人民银行发布的《现金管理暂行条例实施细则》第十一条规定，开户单位支付现金，可以从本单位现金库存中支付或者从开户银行提取，不得从本单位的现金收入中直接支付（即坐支）。

现金库存的多少由银行方面核定。开户银行根据实际需要，原则上以开户单位3～5天的日常零星开支所需来核定库存现金限额。边远地区和交通不发达地区的开户单位，其库存现金限额可以适当放宽在5天以上，但最多不得超过15天的日常零星开支数额。

需要注意的是，不准坐支并非规定不能以现金付款，在下面几种情况下是可以支付现金的：

- ■职工工资、各种工资性津贴。
- ■个人劳务报酬，包括稿费和讲课费及其他专门工作报酬。
- ■支付给个人的各种奖金，包括根据国家规定颁发给个人的各种科学技术、文化艺术、体育等各种奖金。
- ■各种劳保、福利费用以及国家规定的对个人的其他现金支出。
- ■收购单位向个人收购农副产品和其他物资支付的价款。
- ■出差人员必须随身携带的差旅费。

■ 结算起点（1 000元）以下的零星支出。
■ 中国人民银行确定需要现金支付的其他支出。

在某些特殊情况下，可以少量坐支。

按照规定，需要坐支现金的单位，要事先报经开户银行审查批准，由开户银行核定坐支范围和限额。坐支单位必须在现金账上如实反映坐支金额，并按月向开户银行报送坐支金额和使用情况。

未经批准坐支或者未按开户银行核定坐支额度和使用范围坐支现金的，按坐支金额的10%~30%处罚。

最后，要避免坐支，就要牢记有关财务流程。

正常的财务流程是这样的：

现金收入→当日存入银行户头→提取少量备用金→支付开支

坐支的流程如下：

现金收入→支付开支

结算方式的种类

根据中国人民银行有关支付结算办法规定，目前企业发生的货币资金收付业务可以采用以下几种结算方式，通过银行办理转账结算。

银行汇票

银行汇票是汇款人将款项交存当地出票银行，由出票银行签发的，由其在见票时，按照实际结算金额无条件支付给收款人或持票人的票据。银行汇票具有使用灵活、票随人到、兑现性强等特点，适用于先收款后发货或钱货两清的商品交易。单位和个人各种款项结算，均可使用银行汇票。

银行汇票可以用于转账，填明"现金"字样的银行汇票也可以用于支取现金。银行汇票的付款期限为自出票日起1个月内。超过提示付款期限而持票人不获付款的，持票人须在票据权利时效内向出票银行作出说明，并提供本人身份证件或单位证明，持银行汇票和解讫通知向出票银行请求付款。

企业支付购货款等款项时，应向出票银行填写"银行汇票申请书"，填明收款人名称、支付金额、申请人、申请日期等事项并签章。签章为其预留银行的印鉴。银行受理银行汇票申请书，收妥款项后签发银行汇票，并用压数机压印出票金额，然后将银行汇票和解讫通知一并交给汇款人。

申请人取得银行汇票后即可持银行汇票向填明的收款单位办理结算。银行汇票的收款人可以将银行汇票背书转让给他人。背书转让以不超过出票金额的实际结算金额为限，未填写实际结算金额或实际结算金额超过出票金额的银行汇票不得背书转让。

收款企业在收到付款单位送来的银行汇票时，应在出票金额以内，根据实际需要的款项办理结算，并将实际结算金额和多余金额准确、清晰地填入银行汇票和解讫通知的有关栏内。银行汇票的实际结算金额低于出票金额的，其多余金额由出票银行退交申请人。收款企业还应填写进账单并在汇票背面"持票人向银行揭示付款签章"处签章，签章应与预留银行的印鉴相同，然后，将银行汇票和解讫通知、进账单一并交开户银行办理结算，银行审核无误后，办理转账。

银行本票

银行本票是银行签发的，承诺自己在见票时无条件支付确定的金额给收款人或者持票人的票据。

银行本票由银行签发并保证兑付，而且见票即付，具有信誉高、支付功能强等特点。用银行本票购买材料物资，销货方可以见票付货，购货方可以凭票提货；债权债务双方可以凭票清偿；收款人将本票交存银行，银行即可为其入账。无论单位或个人，在同一票据交换区域内支付各种款项，都可以使用银行本票。

银行本票分定额本票和不定额本票。定额本票面值分别为1 000元、5 000元、10 000元和50 000元。在票面划去转账字样的，为现金本票。

银行本票的付款期限自出票日起最长不超过2个月，在付款期内银行本票见票即付。超过提示付款期限不获付款的，持票人可在票据权利时效内向出票银行作出说明，并提供本人身份证或单位证明，可持银行本票向银行请求付款。

企业支付购货款等款项时，应向银行提交"银行本票申请书"，填明收款人名称、申请人名称、支付金额、申请日期等事项并签章。申请人或收款人为单位的，银行不予签发现金银行本票。出票银行受理银行本票申请书并收妥款项后签发银行本票。

不定额银行本票用压数机压印出票金额，出票银行在银行本票上签章后交给申请人。

申请人取得银行本票后，即可向填明的收款单位办理结算。收款单位可以根据需要在同一票据交换区域内背书转让银行本票。

收款企业在收到银行本票时,应该在提示付款时在本票背面"持票人向银行提示付款签章"处加盖预留银行印鉴,同时填写进账单,连同银行本票一并交开户银行转账。

商业汇票

商业汇票是出票人签发的,委托付款人在指定日期无条件支付确定的金额给收款人或者持票人的票据。在银行开立存款账户的法人以及其他组织之间须具有真实的交易关系或债权债务关系,才能使用商业汇票。商业汇票的付款期限由交易双方商定,但最长不得超过6个月。商业汇票的提示付款期限为汇票到期日起10日内。

存款人领购商业汇票,必须填写"票据和结算凭证领用单"并加盖预留银行印鉴,存款账户结清时,必须将剩余的空白商业汇票全部交回银行注销。

商业汇票可以由付款人签发并承兑,也可以由收款人签发交由付款人承兑。定日付款或者出票后定期付款的商业汇票,持票人应当在汇票到期日前向付款人提示承兑;见票后定期付款的汇票,持票人应当自出票日起1个月内向付款人提示承兑。汇票未按规定期限提示承兑的,持票人丧失对其前手的追索权。付款人应当自收到提示承兑的汇票之日起3日内承兑或者拒绝承兑。付款人拒绝承兑的,必须出具拒绝承兑的证明。

商业汇票可以背书转让。符合条件的商业承兑汇票的持票人可持未到期的商业承兑汇票连同贴现凭证,向银行申请贴现。

商业汇票按承兑人不同分为商业承兑汇票和银行承兑汇票两种。

——商业承兑汇票

商业承兑汇票是由银行以外的付款人承兑。商业承兑汇票按交易双方约定,由销货企业或购货企业签发,但由购货企业承兑。承兑时,购货企业应在汇票正面记载"承兑"字样和承兑日期并签章。承兑不得附有条件,否则视为拒绝承兑。汇票到期时,购货企业的开户银行凭票将票款划给销货企业或贴现银行。销货企业应在提示付款期限内通过开户银行委托收款或直接向付款人提示付款。对异地委托收款的,销货企业可匡算邮程,提前通过开户银行委托收款。汇票到期时,如果购货企业的存款不足支付票款,开户银行应将汇票退还销货企业,银行不负责付款,由购销双方自行处理。

——银行承兑汇票

银行承兑汇票由银行承兑,由在承兑银行开立存款账户的存款人签发。承兑银行按票面金额向出票人收取5‰的手续费。

购货企业应于汇票到期前将票款足额交存其开户银行,以备由承兑银行在汇票到期日或到期日后的见票当日支付票款。销货企业应在汇票到期时将汇票连同进账单送交开户银行,以便转账收款。承兑银行凭汇票将承兑款项无条件转给销货企业,如果购货企业于汇票到期日未能足额交存票款时,承兑银行除凭票向持票人无条件付款外,对出票人尚未支付的汇票金额按照每天5‰计收罚息。

采用商业汇票结算方式,可以使企业之间的债权债务关系表现为外在的票据,使商业信用票据化,加强约束力,有利于维护和发展社会主义市场经济。对于购货企业来说,由于可以延期付款,可以在资金暂时不足的情况下及时购进材料物资,保证生产经营顺利进行。对于销货企业来说,可以疏通商品渠道,扩大销售,促进生产。汇票经过承兑,信用较高,可以按期收回货款。

另外,销货企业在急需资金时,还可以持商业汇票向银行申请贴现,以便融通资金。销货企业应根据购货企业的资金和信用情况的不同,选用商业承兑汇票或银行承兑汇票;购货企业应加强资金的计划管理,调度好货币资金,在汇票到期以前,将票款送存开户银行,保证按期承付。

支票

支票是单位或个人签发的,委托办理支票存款业务的银行在见票时无条件支付确定的金额给收款人或者持票人的票据。

支票结算方式是同城结算中应用比较广泛的一种结算方式。单位和个人在同一票据交换区域的各种款项结算,均可以使用支票。支票由银行统一印制,支票上印有"现金"字样的为现金支票。支票上印有"转账"字样的为转账支票,转账支票只能用于转账。未印有"现金"或"转账"字样的为普通支票,普通支票可以用于支取现金,也可以用于转账。在普通支票左上角画两条平行线的,为划线支票,划线支票只能用于转账,不得支取现金。

支票的提示付款期限为自出票日起10日内,中国人民银行另有规定的除外。超过提示付款期限的,持票人开户银行不予受理,付款人不予付款。转账支票可以根据需要在票据交换区域内背书转让。

存款人领购支票,必须填写"票据和结算凭证领用单"并加盖预留银行印鉴。存款账户结清时,必须将剩余的空白支票全部交回银行注销。

企业财会部门在签发支票之前,出纳人员应该认真查明银行存款的账面结余数额,防止签发超过存款余额的空头支票。签发空头支票,银行除退票外,还按票面金额处以5%但不低于1 000元的罚款。另外,持票人有权要求签发空头支票的出票人赔偿支票金额2%的赔偿金。签发支票时，应使用蓝黑墨水或碳素墨水，将支票上的各要素填写齐全，并在支票上加盖其预留银行印鉴。出票人预留银行的印鉴是银行审核支票付款的依据。银行也可以与出票人约定使用支付密码，作为银行审核支付支票金额的条件。

信用卡

信用卡是指商业银行向个人和单位发行的，凭此向特约单位购物、消费和向银行存取现金，且具有消费信用的特制载体卡片。

信用卡按使用对象分为单位卡和个人卡；按信誉等级分为金卡和普通卡。

凡在中国境内金融机构开立基本存款账户的单位可申领单位卡。单位卡可申领若干张，持卡人资格由申领单位法定代表人或其委托的代理人书面指定和注销，持卡人不得出租或转借信用卡。单位卡账户的资金一律从其基本存款账户转账存入，在使用过程中，需要向其账户续存资金的，也一律从其基本存款账户转账存入，不得交存现金，不得将销货收入的款项存入其账户。单位卡一律不得用于10万元以上的商品交易、劳务供应款项的结算，不得支取现金。

信用卡在规定的限额和期限内允许善意透支，但透支额金卡最高不得超过10 000元，普通卡最高不得超过5 000元。透支期限最长为60天。透支利息，自签单日或银行记账日起15日内按日息5‰计算，超过15日按日息10‰计算，超过30日或透支金额超过规定限额的，按日息15‰计算。透支计算不分段，按最后期限或者最高透支额的最高利率档次计息。超过规定限额或规定期限，并且经发卡银行催收无效的透支行为称为恶意透支，持卡人使用信用卡不得发生恶意透支。严禁将单位的款项存入个人卡账户中。

单位或个人申领信用卡，应按规定填制申请表，连同有关资料一并送交发卡银行。符合条件并按银行要求交存一定金额的备用金后，银行为申领人开立信用卡存款账户，并发给信用卡。

汇兑

汇兑是汇款人委托银行将其款项支付给收款人的结算方式。单位和个人的各种款项的结算，均可使用汇兑结算方式。

汇兑分为信汇、电汇两种。信汇是指汇款人委托银行通过邮寄方式将款项划转给收款人。电汇是指汇款人委托银行通过电报将款项划给收款人。这两种汇兑方式由汇款人根据需要选择使用。汇兑结算方式适用于异地之间的各种款项结算。这种结算方式划拨款项简便、灵活。

企业采用这一结算方式，付款单位汇出款项时，应填写银行印发的汇款凭证，列明收款单位名称、汇款金额及汇款的用途等项目，送达开户银行，委托银行将款项汇往收汇银行。收汇银行将汇款收进单位存款户后，向收款单位发出收款通知。

委托收款

委托收款是收款人委托银行向付款人收取款项的结算方式。无论单位还是个人都可凭已承兑商业汇票、债券、存单等付款人债务证明办理并收取同城或异地款项。委托收款还适用于收取电费、电话费等付款人众多、分散的公用事业费等有关款项。

委托收款结算款项划回的方式分为邮寄和电报两种。

企业委托开户银行收款时，应填写银行印制的委托收款凭证和付款单位有关的债务证明。在委托收款凭证中写明付款单位的名称、收款单位名称、账号及开户银行，委托收款金额的大小写，款项内容，委托收款凭据名称及附寄单证张数等。企业的开户银行受理委托收款后，将委托收款凭证寄交付款单位开户银行，由付款单位开户银行审核，并通知付款单位。

付款单位收到银行交给的委托收款凭证及债务证明后，应签收并在3天之内审查债务证明是否真实，是否是本单位的债务，确认之后通知银行付款。

付款单位应在收到委托收款的通知次日起3日内，主动通知银行是否付款。如果不通知银行，银行视同付款单位同意付款并在第四日，从该单位账户中付出此笔委托收款款项。

付款单位在3日内审查有关债务证明后，认为债务证明或与此有关的事项符合拒绝付款的规定，应出具拒绝付款理由书和委托收款凭证第五联及持有的债务证明，向银行提出拒绝付款。

托收承付

托收承付是根据购销合同由收款人发货后委托银行向异地付款人收取款项，由付款人向银行承认付款的结算方式。使用托收承付结算方式的收款单位和付款单位，必须是国有企业、供销合作社以及经营管理较好，并经开户银行审查同意的城乡集体所有制工业企业。办理托收承付结算的款项，必须是商品交易，以及因商品交易而产生的劳务供应的款项。代销、寄销、赊销商品款项，不得办理托收承付结算。

托收承付款项划回方式分为邮寄和电报两种，由收款人根据需要选择使用；

收款单位办理托收承付，必须具有商品发出的证件或其他证明。托收承付结算每笔的金额起点为10 000元。新华书店系统每笔金额起点为1 000元。

采用托收承付结算方式时，购销双方必须签有符合《中华人民共和国合同法》的购销合同，并在合同上写明使用托收承付结算方式。销货企业按照购销合同发货后，填写托收承付凭证，盖章后连同发运证件（包括铁路、航运、公路等运输部门签发运单、运单副本和邮局包裹回执）或其他符合托收承付结算的有关证明和交易单证送交开户银行办理托收手续。

销货企业开户银行接受委托后，将托收结算凭证回联退给企业，作为企业进行账务处理的依据，并将其他结算凭证寄往购货单位开户银行，由购货单位开户银行通知购货单位承认付款。

购货企业收到托收承付结算凭证和所附单据后，应立即审核是否符合订货合同的规定。按照《支付结算办法》的规定，承付货款分为验单付款与验货付款两种。这在双方签订合同时约定。验单付款是购货企业根据经济合同对银行转来的托收结算凭证、发票账单、托运单及代垫运杂费等单据进行审查，无误后即可承认付款。为了便于购货企业对凭证的审核和筹措资金，结算办法规定承付期为3天，从付款人开户银行发出承付通知的次日算起（承付期内遇法定休假日顺延）。购货企业在承付期内，未向银行表示拒绝付款，银行即视做承付，并在承付期满的次日（法定休假日顺延）上午银行开始营业时，将款项主动从付款人的账户内付出，按照销货企业指定的划款方式，划给销货企业。验货付款是购货企业待货物运达企业，对其进行检验与合同完全相符后才承认付款。为了满足购货企业组织验货的需要，《支付结算办法》规定承付期为10天，从运输部门向购货企业发出提货通知的次日算起。承付期内购货企业未表示拒绝付款的，银行视为同意承付，于10天期满的次日上午银行开始营业时，将款项划给收款人。为满足购货企业组织验货的需要，对收付双方在合同中明确规定，并在托收凭证上注明验货付款期限的，银行从其规定。

对于下列情况，付款人可以在承付期内向银行提出全部或部分拒绝付款：

■没有签订购销合同或购销合同未写明托收承付结算方式的款项。

■未经双方事先达成协议，收款人提前交货或因逾期交货付款人不再需要该项货物的款项。

■未按合同规定的到货地址发货的款项。

■代销、寄销、赊销商品的款项。

■验单付款，发现所列货物的品种、规格、数量、价格与合同规定不符，或货物已到，经查验货物与合同规定或发货清单不符的款项。

■验货付款，经查验货物与合同规定或与发货清单不符的款项。

■货款已经支付或计算错误的款项。

不属于上述情况，购货企业不得提出拒付。

购货企业提出拒绝付款时，必须填写"拒绝付款理由书"，注明拒绝付款理由，涉及合同的应引证合同上的有关条款。属于商品数量问题，需要提交数量问题的证明及其有关数量的记录；属于外贸部门的进口商品，应当提交国家商品检验或运输等部门出具的证明，向开户银行办理拒付手续。

银行同意部分或全部拒绝付款的，应在拒绝付款理由书上签注意见，并将拒绝付款理由书、拒付证明、拒付商品清单和有关单证邮寄收款人开户银行转交销货企业。

付款人开户银行对付款人逾期支付的款项，根据逾期付款金额和逾期天数，按每天5‰计算逾期付款赔偿金。逾期付款天数从承付期满日算起。银行审查拒绝付款期间不算作付款人逾期付款，但对无理的拒绝付款而增加银行审查时间的，从承付期满日起计算逾期付款赔偿金。赔偿金实行定期扣付，每月计算一次，于次月3日内单独划给收款人。赔偿金的扣付列为企业销货收入扣款顺序的首位。付款人账户余额不足支付时，应排列在工资之前，并对该账户采取"只收不付"的控制办法，直至足额扣付赔偿金后才准予办理其他款项的支付，由此产生的经济后果由付款人自负。

信用证

信用证结算方式是国际结算的一种主要方式。经中国人民银行批准经营结算业务的商业银行总行以及经商业银行总行批准开办信用证结算业务的分支机构，也可以办理国内企业之间商品交易的信用证结算业务。

采用信用证结算方式的，收款单位收到信用证后，即备货装运，签发有关发票账单，连同运输单据和信用证，送交银行，根据退还的信用证等有关凭证编制收款凭证；付款单位在接到开证行的通知时，根据付款的有关单据编制付款凭证。

上述各种结算方式的运用，需以加强结算纪律为保证。中国人民银行发布的

《支付结算办法》中规定了银行结算纪律。企业必须严格遵守，以保证结算业务的正常进行。

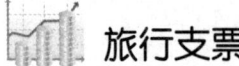 旅行支票

旅行支票是一种定额本票，专供旅客购买和支付旅途费用。旅行支票是一种全球范围内被普遍接受的票据，在很多国家和地区都有很广的流动性，很多商场和酒店都支持旅行支票的付款，而且可以在旅行地将其兑换为当地的货币。旅行支票与一般银行汇票、支票的不同之处在于旅行支票没有指定的付款地点和银行，能在全世界通用，一般也不受日期限制，客户可以随时在国外的各大银行、国际酒店、餐厅及其他消费场所兑换现金或直接使用，是国际旅行中常用的支付凭证之一。

外币旅行支票(traveler's cheque)是指境内商业银行代售的、由境外银行或专门金融机构印制、以发行机构作为最终付款人、以可自由兑换货币作为计价结算货币、有固定面额的票据。境内居民在购买和兑换时，只需签名即可。

旅行支票的特点：携带安全、面额固定、兑换方便、可挂失补偿、流通期限长。旅行支票多数不规定流通期限，可以长期使用，并具有"见票即付"的特点。持票人可以在发行机构的国外代兑机构凭票立即取款。

目前，全球通行的旅行支票有：美国运通（AMERICAN EXPRESS）、VISA以及通济隆、MASTERCARD、花旗等，而印有中行字样的上述旅行支票能够在世界各地800余家旅行支票代兑处兑换，或在各国的大商铺、饭店、宾馆等直接使用。其中，美国运通旅行支票在我国大陆2 000多家（包括中国农业银行、中国工商银行、中国建设银行、中国银行、中信银行、光大银行、交通银行）银行营业网点都可以买到。

旅行支票有不同的票面。以美元支票为例，分20美元、50美元、100美元、500美元、1 000美元共五种。除最为常用的美元旅行支票外，客户还可根据需要在中国银行上海市分行买到欧元、日元、英镑、澳元等币种的旅行支票，避免了兑换当地货币所带来的不必要的汇率损失。其中，美国运通旅行支票目前在中国大陆发行有美元、欧元、加元、澳元、日元等7种币别及20多种面额。

银行结算纪律

企业通过银行办理支付结算时，应当认真执行国家各项管理办法和结算制度。

中国人民银行1997年9月19日颁布的《支付结算办法》规定：单位和个人办理支付结算，不准签发没有资金保证的票据或远期支票，套取银行信用；不准签发、取得和转让没有真实交易和债权债务的票据，套取银行和他人资金；不准无理拒绝付款，任意占用他人资金；不准违反规定开立和使用账户。

货币资金内部控制的规定

为了规范企业的内部会计控制，财政部于2001年6月22日发布了《内部会计控制规范——基本规范（试行）》和《内部会计控制规范——货币资金（试行）》。两个规范作为《中华人民共和国会计法》（以下简称《会计法》）的配套规章，是解决当前一些单位内部管理松弛、控制弱化的重要举措。这两个规范的发布实施，对于深入贯彻《会计法》，强化单位内部会计监督，整顿和规范社会主义市场经济秩序，必将发挥重要的作用。

《内部会计控制规范——货币资金（试行）》共六章二十七条，适用于国家机关、社会团体、公司、企业、事业单位和其他经济组织。该规范指出，单位负责人对本单位货币资金内部控制的建立健全和有效实施以及货币资金的安全完整负责，并对如下事项作了规定。

第一，单位应当建立货币资金业务的岗位责任制，明确相关部门和岗位的职责权限，确保办理货币资金业务的不相容岗位相互分离、制约和监督。出纳人员不得兼任稽核、会计档案保管和收入、支出、费用、债权债务账目的登记工作。单位不得由一人办理货币资金业务的全过程。

第二，办理货币资金业务，应当配备合格的人员，并根据单位具体情况进行岗位轮换。办理货币资金业务的人员应当具备良好的职业道德，忠于职守，廉洁奉公，遵纪守法，客观公正，不断提高会计业务素质和职业道德水平。

第三，单位应当对货币资金业务建立严格的授权批准制度，明确审批人对货币资金业务的授权批准方式、权限、程序、责任和相关控制措施，规定经办人办理货币资金业务的职责范围和工作要求。审批人应当根据货币资金授权批准制度的规定,在授权范围内进行审批,不得超越审批权限。经办人应当在职责范围内,按照审批人的批准意见办理货币资金业务。对于审批人超越授权范围审批的货币资金业务,经办人员有权拒绝办理,并及时向审批人的上级授权部门报告。单位对于重要货币资金支付业务,应当实行集体决策和审批,并建立责任追究制度,防范贪污、侵占、挪用货币资金等行为。严禁未经授权的机构或人员办理货币资金业务或直接接触货币资金。

第四,单位应当加强与货币资金相关的票据管理,明确各种票据的购买、保管、领用、背书转让、注销等环节的职责权限和程序,并专设登记簿进行记录,防止空白票据的遗失和被盗用。

第五,单位应当加强银行预留印鉴的管理。财务专用章应由专人保管,个人名章必须由本人或其授权人员保管。严禁一人保管支付款项所需的全部印章。按规定需要有关负责人签字或盖章的经济业务,必须严格履行签字或盖章手续。

第六,单位应当建立对货币资金业务的监督检查制度,明确监督检查机构或人员的职责权限,定期和不定期地进行检查。货币资金监督检查的内容主要包括:

■货币资金业务相关岗位及人员的设置情况,重点检查是否存在与货币资金业务不相容的职务混岗现象。

■货币资金授权批准制度的执行情况,重点检查货币资金支出的授权批准手续是否健全,是否存在越权审批行为。

■支付款项印章的保管情况,重点检查是否存在办理付款业务所需的全部印章交由一人保管的现象。

■票据的保管情况。重点检查票据的购买、领用、保管手续是否健全,票据保管是否存在漏洞。

对监督检查过程中发现的货币资金内部控制中的薄弱环节,应当及时采取措施,加以纠正和完善。

第二章
财务入门基本功

万丈高楼平地起,不掌握财务入门的基本功,就无法深入了解公司的经济活动。

第一节 会计核算些什么

——会计基本八要素

对会计对象的具体内容进行最基本的分类,称之为会计要素。通常讲,会计要素就是会计要核算的内容。企业的经济业务十分复杂,要准确核算,必须将其进行分类处理。

2015年推行的《企业会计准则》将会计要素分为资产、负债、所有者权益、收入、费用、利润、会计计量和财务会计报告共八类会计要素。

 清清楚楚地了解什么是资产

资产是指企业过去的交易或者事项形成的、由企业拥有或者控制的、预期会给企业带来经济利益的资源。

前款所指的企业过去的交易或者事项包括购买、生产、建造行为或其他交易或者事项。预期在未来发生的交易或者事项不形成资产。由企业拥有或者控制,是指企业享有某项资源的所有权,或者虽然不享有某项资源的所有权,但该资源能被企业所控制。预期会给企业带来经济利益,是指直接或者间接导致现金和现金等价物流入企业的潜力。

举个例子,孙先生租了几间厂房和印刷机,开了家小型印刷厂。现在孙先生使用的厂房和机器是不是他的资产呢?显然不是。虽然此时孙先生行使对厂房和机器的使用权,但这些厂房、机器的所有权并不在他的手里。也就是说,孙先生并不能控制和支配这些厂房和机器。作为资产,首先,要具有排他性,即某项资产所有权和使用支配权只归某一企业;其次,资产必须能够被企业以货币加以计量。比如一家生产饮料的企业,垄断占有了一处矿泉水水源,但却没有办法来给它估价,那么这处水源也不能算做是这家饮料厂的资产;再次,资产要能够直接或间接地为企业带来预期的经济效益，要有助于企业目前和未来的经营，像报废的机器，它已经不能再给企业带来任何的经济效益，这时它也就不能算做是资产了；最后，资产既包括财产，也包括债权和其他权利。只有具备了以上特征，才能被列为资产。

资产的本质是经济资源。它可以是有形的，如房屋、机器设备、材料等；也可以是无形的，如土地使用权、专利权等。

资产按其在经营活动中的流动性和发挥作用的不同，分为流动资产、长期投资、固定资产、无形资产、长期待摊费用等。

流动资产

所谓流动资产就是指那些流动性比较强的资产。流动性常常被理解为变成现金的能力。一项资产如果能够很容易地被变卖、处置而成为现金，那么它就具有很大的流动性。流动资产主要包括现金、银行存款、短期投资、应收及预付款项、存货等，它是企业多项资产中的王牌军。

■现金及银行存款包括库存现金、银行存款、其他存款（如外币存款、外埠存款、银行汇票等）。这部分资产又称货币资金。货币资金可作为购买力来使用。

■短期投资是指各种能够随时变现的、持有时间不超过1年的有价证券以及不超过1年的其他投资，例如各种股票、债券投资。

■应收及预付款项是指应收而尚未收回的账款和预付的购货款。它是企业的债权，包括应收票据、应收账款、其他应收款和预付账款等。

■存货是指企业在生产经营过程中为销售或耗用而储存的各种资产，包括各种库存商品、半成品、在制产品和各类材料、燃料、包装物、低值易耗品等。

长期股权投资

长期股权投资是指不准备在1年内变现的投资，包括股票投资、债券投资和其他投资。

■股票投资是指企业以货币资金购买其他企业股票为形式的对外投资。股票投资是一种股权投资。

■债券投资是指企业以货币资金购买国家或企业债券为形式的对外投资。债券投资是一种债权投资。

■其他投资是指企业对合营企业和合作企业的投资，包括用货币、商品、固定资产等进行的投资。其他投资也是股权投资。

股权投资与债权投资不同。企业对外进行股权投资，便成为被投资企业的投资人，从被投资企业那里分取利润；企业进行债权投资，便成为被投资企业的债权人，从被投资企业那里取得利息。

固定资产

固定资产是指使用年限在1年以上，单位价值在规定标准以上，并在使用过程中保持原来实物形态的资产，包括房屋及建筑物、机器设备、运输设备、工具器具等。

固定资产的特点是可以多次参加企业的生产经营周转，在长期使用过程中，虽有磨损仍能保持其基本形态不变，但价值随着使用而逐渐降低，降低的这部分价值称为折旧。

无形资产

无形资产是指企业长期使用而没有实物形态的资产，包括专利权、非专利技术、商标权、著作权、土地使用权、商誉等。

无形资产虽然不具有实物形态，看不见摸不到，但企业必须付出代价才能将其作为无形资产入账核算。无形资产可在较长时期内使用，为企业提供收益。随着使用，其价值也逐渐减少，转化为企业的费用。如果不能为企业带来收益，则不能列作无形资产入账。

长期待摊费用

长期待摊费用是指企业已经支付，但不能全部计入当年损益，应当在本年和以后年度内分期摊销的各种费用。如需要在1年以上摊销的数额较大的广告宣传费、股票发行费、开办费、租入固定资产的改良支出等。

清清楚楚地了解什么是负债

负债是指企业过去的交易或者事项形成的、预期会导致经济利益流出企业的现时义务。

现时义务是指企业在现行条件下已承担的义务。未来发生的交易或者事项形成的义务，不属于现时义务，不应当确认为负债。

负债按其偿还期的长短可划分为流动负债和长期负债。

流动负债

流动负债是指将在1年或超过1年的一个营业周期内偿还的债务。流动负债主要包括短期借款、应付及预收款项和预提费用等。

■短期借款是指企业向银行或其他金融机构借入用于生产经营的期限在1年以内的各种借款。

■应付及预收款项是指应付而尚未支付的账款和预收的销货款，包括应付票据、应付账款、应付工资、应付福利费、应缴税金、应付利润、其他应付款和预收账款等。

■预提费用是指已经列为当期或前期的费用，但到目前尚未实际支付，需在1年内支付的一种负债。

长期负债

长期负债是指偿还期超过1年的一个营业周期以上的债务，主要包括长期借款、应付债券和长期应付款等。若长期负债在1年内到期时，也被视为流动负债处理。

■长期借款是指企业从银行等金融机构和其他单位借入的期限在1年以上的各种借款。

■应付债券是指企业通过发行债券的方式筹集资金而形成的债务。

■长期应付款是指企业除长期借款、应付债券以外的其他长期债务。

 清清楚楚地了解什么是所有者权益

所有者权益是指企业资产扣除负债后由所有者享有的剩余权益。公司的所有者权益又称为股东权益。

所有者权益的来源包括所有者投入的资本、直接计入所有者权益的利得和损失、留存收益等。直接计入所有者权益的利得和损失，是指不应计入当期损益、会导致所有者权益发生增减变动的、与所有者投入资本或者向所有者分配利润无关的利得或者损失。利得是指由企业非日常活动所形成的、会导致所有者权益增加的、与所有者投入资本无关的经济利益的流入。损失是指由企业非日常活动所发生的、会导致所有者权益减少的、与向所有者分配利润无关的经济利益的流出。

所有者权益是与投资人的投资行为相伴而生的。不论投资人是国家，还是企业或者个人，其权益在性质上是相同的，都算做所有者权益。比如，东远公司原是一家国有企业，现改制为股份有限公司。原国家拨的款也要按价折股，算做国有股，是国家的所有者权益。如果某公司投入东远公司1 000万元人民币，那就是该公司在东远公司的权益。要是个人购买东远公司的股票，那个人投了多少资金，就拥有多少所有者权益。所以，不同投资人的权益在性质上是相同的，其差别则主要取决于其投资额数量的大小。所以，每一个投资人实际上都是该公司的老板。

如果企业在经营中实现了利润，所有者权益就将随之增长；如果发生了亏损，则所有者权益将随之缩减。从这个意义上讲，企业的投资者对企业经营活动承担着最终的风险，当然，他们也同时享有最终的利益。

所有者权益包括实收资本、资本公积、盈余公积和未分配利润。

实收资本

实收资本是指投资者按照投资协议投入企业以用于经营活动的各种财产物资。

比如某个商场新建时，企业或个人可以购买它发行的股票成为股东，也可以向它投入灯具、柜台、高档设施等设备而成为股东，还可以出让商标使用权这样的无形资产作为投资而成为股东。

实收资本是企业所有者权益的主体，是其他各项财务内容赖以存在的基础。同时，它还是企业正常运行所必需的资金。投资者应该按照协议规定的数额和期限缴入。

资本公积

资本公积是指企业由于财产价值重估、接受捐赠而增加的资本积累，包括财产重估、接受捐赠的资产等。

比如，企业按照规定对资产进行重新估价而产生增值，那么增值部分就算做资本公积。又如，某福利厂接受捐赠的机器设备，那么，这些捐赠来的机器设备也应该按照一定的价值计入资本公积。

盈余公积

盈余公积是指企业按照国家有关规定从税后利润中提取的各种公积金，包括法定盈余公积和任意盈余公积以及公益金。

法定盈余公积和任意盈余公积的区别就在于其各自计提的依据不同。前者以国家的法律或行政规章为依据提取；后者则由企业自行决定提取。

公益金则是专门用于企业职工福利设施的支出，比如购建职工宿舍、托儿所等。企业一般要按照税后利润的5%～10%的比例提取法定公益金。

未分配利润

未分配利润是指企业本期未分配完的留待以后年度继续分配的利润。

盈余公积和未分配利润均是企业从逐年获得的净收益中形成的所有者权益，又称为留存收益。

清清楚楚地了解什么是收入

收入是指企业在日常活动中形成的、会导致所有者权益增加的、与所有者投入资本无关的经济利益的总流入。

收入只有在经济利益很可能流入从而导致企业资产增加或者负债减少、且经济利益的流入额能够可靠计量时才能予以确认。相关准则规定，符合收入定义和收入确认条件的项目，应当列入利润表。

企业收入增加，则意味着企业增加了资产或者减少了负债，或者两者兼而有之。收入是反映企业经济效益好坏的一项基本指标，是企业经营成果的重要组成部分。

营业收入包括销售商品及产品的收入、提供劳务的收入和他人使用本企业资产而取得的收入。

- ■ 销售商品、产品收入是指企业取得货币资产的方式是销售商品、产品以及正常情况下以商品、产品抵偿债务交易的收入。
- ■ 劳务收入是指企业为他人提供劳务时获得的收入，与销售商品、产品收入一起称为主营业务收入。
- ■ 他人使用本企业资产的收入则是指企业销售材料、让渡资产使用权获得的收入，包括利息收入、使用费收入以及对外投资取得利息收入等。这些收入称为其他业务收入。

企业在日常经营活动中所形成的经济利益的总流入，我们称之为收入。除此以外，企业还会有不经过经营过程或者不曾期望而获得的经济利益的流入，我们称之为营业外收入。收入和营业外收入则构成企业的收益，即通常所说的广义的收入。

清清楚楚地了解什么是费用

费用是指企业在日常活动中发生的、会导致所有者权益减少的、与向所有者分配利润无关的经济利益的总流出。

费用只有在经济利益很可能流出从而导致企业资产减少或者负债增加、且经济利益的流出额能够可靠计量时才能予以确认。企业为生产产品、提供劳务等发生的可归属于产品成本、劳务成本等的费用，应当在确认产品销售收入、劳务收入等时，将已销售产品、已提供劳务的成本等计入当期损益。

企业发生的支出不产生经济利益的，或者即使能够产生经济利益但不符合或者不再符合资产确认条件的，应当在发生时确认为费用，计入当期损益。企业发生的交易或者事项导致其承担了一项负债而又不确认为一项资产的，应当在发生时确认为费用，计入当期损益。有关准则规定，符合费用定义和费用确认条件的项目，应当列入利润表。

费用最终会减少企业的所有者权益。在费用一定的情况下，企业的所有者权益随着收入的增加而增加；在收入一定的情况下，企业的所有者权益随着费用的增加而减少。为此，降低各种费用支出，是增加企业盈利的一个重要手段。按其是否构成产品成本，费用可分为制造费用和期间费用。

制造费用

制造费用是指企业发生的与产品生产直接相关的费用，它包括为生产产品而发生的直接材料费、直接人工费等直接费用和各生产单位为组织和管理本生产单位的生产而发生的各种间接费用。

期间费用

期间费用是指企业发生的与产品生产无直接关系，属于某一时期耗用的费用，包括管理费用、财务费用和营业费用。

■ 管理费用是指企业行政管理部门为组织和管理企业生产经营活动而发生的费用，如企业经理、会计人员的工资等。

■ 财务费用是指企业为筹资而发生的费用，如银行借款利息。

■ 营业费用是指企业为销售商品而发生的费用，如广告费、包装费等。

上述费用是指狭义的费用，广义的费用还应包括投资损失和营业外支出。投资损失的发生，会造成企业资产的减少；营业外支出是企业发生的与经营活动没有直接关系的支出，如固定资产盘亏损失、罚款支出、对外捐赠等，也造成企业资产的减少。两者构成减少企业利润的因素。此外，企业还必须按税法规定向国家缴纳税款，缴纳的税款也形成企业的一项费用。

清清楚楚地了解什么是利润

利润是指企业在一定会计期间的经营成果。利润包括收入减去费用后的净额、直接计入当期利润的利得和损失等。

直接计入当期利润的利得和损失是指应当计入当期损益、会导致所有者权益发生增减变动的、与所有者投入资本或者向所有者分配利润无关的利得或者损失。利润金额取决于收入和费用、直接计入当期利润的利得和损失金额的计量。有关准则规定，利润项目应当列入利润表。

- 营业利润＝主营业务利润＋其他业务利润－期间费用
- 主营业务利润＝主营业务收入－主营业务成本－主营业务税金及附加
- 其他业务利润＝其他业务收入－其他业务支出
- 利润总额＝营业利润＋投资收益＋补贴收入＋营业外收入－营业外支出
- 净利润＝利润总额－所得税

清清楚楚地了解什么是会计计量属性

企业将符合确认条件的会计要素登记入账并列报于会计报表及其附注（又称财务报表，下同）时，应当按照规定的会计计量属性进行计量，确定其金额。

会计计量属性主要包括以下几项。

历史成本

在历史成本计量下，资产按照购置时支付的现金或者现金等价物的金额，或者按照购置资产时所付出的对价的公允价值计量。负债按照因承担现时义务而实际收到的款项或者资产的金额，或者承担现时义务的合同金额，或者按照日常活动中为偿还负债预期需要支付的现金或者现金等价物的金额计量。

重置成本

在重置成本计量下，资产按照现在购买相同或者相似资产所需支付的现金或者现金等价物的金额计量。负债按照现在偿付该项债务所需支付的现金或者现金等价物的金额计量。

可变现净值

在可变现净值计量下，资产按照其正常对外销售所能收到现金或者现金等价物的金额扣减该资产至完工时估计将要发生的成本、估计的销售费用以及相关税费后的金额计量。

现值

在现值计量下，资产按照预计从其持续使用和最终处置中所产生的未来净现金流入量的折现金额计量。负债按照预计期限内需要偿还的未来净现金流出量的折现金额计量。

公允价值

在公允价值计量下，资产和负债按照市场参与者在计量日发生的有序交易中，出售资产所能收到或者转移负债所需支付的价格计量。

有关准则规定，企业在对会计要素进行计量时，一般应当采用历史成本，采用重置成本、可变现净值、现值、公允价值计量的，应当保证所确定的会计要素金额能够取得并可靠计量。

 ## 清清楚楚地了解什么是财务会计报告

财务会计报告是指企业对外提供的反映企业某一特定日期的财务状况和某一会计期间的经营成果、现金流量等会计信息的文件。

财务会计报告包括会计报表及其附注和其他应当在财务会计报告中披露的相关信息和资料。会计报表至少应当包括资产负债表、利润表、现金流量表等报表。有关准则规定，小企业编制的会计报表可以不包括现金流量表。

■资产负债表是指反映企业在某一特定日期的财务状况的会计报表。

■利润表是指反映企业在一定会计期间的经营成果的会计报表。

■现金流量表是指反映企业在一定会计期间的现金和现金等价物流入和流出的会计报表。

■附注是指对在会计报表中列示项目所作的进一步说明，以及对未能在这些报表中列示项目的说明等。

第二节　判断入账时差的因素
——权责发生制和收付实现制

权责发生制又称应计制。它主要确定收入与费用入账的时间。

某期间，企业销售一批产品，可能会遇到以下两种情况：其一，在售出产品的当期取得了现金收入；其二，尚未取得现金收入，但随着产品的出售，已取得向购货方收取货款的权利。由于会计核算是分期进行的，那么该批售出的产品是否应作为当期的收入呢？同样，对于费用的发生，还有实际支出现金和暂未支出而待以后支出两种情况，此时，也有一个是否在当期确认费用的问题。

如何确认收入或费用，一般可能有两种标准：一种是以是否收到或支出现金为标准。这就是所谓的收付实现制或现金制；另一种是以收入或费用应归属的期限为标准，我们称之为权责发生制或应计制。

所谓权责发生制，具体讲就是凡是当期已经实现的收入和已经发生或应当负担的费用，不论款项是否收付，都应作为当期的收入或费用处理；凡是不属于当期的收入和费用，即使款项已经在当期收付，都不作为当期的收入和费用。

收付实现制是指：凡是在本期收到的收入和支出费用，不论是否属于本期，都应作为本期的收入和费用处理，反之，即使收入取得或费用发生，但没有实际款项的收付不作为当期的收入和费用。即只要收到或支出了款项，就作为当期的收入或费用，而只要没有实际款项的收入，则一律不作为本期的收入或费用。和应计制比较，现金制处理方法比较简单，但对各期损益的确定不够合理，一般适用于行政事业单位。

表2-1向我们清楚地讲述了权责发生制与收付实现制的记账方法。我们还可以通过下面的一个实例来说明这两种收入和费用确认基础的差异及各自的特点。

表2-1 权责发生制与收付实现制的记账方法比较

经济业务	权责发生制			收付实现制		
	本月收入	本月费用	说明	本月收入	本月费用	说明
1.收到上月产品销售货款5 000元	0		已作为上月收入	5 000元		本月收到现金而作本月收入
2.销售产品8 000元并收到货款	8 000元		已实现销售应作为本月收入	8 000元		已收到现金,应作为收入
3.销售产品3 000元,货款暂未收到	3 000元		已实现销售应作为收入	0		未收到现金,不作为收入
4.预付下月房租1 000元		0	应作为下月费用		1 000元	已付出现金,作为本月费用
5.支付本月有关办公费500元		500元	本月费用应由本月承担		500元	已付现金,应作为本月费用
6.负担上月已付的保险费800元		800元	应由本月承担		0	未付现金,不作为本月费用
合 计	11 000元	1 300元		13 000元	15 00元	

某企业本月份发生以下经济业务:

- 支付上月电费5 000元。
- 收回上月的应收账款10 000元。
- 收到本月的营业收入款8 000元。
- 支付本月应负担的办公费900元。
- 支付下季度保险费1 800元。
- 应收营业收入25 000元,款项尚未收到。
- 预收客户货款5 000元。
- 负担上季度已经预付的保险费600元。

表2-2 某企业收付和费用确认方法的比较

单位:元

项目	收入		费用		本期收益
权责发生制	收到本月营业收入	8 000	本月应负担办公费	900	31 500
	应收营业收入	25 000	负担保险费	600	
	收入小计	33 000	费用小计	1 500	
收付实现制	收到上月应收账款	10 000	支付上月电费	5 000	15 300
	收到本月营业收入款	8 000	支付本月办公费	900	
	预收客户款	5 000	支付下季度保险费	1 800	
	收入小计	23 000	费用小计	7 700	

可见，两种不同的处理方法，将影响到各个期间收入、费用和盈亏的确认。而由于权责发生制比较真实、合理地反映企业的财务状况和经营成果，故广泛用于各个企业，而收付实现制处理方法相对简单，显然对各期收益的确定不够合理，主要用于不需明确收益的行政事业单位。

权责发生制的优点是：可以正确反映各个会计期间所实现的收入和为实现收入所应负担的费用，从而可以把各期的收入与其相关的费用、成本相结合，加以比较，正确确定各期的收益。在实际的会计工作中，对每项业务都按权责发生制来记录，因而，平时对一些按现金收支活动进行时日记录的交易，就需要在期末根据账簿记录，按照权责发生制的要求进行账项调整，即将本期应收未收的收入和应付未付的费用记入账簿；同时，将本期已收取现金的预收收入和已付出现金的预付费用在本期与以后各期之间进行分摊并转账。

权责发生制能够恰当地反映具体某一会计期间的经营成果，因而，绝大部分企业按这一基础记账。而且，为了正确划分并确定各个会计期间的财务成果，《企业会计制度》也规定，企业必须以权责发生制作为记账的基础。

第三节　所有企业的一条财务铁律

——会计恒等式

会计等式又称为会计方程式，或称为会计恒等式，是指运用数学方程的原理来描述会计对象具体内容，即会计要素之间相互关系的一种表达式。

企业从事生产经营活动，必须拥有一些能满足其业务活动需要的经济资源，也就是资产，如生产用的厂房、机器设备、材料、货币等。然而企业的资产不可能凭空形成，必须由财产所有者提供。为企业提供资金来源的人，对企业的资产就具有要求权，比如，投资人要求定期收回对企业的利润，并在企业中享有其他权利等。在会计上把这种要求权称为权益。资产和权益是企业拥有资金的两个不同的方面，资产反映了企业拥有哪些经济资源，权益说明了是谁提供了这些资产，谁享有对这些资产的要求权。因此，一个企业有多少资产，就必定有多少权益。资产的总量必然等于权益的总量，用公式表示为：

$$资产 = 权益$$

权益一般分为两部分：一部分是由债权人提供的，比如应付账款、应付票据、应付债券等。这类权益属于债权人权益，又称"负债"。负债在没有偿付之前，是企业资金的一种来源。另一部分权益是投资人投入的，称为所有者权益，是企业资金的主要来源。因此，会计等式又可表示如下：

$$资产 = 债权人权益 + 所有者权益 = 负债 + 所有者权益$$

这一等式反映了资产、负债、所有者权益三者之间的数量关系，由于这三者反映的是资金运动的静态状况，因此，这一等式也被称为静态会计等式。静态会计等式对会计有着十分重要的意义。它是会计设置账户、复式记账和编制资产负债表的理论依据。然而，企业的资金并非是静止不动的，企业的资金运动必然会引起会计要素的增减变化。因此，会计上把引起会计要素增减变化的业务称为经济业务，也叫会计事项。

企业经济业务的发生引起了会计要素的增减变化，这种变化会不会影响会计等式的平衡关系呢？当然是不会的。虽然企业的经济业务种类繁多，错综复杂，但归纳起来不外乎四大类型，任何一种类型的经济业务都不会破坏会计等式的平衡关系。

类型Ⅰ：一项经济业务的发生同时涉及权益和资产，使企业权益和资产同时增加。

类型Ⅱ：一项经济业务的发生同时涉及权益和资产，使企业权益和资产同时减少。

类型Ⅲ：一项经济业务的发生只涉及资产一方，使企业一项资产增加，另一项资产同时减少。

类型Ⅳ：一项经济业务的发生只涉及权益一方，使企业一项权益减少，而另一项权益同时增加。

以上四种经济业务类型是按"资产＝权益"这一会计等式进行的分类。

如果我们按"资产＝负债＋所有者权益"会计等式进行分类组合，涉及资产和权益的经济业务可以分为九种形式，任何一种形式的经济业务都不会破坏会计等式的平衡关系。九种形式的经济业务概括如下：

- 一项资产增加，一项负债增加。
- 一项资产增加，一项所有者权益增加。
- 一项资产减少，一项负债减少。
- 一项资产减少，一项所有者权益减少。
- 一项资产增加，另一项资产减少。
- 一项负债增加，另一项负债减少。
- 一项负债增加，一项所有者权益减少。
- 一项负债减少，一项所有者权益增加。
- 一项所有者权益增加，另一项所有者权益减少。

企业资金的运动过程，是企业资产、负债、所有者权益发生增减变化的过程，也是企业取得收入、发生费用和获取利润的过程。收入、费用和利润三个要素的数量关系可用下列公式表示：

$$收入－费用＝利润（或亏损）$$

由于收入、费用、利润三者反映的是资金运动的动态状况，因此，这一等式也称为动态会计等式。

第三章
主要会计科目

会计科目是建成财务大厦的砖石。

第一节　公司的家当
——资产类项目

 正确理解会计中的货币资金

货币资金项目反映企业以货币形态存在的资金，包括企业的库存现金、银行存款、外埠存款、银行汇票存款、银行本票存款、信用卡存款、信用证保证金存款等。

货币资金的特点

货币资金是企业可以立即投入流动的资金。在企业的资产中，货币资金是变现速度最快的。企业保有货币资金一般是为了满足结算需要、预防性需要和投资需要。但是，经营管理者应充分认识货币资金的双重性，即偿债能力最强，盈利能力最弱。如果货币资金占总资产的比例较大，通常表明企业流动资金比较充裕，偿债能力较强，反之亦然；但是，如果货币资金占总资产的比例过大，也可能意味着企业的资金闲置，盈利能力较弱。为此，应结合企业的生产经营特点、经营周期和资金周转速度，在资产的流动性与盈利性之间作出正确的选择，合理地确定企业货币资金的保有量，使其保持一个合适的比例。近年来，我国上市公司公布的会计报表中显示，上市公司的总资产中，货币资金一般占10%~20%，比例较大。

银行存款管理是货币资金管理的重点

企业的银行存款中存放了生产经营周转的流动资金、更新改造资金、企业的留存收益和应付款项，这些在企业的资产中被称为"血液"。因此，应该合理地安排和使用，保证资金的正常周转。

货币资金的管理是否符合国家的规定非常重要，货币资金管理应依据的规定有：《现金管理暂行条例》《支付结算办法》和《银行账户管理办法》。有关人员应对照这些规定，检查企业货币资金的管理是否有违法违规的行为存在。

正确理解会计中的交易性金融资产

交易性金融资产项目反映企业各种能随时变现，并准备随时变现的、持有时间不超过1年（含1年）的对外投资，包括各种股票、债券和基金投资，以及不超过1年（含1年）的其他投资。

资产负债表中该项目数字的含义

资产负债表中的交易性金融资产数额不是企业交易性金融资产的原始数额，而是"交易性金融资产"账户的期初余额减去"交易性金融资产跌价准备"账户的期末余额后的净额。根据《企业会计制度》的规定，企业应当定期或者至少在每年年度终了时，对短期投资进行全面检查。根据谨慎性原则的要求，当短期投资的市价低于成本时，应计提短期投资跌价准备，并在资产负债表中以短期投资的抵减项目进行列示。

交易性金融资产的构成

企业的交易性金融资产包括债权投资和股权投资，债权投资风险较小，股权投资风险较大。企业资产的风险分析中应注意交易性金融资产的构成，及时发现风险，予以防范。

正确理解会计中的应收账款

应收账款项目反映企业因销售商品、产品和提供劳务等应向购买单位收取的各种款项，即企业进行主营业务时发生的应收款项。

资产负债表中该项目数字的含义

资产负债表中的应收账款数额不是企业应收账款的实际数额，而是"应收账款"账户所属各明细账户的期末借方余额合计，减去"坏账准备"账户中对有关应收账款计提的坏账准备期末余额后的净额。根据《企业会计制度》的规定，企业应当定期或者至少于每年年度终了时，对应收账款进行全面检查，根据谨慎性原则的要求，对预计各项应收账款可能发生的坏账，以及没有把握能够收回的应收账款，计提坏账准备，并在资产负债表中以应收账款的抵减项目进行列示。

了解国家关于应收账款管理的有关规定

因为应收账款是否能够按时、足额地收回，存在不确定性，所以对于企业应收账款的管理，国家作了相应的规定，企业必须严格遵照执行。

■ 坏账准备的提取方法。只能使用"备抵法",可以在应收账款余额百分比法、账龄分析法和赊销百分比法中间选择一种,一经确定,不得随意变更。

■ 坏账准备的提取范围。第一,有确凿证据表明该项应收账款不能收回。如债务人死亡,以其遗产清偿后仍然无法收回;债务人破产,以其破产财产清偿后仍然无法收回;债务人较长时期内未履行偿债义务,并有足够的证据表明无法收回或收回的可能性极小。第二,收回的可能性不大。如债务单位撤销、破产、资不抵债、现金流量严重不足、发生严重的自然灾害等导致停产而在短时间内无法偿付债务等,以及应收账款逾期3年以上。

■ 辩证地认识应收账款。应收账款的管理是企业管理的重点和难点,但是应收账款的管理不是要消灭应收账款,因为,应收账款是商业竞争的必然产物。应收账款产生于赊销,赊销是商业竞争的5大手段之一。目的是为了扩大销售,增强竞争力,取得利润;赊销也可以看作是企业为了扩大销售和盈利而进行的投资。投资必然有成本,盈利大于成本就可以赊销。但是,由于应收账款的产生使企业的再生产周转资金被购买方无偿占用,因而也要充分认识应收账款对企业的不良影响:应收账款会使企业发生资金垫支损失;发生垫支资金的利息损失;发生垫支纳税(流转税、所得税)损失;发生收账费用(函件费、电话费、差旅费)损失;发生坏账损失,最终还会导致企业利润不实,所有者权益不实。

为此,企业应当强化应收账款的管理。目前,企业普遍存在的问题是:第一,客户档案不健全;第二,缺乏准确判断客户信用的方法;第三,缺乏科学的信用管理制度;第四,应收账款管理责任不清;第五,结算方式或结算条件选择失误;第六,赊销审批不科学;第七,对应收账款的监控不严;第八,缺乏有效的催收手段。企业应当建立健全内部控制制度,包括事前控制——建立客户资信管理制度;事中控制——建立内部授信制度;事后控制——建立账款监控制度。

■ 了解该项目在会计核算方面是否存在问题。应收账款项目一般存在虚增或虚减的情况,严重影响了企业收入和利润的真实性,经营管理者应当充分认识其带来的后果,强化对会计核算的管理,真实反映企业的经营成果。

■ 经常分析应收账款的账龄。应收账款的账龄不同,其具有的风险也不同,经常分析应收账款的账龄,可以采用不同的催收政策,防范坏账风险。

正确理解会计中的其他应收款

其他应收款项目反映企业对其他单位和个人的应收和暂付的款项，即与企业主营业务无关的应收款。

资产负债表中该项目数字的含义

资产负债表中的其他应收款数额不是企业其他应收款的实际数额，而是"其他应收款"账户所属各明细账户的期末借方余额合计，减去"坏账准备"账户中对有关其他应收款计提的坏账准备期末余额后的净额。根据《企业会计制度》的规定，企业应当定期或者至少于每年年度终了，对其他应收款进行检查，并根据谨慎性原则的要求，对于预计各项其他应收款可能发生的坏账损失，以及不能收回的其他应收款，计提坏账准备，在资产负债表中以其他应收款的抵减项目进行列示。

其他应收款的管理

其他应收款项目反映企业对其他单位和个人的应收和暂付的款项，如果企业生产经营活动正常，其他应收款的数额不应该接近于或大于应收账款，但是，有些企业的其他应收款数额很大。经营管理者或其他相关人员如果在阅读资产负债表时遇到了这种情况，应该了解其背后隐含的原因，防止问题的出现。

正确理解会计中的存货

存货项目反映企业期末在库、在途和正在加工中的各项存货，包括在途物资、库存原材料、低值易耗品、在制产品、自制半成品、库存商品、包装物、分期收款发出商品、委托加工物资、委托代销商品、受托代销商品等。

资产负债表中该项目数字的含义

资产负债表中的存货数额不是企业库存物资的实际数额，而是存货项目下各账户的期末借方余额合计，减去"存货跌价准备"账户计提的期末余额后的净额。根据《企业会计制度》的规定，企业应当定期或者至少于每年年度终了，对存货进行全面检查，预计各项存货可能发生的损失，对于遭受毁损、陈旧过时或销售价格低于成本等原因使存货成本不可收回的部分，计提存货跌价准备，并在资产负债表中以存货的抵减项目进行列示。

在明确了该项目数字的含义后，经营管理者应注意了解企业在存货跌价准备的提取方面是否符合《企业会计制度》的规定。因为，存货的跌价有以下两种处理要求。

第一，将存货账面价值全部转入当期损益。符合这种情况的存货是：已霉烂变质；已过期且无转让价值；生产中已不再需要，并且已无使用价值和转让价值；足以证明其已无使用价值和转让价值的其他情况。

第二，计提存货跌价准备。符合这种情况的存货是：市价持续下跌，并且在可预见的未来无回升的希望；使用该项原材料生产的产品成本大于产品的销售价格；产品更新换代，原有库存原材料已不适应新产品的需要，而该原材料的市场价格低于其账面成本；企业提供的商品或劳务过时或消费者偏好的改变使市场的需求发生变化，从而导致市场价格逐渐下跌；其他足以证明该项存货实质上已经发生减值的情况。

存货的管理

存货包括的内容多，占用的资金大，是企业流动资金管理的重点和难点。在管理中应充分重视以下三个问题。

第一，存货的追加成本。资产负债表中该项目的数字只是存货本身占用的资金，存货在储存过程中，还会发生许多追加支出，进而影响企业的盈利水平。企业应通过控制存货的资金占用，减少费用支出，提高盈利能力。

第二，物流管理与资金流管理并重，通过强化物流管理促进资金的正常周转。

第三，保持存货的合理结构。存货有些是为生产储备的，有些是为销售储备的，应合理地确定其结构，保证企业再生产过程的顺利进行。

正确理解会计中的待摊费用

待摊费用项目反映企业已经支出，但应由本期和以后各期分别负担的且分摊期限在1年以内（包括1年）的各项费用。待摊费用包括低值易耗品摊销、预付保险费、固定资产修理费用等。分析该项目应注意以下两个方面：

■根据《企业会计制度》的规定，待摊费用应按费用的受益期限分期摊销，如果待摊费用所应摊销的费用项目，不能再为企业带来经济利益，应将尚未摊销的待摊费用的摊余价值，全部转入当期成本、费用。这样做可以防止虚增资产。经营管理者在分析该项目时，应该了解所列示的待摊费用是否存在这种情况，如果存在，应按规定进行相应处理。

■该项目是否存在人为调节成本费用，进而调节利润的违法行为。应正确地进行待摊费用的核算,真实地反映企业的利润水平。

正确理解会计中的长期投资

长期投资项目反映企业投出的不准备在1年内(含1年)变现的各种投资,包括长期股权投资和长期债权投资。分析该项目应注意以下几个方面。

资产负债表中该项目数字的含义

资产负债表中的长期股权投资和长期债权投资都不是企业对外投资的实际数额,而是长期股权投资和长期债权投资项目下各账户的期末借方余额合计,减去"长期投资减值准备"账户计提的期末余额后的净额。根据《企业会计制度》的规定,企业应当定期或者至少于每年年度终了,对长期投资逐项进行检查,对预计各项投资可能发生的损失,计提长期投资减值准备,并在资产负债表中以长期投资的抵减项目进行列示。

在明确了该项目数字的含义后,经营管理者应注意了解企业在长期投资减值准备的提取方面是否符合《企业会计制度》的规定,因为,长期投资减值准备的计提有两种处理要求。

有市价的。可以提取的条件是:市价持续2年低于账面价值;该项投资暂停交易1年或1年以上;被投资单位当年发生严重亏损;被投资单位持续2年发生亏损;被投资单位进行清理整顿、清算或出现其他不能持续经营的迹象。

无市价的。可以提取的条件是:被投资单位的经营受政治或法律环境变化的影响,如税收、贸易等法规的颁布或修订,可能导致出现巨额亏损;被投资单位所供应的商品或提供的劳务过时或消费者偏好发生变化使市场需求发生变化,导致其财务状况发生严重恶化;被投资单位因其所在行业的生产技术发生重大变化,已失去竞争能力,导致财务状况发生严重恶化,如进行清理整顿或清算;有证据表明该项投资实质上已不能再给企业带来经济利益。

长期投资的管理

企业目前存在的较为普遍的现象是,对外投资效益低下,甚至由于接受投资的一方破产,投资收不回来。究其原因,有些企业是由于在对投资的可行性研究阶段存在问题,导致盲目投资;有些企业是由于对投资的管理过程中存在问题,出现"两张皮"的现象。经营管理者在分析该项目时,应结合企业长期投资的实际情况,研究存在的问题,有针对性地进行管理。

正确理解会计中的固定资产

企业拥有的固定资产包括两部分，一部分是那些使用期限超过1年的房屋、建筑物、机器、机械、运输工具以及其他与生产、经营有关的设备、器具、工具等；另一部分是那些单位价值在2 000元以上，并且使用期限超过2年的不属于生产、经营主要设备的物品。固定资产项目在资产负债表中列示了五个指标，分别反映企业现在拥有的固定资产的原价、累计提取的折旧、提取折旧后剩余的净值、计提的固定资产减值准备和扣除减值准备后的净额。

固定资产的构成

企业的固定资产占用资金数额大，资金周转时间长，是资产管理的重点。但是，企业拥有的固定资产并不都是为生产经营而使用的，为此，必须保持合理的结构。经营管理者在分析该项目时，应该首先了解本单位固定资产的结构。通常是查阅企业的固定资产明细表。该明细表一般都将固定资产分为生产经营使用的、非生产经营使用的和闲置的几大类。经营管理者可分析其所占的比例。这几类中只有生产经营使用的固定资产才能为企业带来盈利。企业应根据生产经营的需要，合理调整固定资产的结构，提高固定资产的使用效益。

固定资产占总资产的比例

传统的资金管理理论认为，企业固定资产所占的比例越大，企业的营运能力就越强。但是，经营管理者在分析这个问题的时候，首先应注意市场经济瞬息万变的特点，其次应注意固定资产为企业带来的折旧费用、修理费用的负担，及其对企业盈利能力的影响。在"船大压风浪"和"船小好掉头"之间作出合理的选择。

了解《企业会计制度》关于固定资产减值准备提取的有关规定

根据《企业会计制度》的规定，企业应当定期或者至少于每年年度终了，对固定资产逐项进行检查，对预计固定资产可能发生的损失，计提固定资产减值准备。经营管理者应注意了解企业在固定资产减值准备的提取方面是否符合《企业会计制度》的规定，因为，固定资产减值准备的计提有两种处理要求。

■全额提取。提取的条件是：长期闲置不用，在可预见的未来不会再使用，并且无转让价值；由于技术进步等原因，已不可使用；虽然尚可使用，但使用后产生大量不合格品；已遭毁损，以至于不再具有使用价值和转让价值；实质上已经不能再给企业带来经济利益。企业如果对固定资产全额提取了减值准备，则不能再计提折旧。

■差额提取。提取的条件是：市价持续下跌；技术陈旧、损坏、长期闲置等原因导致其可收回金额低于账面价值。

了解《企业会计制度》关于固定资产计提折旧的规定

原行业会计制度规定，企业必须按照国家规定的固定资产预计使用年限、预计净残值率和折旧方法计提折旧；《企业会计制度》规定，固定资产的折旧方法可以采用年限平均法、工作量法、年数总和法和双倍余额递减法等。企业应当根据固定资产的性质和消耗方式，合理地确定固定资产的预计使用年限和净残值率，并根据科技发展、环境及其他因素，选择合理的固定资产折旧方法，经相关部门批准后，作为计提折旧的依据。经营管理者如果了解了有关规定，可以分析本单位选择的固定资产折旧方法是否有利于固定资产的更新改造和企业的长远发展；同时，也应注意企业是否存在人为地随意变换固定资产折旧方法，以调节成本费用，进而操纵利润的违法行为。

正确理解会计中的在建工程

在建工程项目反映企业期末各项未完工程（包括基建工程、安装工程、技术改造工程和大修理工程等）的实际支出，包括交付安装的设备价值，未完建筑安装工程已经耗用的材料、工资和费用支出，预付出包工程的价款、已经建筑安装完毕但尚未交付使用的工程等的可收回金额。

资产负债表中该项目数字的含义

资产负债表中列示的在建工程项目的数字不是企业在建工程的实际数额，而是"在建工程"账户的期末借方余额合计，减去"在建工程减值准备"账户计提的在建工程减值准备期末余额后的净额。根据《企业会计制度》的规定，企业应当定期或者至少于每年年度终了，对在建工程进行全面检查，预计在建工程可能发生的损失，计提在建工程减值准备，并在资产负债表中以在建工程的抵减项目进行列示。

了解《企业会计制度》关于在建工程计提减值准备的规定

经营管理者应注意了解企业在在建工程减值准备的提取方面是否符合《企业会计制度》的规定。在建工程可以计提减值准备的条件是：长期停建并且预计在未来3年内不会重新开工；所建项目无论在性能上，还是技术上已经落后，并且给企业带来的经济利益具有很大的不确定性；其他足以证明在建工程已经发生减值的情况。

在建工程的管理

在建工程占用的资金属于长期资金,但是投入前属于流动资金,如果工程管理出现问题,会使大量的流动资金沉淀,甚至造成企业流动资金周转困难。为此,经营管理者在分析该项目时,应深入了解工程的管理,及时发现存在的问题。

在建工程的会计核算

在建工程完工后在会计核算上要转为固定资产,经营管理者在阅读和分析该项目时,应结合企业在建工程的实际,参阅工程有关资料,注意是否有工程未按规定办理结转,并通过调节成本费用,造成利润不实的违法行为存在。

 ## 正确理解会计中的无形资产

无形资产项目反映企业为生产商品、提供劳务、出租给他人或为管理目的而持有的、没有实物形态的非货币性长期资产。它包括专利权、非专利技术、商标权、著作权、土地使用权和商誉等。

资产负债表中该项目数字的含义

资产负债表中列示的无形资产项目的数字不是无形资产的入账价值,其含义有以下两个:

■该项目数字是无形资产的摊余价值。无形资产入账后,应自取得该无形资产当月起在预计的使用年限内的分期平均摊销,资产负债表中的数字是无形资产摊销后的剩余价值,并在以后各期继续摊销。

■该项目数字是"无形资产"账户的期末借方余额,减去"无形资产减值准备"账户计提的无形资产减值准备期末余额后的净额。根据《企业会计制度》的规定,企业应当定期或者至少于每年年度终了,检查各项无形资产预计给企业带来未来经济利益的能力,对可能发生的损失,计提无形资产减值准备,并在资产负债表中以无形资产的抵减项目进行列示。

了解《企业会计制度》关于无形资产计提减值准备的规定

经营管理者应注意了解企业在无形资产减值准备的提取方面是否符合《企业会计制度》的规定,因为,无形资产减值准备的计提有以下两种处理要求。

- 将该项无形资产的账面价值全部转入当期损益。其条件是：已被其他新技术所替代，并且已无使用价值和转让价值；已超过法律保护期限，并且已不能为企业带来经济利益；其他足以证明该项无形资产已经丧失了使用价值和转让价值的情况。
- 计提无形资产减值准备。其条件是：已被其他新技术所替代，使其创造经济利益的能力受到重大不利影响；该项无形资产的市价在当期大幅下跌，在剩余摊销年限内预期不会恢复；已超过法定保护期限，仍然具有部分使用价值；其他足以证明该项无形资产已经发生减值的情况。

强化无形资产的管理

无形资产属于资产，但是没有实物形态，所以风险比较大，而且其为企业带来的未来经济利益具有很大的不确定性，因此，必须强化对无形资产的管理，同时注意以下三个问题。

- 正确地反映无形资产的价值，防止虚增资产的情况出现。
- 严格按照国家关于无形资产入账比例的有关规定，控制无形资产的规模。
- 严格按照国家关于无形资产摊销的有关规定对其进行摊销，防止利用无形资产摊销调节费用进而操纵利润的违法行为出现。

正确理解会计中的长期待摊费用

长期待摊费用项目反映企业已经支出，但摊销期限在1年以上（不含1年）的各项费用，包括固定资产修理支出、租入固定资产的改良支出以及摊销期限在1年以上的其他待摊费用。分析该项目应注意以下方面：

该项目是否存在人为调节成本费用，进而达到操纵利润的违法行为，同时，该项目是否正确地进行了核算，以真实反映企业的利润水平。根据《企业会计制度》的规定，固定资产大修理支出应当在大修理间隔期内平均摊销；租入固定资产改良支出应当在租赁期限与租赁资产尚可使用年限两者孰短的期限内平均摊销；其他长期待摊费用应当在受益期内平均摊销。

根据《企业会计制度》的规定，长期待摊费用也和待摊费用一样，如果所应摊销的费用项目不能再为企业带来经济利益，应将尚未摊销的摊余价值，全部转入当期损益。这样做的意义也是防止虚增资产。经营管理者在分析该项目时应该了解所列示的长期待摊费用是否存在这种情况，如果存在，应督促财务部门按规定进行处理。

第二节 对外的义务

——负债类项目

 短期借款的确认

短期借款项目反映企业向银行或其他金融机构等借入的期限在1年以下（含1年）的各种借款。分析该项目应注意如下方面：

■ 短期借款是企业补充流动资金的重要渠道，其对企业的影响表现在两个方面：一是短期借款要在年内偿还，企业的偿债压力较大；二是短期借款利率较长期借款低，企业的利息负担较轻。企业应当根据资金的实际需要，科学地确定短期借款与长期借款的比例，使企业的偿债压力和利息负担都处于合理的状态。

■ 短期借款项目所列示的数字只是短期借款的本金，不包括其利息支出。

 应付账款的确认

应付账款项目反映企业因购买材料、商品和接受劳务等而应付给供应单位的款项。

强化应付账款的管理

企业在会计核算中有一种较为普遍的现象，即认为应付账款是欠其他单位的，拖欠的时间越长越好。这种现象产生的弊病有两个：一是会扰乱正常的经济链条，形成社会性的"三角债"，造成全社会经济的不良运转。如果出现这种情况，企业自身也必然是受害者。二是影响企业自身形象和信誉，在市场经济条件下，信誉是企业生存和发展的重要保证。一个企业要生存和发展，必须将信誉放在第一位，不能因为短期利益而影响企业的长远利益。为此，经营管理者在阅读和分析该项目时,应当注意了解企业是否存在上述问题,并与有关人员及时沟通,强化对应付账款的管理。

资产负债表中该项目数字的含义

资产负债表该项目列示的数字,不一定是企业到期必须偿还的真正数额,因为,有些应付账款是带有现金折扣的。但是,按照有关规定,在会计核算时,必须按照发票上记载的应付账款总值入账,不应扣除折扣。因此,为了了解企业应付账款的实际情况,经营管理者在阅读和分析该项目时,还应向有关人员了解具体情况。

预收款项的确认

预收款项项目反映企业按照合同规定向购货单位预收的款项。资产负债表中"预收款项",按"应收账款"和"预发账款"账户所属明细账户的贷方余额合计数填列。分析该项目应注意如下方面:

第一,科学地认识预收款项。预收款项出现在资产负债表中,并且数额较大,可能会使阅读者产生双重认识:一是可能认为本企业产品销售情况很好,供不应求,所以出现了预收款项;二是可能认为本企业再生产过程不均衡,有薄弱环节。为此,经营管理者在分析本单位资产负债表该项目时,应研究预收款项出现的原因,科学地认识和管理预收账款。

第二,防止该项目出现违法核算现象,以正确反映企业的当期收入和利润。

应付职工薪酬的确认

应付职工薪酬项目反映企业应付给职工的工资总额。

应付职工薪酬是否为企业真正的负债

"应付职工薪酬"账户的贷方余额一般表示为欠发职工的工资,但是,实行工效挂钩的企业如果效益比较好,提取的工资基金有结余,也会出现贷方余额,但这是工资基金的结存,不是企业的真正负债。

应付职工薪酬是否含有其他内容

根据2000年有关部门颁布的住房制度改革相关办法的规定,企业按一定标准发放的住房补贴也计入职工工资,因此,应付职工薪酬中还包括企业按规定标准发放的住房补贴。

 ## 应交税费的确认

应缴税金项目反映企业应缴纳的各种税金。

了解应缴税费的具体内容

纳入应缴税费核算的税种较多，包括增值税、营业税、消费税、资源税、城市维护建设税、土地增值税、所得税、房产税、城镇土地使用税、车船税、教育费附加、矿产资源补偿费等。经营管理者在阅读分析该项目时，应当具体了解应缴税金的种类，明确欠税的内容，从而有针对性地进行管理。

查明欠税的原因

经营管理者应当查明企业欠税的原因，从国民经济发展的大局出发，督促有关部门正确计算、及时缴纳各种税费，依法经营。

 ## 其他应付款的确认

预提费用项目反映企业按照规定从成本费用中预先提取但尚未支付的费用，包括预提的租金、保险费、借款利息和固定资产修理费用等。分析该项目应注意如下方面：

第一，资产负债表中列示的预提费用不一定是实际支付的数额。预提费用提取在先，支付在后，各期的提取数是由经济业务的未来需要和会计人员的职业判断双重因素决定。因此，提取的数额不一定与支付的数额完全一致。

第二，应严格按照有关规定进行会计处理，防止利用该项目的提取调节成本费用，进而操纵利润。

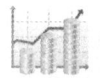 ## 预计负债的确认

预计负债项目反映企业各项预计的负债。它包括企业对外提供的担保、商业承兑票据贴现、未决诉讼和产品质量保证等很可能产生的负债。

正确认识预计负债的意义

预计负债是《企业会计制度》新增加的项目，在资产负债表上增加这个项目

是谨慎性原则的体现,更能客观地反映企业的偿债能力。企业的负债有些是实际发生的,有些是潜在的,无论是哪种类型,都会给企业带来偿债的风险。企业的偿债能力如何,不但直接关系到企业自身的生存,而且直接影响与之有业务往来的企业,为此必须充分反映企业的偿债能力。增加预计负债,不但为企业自身建立了偿债的预警系统,而且也能防止其对社会经济生活产生连锁反应。企业应客观地披露这些预计负债。

强化预计负债的管理

预计负债作为潜在的负债,如果管理得好,也有可能不发生。因此,经营管理者在分析该项目时,应当具体了解预计负债的内容,强化管理,并认真研究预计负债可能给企业带来的利益损失并切实采取预防措施,防患于未然。

 长期借款的确认

长期借款项目反映企业向银行或其他金融机构借入的期限在1年以上(不含1年)的各项借款。分析该项目应注意如下方面:

第一,长期借款往往是企业补充长期资金的重要渠道,其对企业的影响也表现在两个方面:一是长期借款要在1年以后偿还,企业的偿债压力较小;二是长期借款利率较短期借款高,企业的利息负担较重。如前所述,企业应当根据资金的实际需要,科学地确定长期借款与短期借款的比例,使企业的偿债压力和利息负担都处于合理的状态。

第二,长期借款项目所列示的数字不只是长期借款的本金,可能还包括了尚未支付的利息,因此,经营管理者分析该项目时,应进一步了解情况。

第三节 老板的蛋糕

——权益类项目

全面理解实收资本或股本的含义

实收资本或股本项目反映企业实际收到的投资人投入的资本金。

实收资本或股本与注册资本的关系

注册资本是企业在工商登记机关登记注册的资本，实收资本或股本是企业实际收到的投资人投入的资本。我国设立企业实行注册资本制。《企业法人登记管理条例》中规定，除国家另有规定外，投资人实际投入的资本应与注册资本相一致。但是，因为某些特殊原因，企业的实收资本可能会与注册资本不一致。该条例规定，差异如果超过20%（包括增加或减少），应当持验资证明或资金证明，到原登记机关申请变更注册资本。

严格防止抽逃资本金的违法行为出现

根据我国有关法律规定，企业既不得擅自改变注册资本，也不得抽逃投入的资本金。因此，企业应十分关注实收资本或股本的管理，防止抽逃资本金等违法行为出现。

全面理解资本公积的含义

资本公积项目反映企业通过各种渠道形成的资本公积。资本公积包括资本（或股本）溢价、接受非现金资产准备捐赠、接受现金捐赠、股权投资准备、拨款转入、外币折算差额和其他资本公积。

资本公积的性质

资本公积不是由企业的利润形成的，它与企业通过利润形成的公积金有本质区别，因此，资本公积的所有权属于投资者。经营管理者在分析该项目时，要特别注意这一点。

资本公积的用途

根据《中华人民共和国公司法》等法律的规定，企业形成的资本公积主要是用来转增资本（或股本），即将资本公积转为实收资本（或股本），而不得用于弥补亏损。企业应当严格按照资本公积的有关规定进行管理。

 全面理解盈余公积的含义

盈余公积项目反映企业通过净利润提取形成的各项公积金。它包括法定盈余公积、任意盈余公积、法定公益金、储备基金（外商投资企业提取）、企业发展基金（外商投资企业提取）和利润归还投资（中外合作企业提取）。

盈余公积的性质

盈余公积的形成与投资人的投资行为无关，是由企业生产经营活动取得的利润形成的。其中：法定盈余公积是按企业净利润的10％提取；任意盈余公积由企业自行决定提取；法定公益金是按企业净利润的5％～10％提取。由此可见，企业只有实现了利润，才能形成盈余公积。因此，盈余公积属于企业的资本增值，是企业的内部积累。经营管理者在分析该项目时，要特别注意这一点。

盈余公积的用途

根据我国《企业会计制度》和有关法律的规定，企业形成的盈余公积的用途有以下三种：

第一，弥补亏损。企业生产经营发生亏损，可以用发生亏损以后5年内实现的税前利润来弥补；5年内仍然没有弥补完的，可以使用以后各年所实现的税后利润弥补；如果税后利润仍然没有弥补完的，可以由董事会提议，经股东大会或类似的机构批准，使用提取的盈余公积弥补。这是盈余公积在用途上与资本公积不同的方面。

第二，转增资本（或股本）。转增资本是指将盈余公积转为实收资本（或股本）。当盈余公积的积累比较多的时候，企业可以经股东大会或类似的机构批准，将盈余公积转为实收资本（或股本）。转增资本后，剩余部分不得低于注册资本的25％。

第三，发放现金股利或利润。这只适用于特殊情况，即企业的未分配利润比较少,而积累的盈余公积却比较多。在这种情况下,企业可以按照有关规定,用盈余公积发放现金股利或利润。这样做的目的是为了给投资者以合理的回报,从而维护企业形象。

全面理解未分配利润的含义

未分配利润项目反映企业历年积累的未分配利润(或未弥补亏损)。

未分配利润的计算方法

未分配利润的计算公式:

未分配利润＝净利润(税后利润)－弥补亏损－提取的盈余公积－分配的股利

未分配利润的性质

未分配利润与盈余公积的性质相同,其形成与投资人的投资行为无关,是由企业生产经营活动取得的利润形成的。企业只有实现了利润,才能形成未分配利润。

未分配利润的用途

未分配利润通常是企业留待以后年度向投资者进行分配的,但是,在未分配前属于企业尚未确定用途的留存收益。我国《企业会计制度》和有关法律未对此作出明确的限制,企业在未分配利润的使用上有较大的自主权。

第四章
记账是怎么回事

如果您明白了记账是怎么回事,就应该恭喜您了,您对财务已经入门了。

第一节 账本的最初原形
——丁字账

 弄清楚会计账户的概念

账户是按照规定的会计科目在账簿中开设的,用来分类、连续地记录经济业务,反映会计要素增减变动及其结果的一种工具。

为了序时、连续、系统地记录由于经济业务的发生,而引起的会计要素的增减变动,提供各种会计信息,必须根据规定的会计科目在账簿中设置账户。

设置账户是会计核算的一种专门方法。例如,根据"库存现金"科目在账簿中开设"库存现金"账户,有关库存现金的每一笔收入、支出都应该按顺序登记,每日结算出现金的余额。通过"库存现金"账户,可以提供一定时期库存现金的增减变动及其结果。

 掌握会计账户的结构与格式

虽然企业日常发生的经济业务纷繁复杂,但从价值量的角度看,不外乎有增加、减少两种情况。增加减去减少,即为余额。账户为了记录各类经济业务的增、减变动情况及结余情况,就必须具有一定的便于登记增加、减少、结余情况的结构。因此,每一账户首先应该设置三个部分,一部分用来登记资产、权益的增加数,另一部分登记资产、权益的减少数,还有一个部分登记资产、权益的结余数。这三个部分构成了账户的基本结构。目前,我国各单位普遍采用的是借贷记账法。在借贷记账法下,账户的基本结构分为左右两方,左方称为借方,右方称为贷方,请注意,这里的"借"和"贷"仅仅是一对记账符号而已。它只代表记账的方向,而无增加或减少的含义,账户还有余额栏。账户的基本结构如表

4-1所示。

经济业务发生应在账户中加以登记。登记在借方的数额称为"借方发生额"，登记在贷方的数额称为"贷方发生额"。两方相减后的数额称为"本期的期末余额"。如果借方数额大于贷方数额，其余额为"借方余额"；如果贷方数额大于借方数额，其余额为"贷方余额"。账户中的期末余额，即为下期的期初余额。

表4-1　会计科目

年　月　日	凭证号数	摘要	借方	贷方	借或贷	余额

当然对于一个完整的账户而言，除了必须有反映增加数和减少数以及结余数三栏外，还应包括其他栏目，用以反映其他相关的内容。一个完整的账户结构应包括以下内容：

■账户名称（即会计科目）。
■登账的日期。
■登账的依据（即凭证编号）。
■经济业务内容的简要说明（即摘要）。
■增加、减少的金额和余额。

以上账户的结构也可以简化成"T"形账户表示，如表4-2所示。

表4-2

借方		账户名称		贷方
期初余额	×××	本期发生额	×××	
本期发生额	×××		×××	
	×××			
本期发生额合计	×××	本期发生额合计	×××	
期末余额	×××			

借方		账户名称		贷方
本期发生额	×××	期初余额	×××	
	×××	本期发生额	×××	
本期发生额合计	×××	本期发生额合计	×××	
		期末余额	×××	

上表中，左方和右方登记的增减余额称为本期发生额，到期末应当结算出期末余额。本期期末余额转入下一期即为下期的期初余额。四个金额之间的关系为：

期末余额＝期初余额＋本期增加额－本期减少额

账户的本期发生额反映一定时期内该账户核算内容的增减变动情况，而期末余额则反映其变动的结果。账户的余额一般与记录的增加额在同一方向。

会计包括资产、负债、所有者权益、收入、费用及利润六大要素，相应的，账户也可分为资产类账户、负债类账户、所有者权益类账户、收入类账户、费用成本类账户以及利润类账户六大类。由于利润类账户包括"利润""利润分配"等账户，它们和所有者权益类账户具有相同的性质，因而可以并入所有者权益类账户。这样一来，账户按会计要素实际上就可分为资产类、负债类、所有者权益类、收入类、费用成本类五大类账户。

 ## 了解资产类账户的结构

借方登记增加数，贷方登记减少数，期末余额在借方，本期的借方期末余额即为下期的借方期初余额。其具体结构如表4-3所示。

表4-3

借方		资产账户		贷方
期初余额	×××			
本期增加额	×××	本期发生额	×××	
	×××			
本期增加额合计	×××	本期减少额合计	×××	
期末余额	×××			

 ## 了解负债类账户的结构

根据会计等式的平衡原理，负债类账户的增加数必须与资产类账户增加数的方向相反。负债类账户的增加必须记录在"贷方"，而其减少数记录在"借方"。这样做的结果，一般说来，贷方会大于借方。它们间的差额称为余额。其方向也应与其增加数在一方，即"贷方"。本期期末余额，即为下期的期初余额，其具体结构如表4-4所示。

表4-4

借方		负债账户		贷方
本期减少额	×××	期初余额	×××	
	×××	本期增加额	×××	
本期增加额合计	×××	本期增加额合计	×××	
		期末余额	×××	

负债类账户结构中各项目间的关系,可以用公式表示如下:

期末余额＝期初余额＋本期负债增加总数－本期负债减少总数

了解所有者权益类账户的结构

由于所有者权益与负债都属于企业资产的来源,因此它们的账户结构是相同的,具体结构如表4-5所示。

表4-5

借方		所有者权益账户		贷方
本期减少额	×××	期初余额	×××	
	×××	本期增加额	×××	
本期减少额合计	×××	本期增加额合计	×××	
		期末余额	×××	

所有者权益账户结构中各项目间的关系,用公式表示如下:

期末余额＝期初余额＋本期所有者权益增加总数－本期所有者权益减少总数

了解收入类账户的结构

因为收入是所有者权益派生出来的,并且收入是使所有者权益增加的因素,所以,收入类账户结构与所有者权益类账户的结构基本相同。为了计算经营成果,习惯上将收入类账户结清,期末无余额,即使期末有余额,一般也都在增加方,即贷方。其结构如表4-6所示。

表4-6

借方		收入类账户		贷方
本期收入结转数 （减少）	×××	本期收入发生数 （增加）	×××	
本期收入结转总数	×××	本期收入发生总数	×××	

了解费用成本类账户的结构

由于费用成本类账户是由所有者权益派生出来的,并且是使所有者权益减少的因素,因此,费用成本类账户的结构与所有者权益类账户结构应该是相反的。即费用成本的发生数应登记在"借方",费用成本结转数应登记在"贷方"。为了计算经营成果,习惯上都将这类账户转平,期末无余额,即使期末有余额一般也都在增加方,即在"借方",具体结构如表4-7所示。

表4-7

借方		费用成本类账户		贷方
本期费用成本发生数（减少）	×××	本期费用成本结转数（增加）	×××	
本期收入结转总数	×××	本期收入发生总数	×××	

第二节　最通行的记账方法
——借贷记账法

 不可不知的借贷记账法基本理论

借贷记账法是以"资产=负债+所有者权益"会计等式为理论基础，以"借""贷"为记账符号，以"有借必有贷、借贷必相等"为记账规则，以"借贷方式发生额总额相等"为试算平衡方法的一种复式记账方法。

借贷记账法的对象，是会计要素的增减变化过程及其结果。而资产、负债和所有者权益是重要的会计要素。它们之间存在着客观必然的数量关系，即会计恒等式：资产=负债+所有者权益。这个公式是借贷记账法的理论基础。在一个会计要素的项目发生了增减变化时，在同一个会计要素之间，或者是另一个或两个会计要素的项目之间必然随之发生增减变动，以维持平衡公式不被破坏。只有维持会计要素之间的平衡关系，在相关的账户中进行等额登记，才能保证经济业务的完整性。所以说，会计恒等式是借贷记账法的理论基础。

借贷记账法有如下两点主要内容：

第一，以"借"和"贷"为记账符号。在账户的结构中我们已经讲到，为了反映经济业务数量上的增减变化，我们用"左""右"来记录会计要素具体内容的增减变动。在借贷记账法下，由于以"借""贷"作为记账符号，人们在会计核算中长期以来习惯称账户的左方为借方，右方为贷方，"借"和"贷"是代表记账方向的一对记账符号，在不同性质的账户中表示不同的含义。

第二，以"有借必有贷、借贷必相等"为记账规则。当经济业务发生时，如何运用借贷记账法把每一项经济业务记入相互联系的两个或两个以上的账户，这是需要遵循一定的记账规则的。现以实例来说明和概括借贷记账法的记账规则。

【例4-1】企业向银行借入长期借款200 000元。

这一经济业务使资产类账户银行存款增加了200 000元，同时使负债类账户长期借款也增加了200 000元，因此，应分别记入"银行存款"账户的借方和"长期借款"账户的贷方。

【例4-2】甲企业以现金方式向企业投入资本250 000元存入银行。

这项经济业务，使资产类账户银行存款增加了250 000元，同时使所有者权益类账户实收资本增加了250 000元。因此应分别记入"银行存款"账户的借方和"实收资本"账户的贷方。

【例4-3】企业用银行存款去偿还短期借款10 000元。

这项经济业务，使资产类账户银行存款减少了10 000元，同时使负债类账户短期借款减少了10 000元。因此，应分别记入"银行存款"账户的贷方和"短期借款"账户的借方。

【例4-4】企业因破产清算向投资者退还投资现金30 000元。

这项经济业务，使资产类账户库存现金减少了30 000元，同时使所有者权益类账户实收资本减少30 000元。因此应分别记入"库存现金"账户的贷方和"实收资本"账户的借方。

【例4-5】企业以银行存款购买机器设备一台，价值100 000元。

这一经济业务，使资产类账户固定资产增加了100 000元，同时使资产类账户中的银行存款减少了100 000元，因此，应分别记入"固定资产"账户的借方和"银行存款"账户的贷方。

【例4-6】企业将200 000元短期借款转入长期借款。

这项经济业务，使负债类账户短期借款减少了200 000元。同时使负债类账户长期借款增加了200 000元。因此应分别记入"短期借款"账户的借方和"长期借款"账户的贷方。

【例4-7】某企业年终计算出应付给投资者的利润120 000元。

这项经济业务，使负债类账户应付利润增加了120 000元，同时，使所有者权益类账户本年利润减少了120 000元。因此，应分别记入"应付利润"账户的贷方和"利润分配"账户的借方（在会计上，由于管理的需要，本年利润的减少在利润分配账户的借方表示）。

【例4-8】某企业将本企业所欠贷款200 000元转作投入资本。

这项经济业务，使负债账户应付账款减少了200 000元，同时使所有者权益类账户实收资本增加了200 000元。因此应分别记入"应付账款"账户的借方和

"实收资本"账户的贷方。

【例4-9】企业经批准将其资本公积20 000元转增资本。

这项经济业务,引起所有者权益类账户实收资本增加了20 000元,同时使所有者权益类账户资本公积减少了20 000元。因此应分别记入"实收资本"账户的贷方和"资本公积"账户的借方。

由上述举例可以知道,经济业务的变化多种多样。从以上几种情况来看,不论在哪种情况下,经济业务的发生一方面记入有关账户的借方,另一方面必须记入有关账户的贷方,而且所记借方的金额与贷方的金额必然相等。为此,可以把借贷记账法的记账规则概括为"有借必有贷,借贷必相等"。借贷记账法的这一记账规则,适用于每一项经济业务。

第三节 日常经济事项的会计翻译

——会计分录

按照借贷记账法的记账规则登记每一项经济业务时,在有关账户之间就发生了应借、应贷的相互关系。这种反映经济业务相互联系的有关账户之间的依存关系,叫作账户的对应关系;存在对应关系的账户,叫作对应账户。通过账户的对应关系,可以了解经济业务的内容及其内在联系。同时,还可以发现对经济业务的处理以及经济业务本身是否合理、合法。

为了保证账户对应关系的正确性,对每一项经济业务在记入有关账户前,首先应根据经济业务确定涉及的对应账户名称,及其借、贷方向和金额编制会计分录。会计分录是指明经济业务应记账户名称,应借、应贷方向和金额的记录,简称分录。

会计分录按照其所反映经济业务复杂程度,即其涉及对应账户的多少,分为简单会计分录和复合会计分录两种。简单会计分录是指一个账户的借方同另一个账户的贷方发生对应关系的会计分录,即"一借一贷"的分录。现举例说明。

【例4-10】企业向银行借入短期借款200 000元。用会计分录的形式表示为:

借:银行存款　　　　　　　　　　　　　　　　200 000
　　贷:短期借款　　　　　　　　　　　　　　　200 000

【例4-11】企业以银行存款50 000元偿还前欠某企业账款。用会计分录形式表示为:

借:应付账款　　　　　　　　　　　　　　　　50 000
　　贷:银行存款　　　　　　　　　　　　　　　50 000

复合会计分录是指一个账户的借方(或贷方)同几个账户的贷方(或借方)发生对应关系的会计分录。包括"一借多贷"会计分录和"多借一贷"会计分录。现举例说明。

【例4-12】企业购进原材料10 000元，其中6 000元货款已用银行存款付讫，其余4 000元货款尚未支付。用会计分录形式表示为：

借：原材料　　　　　　　　　　　　　　　　　　　　　10 000
　　贷：银行存款　　　　　　　　　　　　　　　　　　　6 000
　　　　应付账款　　　　　　　　　　　　　　　　　　　4 000

【例4-13】企业以银行存款200 000元，偿还银行短期借款150 000元和欠某单位的货款50 000元。用会计分录形式表示为：

借：短期借款　　　　　　　　　　　　　　　　　　　　150 000
　　应付账款　　　　　　　　　　　　　　　　　　　　　50 000
　　贷：银行存款　　　　　　　　　　　　　　　　　　　200 000

可见，编制复合会计分录，可以简化分录的编制工作，提高记账的效率。但必须注意的是，为了保持账户对应关系的清晰，一般不允许把不同的经济业务合并在一起，编制多借多贷的会计分录，但在特殊情况下，如果一项复杂的经济业务要以多借多贷会计分录才能反映得更完整、清楚，并且可以简化记账手续。在理论和实务上还是可以灵活运用的。现举例说明。

【例4-14】企业因被投资企业破产清算，收回原材料90 000元，另外收回原值为580 000元的机器设备一台（已提折旧280 000元）。原投资总数为620 000元。用会计分录形式表示为：

借：原材料　　　　　　　　　　　　　　　　　　　　　90 000
　　固定资产　　　　　　　　　　　　　　　　　　　　　580 000
　　投资收益　　　　　　　　　　　　　　　　　　　　　230 000
　　贷：长期投资——其他投资　　　　　　　　　　　　　620 000
　　　　累计折旧　　　　　　　　　　　　　　　　　　　280 000

一笔会计分录应包括三项基本要点：记账符号、应记账户名称和应记金额。

编制会计分录时要注意以下几点：

■每笔分录要写摘要，简单说明经济业务的内容。

■编制会计分录时，"借""贷"应分行，将应借账户排在上面，应贷账户排在下面，并缩进一格或两格。

■账户的名称要书写齐全，金额数字要整齐准确，上下笔分录的借方金额和贷方金额要分别对齐。

总之，完整的会计分录应具备借方和贷方的记账符号、应记账户的名称及金额，并附有简要的说明。

第五章
一个公司的体检表

一个公司的状况和活力能够从资产负债表、利润表、现金流量表中看出来,它们是当之无愧的公司体检表。

第一节　反映现状的财务报表

——资产负债表

掌握资产负债表的概念与结构

首先，我们来了解一下资产负债表的概念。资产负债表是反映企业在某一特定日期财务状况的会计报表。它是根据资产、负债、所有者权益之间的相互关系，按照一定的分类标准和一定的顺序，把企业在一定日期内资产、负债、所有者权益各项目予以适当地排列，并对日常工作中形成的大量数据进行整理、加工后编制而成的。它表明企业在某一特定日期所拥有或控制的经济资源、所承担的现有义务和所有者对净资产的要求权。通过资产负债表，可以了解企业拥有或控制的资产总额及其构成情况，企业负债和所有者权益状况；评价企业的偿债能力和筹资能力；考察企业资本的保全和增值情况；分析企业财务结构的优劣和负债经营的合理程度；预测企业未来的财务状况和财务安全程度等。

在企业的资产负债表上，企业有多少资产、是什么资产、有多少负债、股本是多少、是谁投的资等都反映得清清楚楚。

接下来，我们了解一下资产负债表的结构。

资产负债表是一张静态的会计报表。它根据"资产＝负债＋所有者权益"这一基本会计方程式，依照一定的分类标准和一定的次序，把企业在一定时日的资产、负债和所有者权益各项目予以适当排列而成。

静态报表是指从某一时点（如"月末""季末""年末"等）来反映企业情况的会计报表。

资产负债表由表头、表身和表尾等部分组成。表头部分应列明报表名称、编表单位名称、编制日期和金额计算单位；表身部分反映资产、负债和所有者权益的内容；表尾部分为补充说明。表身部分是资产负债表的主体和核心。

资产负债表的项目，可分为资产、负债和所有者权益三类，并分别结出合计金额。资产负债表的主要内容如表5-1所示。

资产类和负债类项目是按流动性划分的，并按流动性大小的顺序在表中排列。资产类项目按其变现及耗用的周期可分为流动资产项目和非流动资产项目，因此，流动资产项目列示在左上方，非流动资产项目列示在左下方。

其中流动资产项目又按货币资金、交易性金融资产、应收账款、预付账款、其他应收款、存货等顺序排列；非流动资产项目按长期应收款、固定资产等顺序排列。

负债类项目按其偿还期分为流动负债项目与非流动负债项目。流动负债项目列示在资产负债表右上方，其下面是长期负债项目。

流动负债项目又分为短期借款、应付账款、预收款项、应付职工薪酬、应交税费、应付股利、其他应付款、一年内到期的非流动负债等；非流动负债又分为长期借款、应付债券等。

所有者权益类项目分为实收资本、资本公积金、盈余公积金和未分配利润等项目，列示在资产负债表的右下方。

上述资产类项目金额合计数应与负债和所有者权益类项目金额合计数相等。

表5-1 资产负债表的主要内容

三大主要内容	说 明
企业的资产	企业在某时期的所有资产，其中包括流动资产和非流动资产
企业的负债	企业所有对外的负责情况，其中包括流动负债和非流动负债
所有者权益	企业所有者在企业资产中享有的经济利益，包括实收资本、资本公积、盈余公积、未分配利润等

通过该表，可以将资产与负债进行比较，分析企业偿债能力，可以反映企业所有者权益的情况，表明投资者的投资在企业资产中所占的份额，了解权益结构情况；通过当期期末实际数与年初数的对比，可以分析企业财务状况的变动趋势。

资产负债表的格式，主要有账户式和报告式两种。按照我国现行会计制度规定，企业的资产负债表一般采用账户式。

账户式资产负债表是将资产类项目排列在表的左方，即T形账户的左方；负债和所有者权益类项目排列在表的右方，即T形账户的右方。因此，账户式资产负债表左右两边合计金额相等。

学会编制资产负债表

资产负债表正表各项目"年初数"栏内的数字，应根据上年年末资产负债表"期末数"栏内所列数字填列。正表各项目"期末数"栏内的数字，应按企业本期总分类账户或明细分类账户期末余额直接填列或进行分析加工处理后填列。

根据总分类账账户期末余额直接填列的项目

（1）"交易性金融资产"项目，反映企业购入的各种能随时变现，持有时间不超过一年的有价证券以及不超过一年的其他投资，本项目应根据"交易性金融资产"账户的期末余额填列。

（2）"其他应收款"项目，反映企业对其他单位和个人的应收和暂付的款项。本项目应根据"其他应收款"账户的期末余额填列。

（3）"长期股权投资"项目，反映企业不准备在1年内变现的投资。本项目应根据"长期股权投资"账户的期末余额填列。

（4）"固定资产原价"项目和"累计折旧"项目，反映企业的各种固定资产原价及累计折旧。这两个项目应根据"固定资产"账户和"累计折旧"账户的期末余额填列。

（5）"短期借款"项目，反映企业借入尚未归还的1年期以下的借款。本项目应根据"短期借款"账户的期末余额填列。

（6）"其他应付款"项目，反映企业所有应付、暂收其他单位和个人的款项，如应付保险费、存入保证金等。本项目应根据"其他应付款"账户的期末余额填列。

（7）"应付职工薪酬"项目，反映企业应付未付的职工薪酬和福利，本项目应根据"应付职工薪酬"账户期末贷方余额填列。

（8）"应交税费"项目，反映企业应缴未缴的各种税金（多缴数以"—"号填列）。本项目应根据"应交税费"账户的期末余额填列。

（9）"长期借款"项目，反映企业借入尚未归还的1年期以上的借款的本息。本项目应根据"长期借款"账户的期末余额填列。

（10）"应付股利"项目，反映企业发行的尚未偿还的各种长期债券的本息。本项目应根据"应付股利"账户的期末余额填列。

（11）"实收资本"项目，反映企业实际收到的资本总额。本项目应根据"实收资本"账户的期末余额填列。

（12）"资本公积"项目和"盈余公积"项目，分别反映企业资本公积和盈余公积的期末余额。应分别根据"资本公积"和"盈余公积"账户的期末余额填列。

根据几个总分类账户期末余额相加或相减分析填列的项目

（1）"货币资金"项目，反映企业库存现金、银行结算户存款等货币资金的合计数。本项目应根据"库存现金""银行存款"等账户的期末余额合计数填列。

（2）"存货"项目，反映企业期末存货的实际成本，包括原材料、库存商品等。本项目根据"材料采购""原材料""库存商品""生产成本"等账户的期末借方余额填列。

（3）"未分配利润"项目，反映企业尚未分配的利润。本项目应根据"本年利润"账户和"利润分配"账户的余额计算填列。

根据总分类账户所属明细分类账户期末余额分析填列的项目

（1）"应收账款"项目，反映企业因销售产品和提供劳务而应向购买单位收取的各种款项。本项目应根据"应收账款"账户所属各明细账户的期末借方余额合计和"预收账款"账户所属有关明细账户借方余额之和填列。

（2）"预付账款"项目，反映企业预付给供应单位的款项。本项目应根据"预付账款"账户的期末借方余额填列。如"预付账款"账户所属有关明细账户有贷方余额的，应在本表"应付账款"项目内填列。如"应付账款"账户所属明细账户有借方余额的，也应包括在本项目内。

（3）"应付账款"项目，反映企业购买原材料或接受劳务供应而应付给供应单位的款项。本项目应根据"应付账款"账户所属各有关明细账户的期末贷方余额合计和"预付账款"账户所属有关明细账户贷方余额之和填列。

（4）"预收账款"项目，反映企业预收购买单位的货款。本项目应根据"预收账款"账户的期末贷方余额填列。如"预收账款"账户所属有关明细账户有借方余额的，应在资产负债表"应收账款"项目内填列；如"应收账款"账户所属明细账户有贷方余额的，也应包括在本项目内填列。

【例5-1】××公司20×8年12月31日的资产负债表及20×9年12月31日的科目余额表分别如表5-2和表5-3所示。

表5-2 资产负债表

编制单位：××公司　　　　　20×8年12月31日　　　　　　　　　　单位：元

资产	期末余额	年初余额	负债和所有者权益（或股东权益）	期末余额	年初余额
流动资产：			流动负债：		
货币资金	850 000		短期借款	540 000	
交易性金融资产	660 000		交易性金融负债		
应收票据	67 000		应付票据	200 000	
应收账款	703 000		应付账款	580 000	
预付款项	460 000		预收款项	380 000	
应收利息			应付职工薪酬	110 000	
应收股利			应交税费	50 000	
其他应收款	33 000		应付利息		
存货	1 547 000		应付股息	80 000	
一年内到期非流动资产			其他应付款		
其他流动资产			一年内到期的非流动负债	120 000	
流动资产合计	4 320 000		其他流动负债		
非流动资产：			流动负债合计	2 060 000	
可供出售的金融资产			非流动负债：		
持有至到期投资			长期借款		
长期应收款			应付债券	1 400 000	
长期股权投资	700 000		长期应付款		
投资性房地产			专项应付款		
固定资产	6 080 000		预计负债		
在建工程			递延所得税负债		
工程物资	2 600 000		其他非流动负债		
固定资产清理			非流动负债合计	1 400 000	
生产性生物资产			负债合计	3 460 000	
油气资产			所有者权益（或股东权益）：		
无形资产	400 000		实收资本（或股本）	8 000 000	
开发支出			资本公积	280 000	
商誉			减：库存股		
长期待摊费用			盈余公积	400 000	
递延所得税资产			未分配利润	1 960 000	
其他非流动资产			所有者权益（或股东权益）合计	10 640 000	
非流动资产合计	9 780 000				
资产总计	14 100 000		负债和所有者权益（或股东权益）总计	14 100 000	

表5-3　××公司科目余额表

20×9年12月31日　　　　　　　　　　单位：元

账户名称	借方余额	账户名称	贷方余额
库存现金	150 000	坏账准备	13 000
银行存款	800 000	存货跌价准备	133 000
交易性金融资产	560 000	累计折旧	520 000
应收账款	120 000	短期借款	340 000
其他应收款	13 000	应付账款	140 000
生产成本	570 000	应付票据	200 000
原材料	230 000	应付职工薪酬	114 000
库存商品	680 000	应付股利	80 000
应收票据	57 000	应交税费	50 000
长期股权投资	800 000	长期借款	120 000
固定资产	9 200 000	应付债券	2 000 000
无形资产	200 000	实收资本	8 000 000
预付账款	240 000	资本公积	280 000
预收账款	130 000	盈余公积	560 000
在建工程	2 000 000	未分配利润	3 200 000
合　计	15 750 000	合　计	15 750 000

其中，长期借款120 000元将于下一年5月1日到期。

此外，"应收账款"明细账户余额如下：

甲公司：480 000元（贷方）　　　　乙公司：360 000元（贷方）

"预收账款"明细账户余额如下：

丙公司：120 000元（贷方）　　　　丁公司：250 000元（借方）

"应付账款"明细账户余额如下：

A公司：320 000元（贷方）　　　　B公司：180 000元（借方）

"预付账款"明细账户余额如下：

C公司：300 000（借方）　　　　　D公司：60 000元（贷方）

由以上所给资料，编制资产负债表如表5-4所示。

表5-4 资产负债表

编制单位：××公司　　　　　20×9年12月31日　　　　　单位：元

资产	期末余额	年初余额	负债和所有者权益（或股东权益）	期末余额	年初余额
流动资产：			流动负债：		
货币资金	950 000	850 000	短期借款	340 000	540 000
交易性金融资产	560 000	660 000	交易性金融负债		
应收票据	57 000	67 000	应付票据	200 000	200 000
应收账款	717 000	703 000	应付账款	380 000	580 000
预付款项	480 000	460 000	预收款项	480 000	380 000
应收利息			应付职工薪酬	114 000	110 000
应收股利			应交税费	50 000	50 000
其他应收款	13 000	33 000	应付利息		
存货	1 347 000	1 547 000	应付股息	80 000	80 000
一年内到期非流动资产			其他应付款		
其他流动资产			一年内到期的非流动负债	120 000	120 000
流动资产合计	4 124 000	4 320 000	其他流动负债		
非流动资产：			流动负债合计	1 764 000	2 060 000
可供出售的金融资产			非流动负债：		
持有至到期投资			长期借款		
长期应收款			应付债券	2 000 000	1 400 000
长期股权投资	800 000	700 000	长期应付款		
投资性房地产			专项应付款		
固定资产	8 680 000	6 080 000	预计负债		
在建工程			递延所得税负债		
工程物资	2 000 000	2 600 000	其他非流动负债		
固定资产清理			非流动负债合计	20 000 000	1 400 000
生产性生物资产			负债合计	3 764 000	3 460 000
油气资产			所有者权益（或股东权益）：		
无形资产	200 000	400 000	实收资本（或股本）	8 000 000	8 000 000
开发支出			资本公积	280 000	280 000
商誉			减：库存股		
长期待摊费用			盈余公积	560 000	400 000
递延所得税资产			未分配利润	3 200 000	1 960 000
其他非流动资产			所有者权益（或股东权益）合计	12 040 000	10 640 000
非流动资产合计	11 680 00	9 780 000			
资产总计	15 804 000	14 100 000	负债和所有者权益（或股东权益）总计	15 804 000	14 100 000

第五章 一个公司的体检表

上述资产负债表中的有关项目的填列计算如下：

货币资金=库存现金+银行存款=150 000+800 000=950 000（元）

应收账款=应收账款明细账余额（借方）+预收账款明细账余额（借方）–
　　　　 坏账准备=480 000+250 000–13 000=717 000（元）

预付款项=预付账款明细账户借方余额+应付账款明细账户借方余额=
　　　　 300 000+180 000=480 000（元）

应付账款=应付账款明细账户贷方余额+预付账款明细账户贷方余额=
　　　　 320 000+60 000=380 000（元）

预收款项=应收账款明细账户贷方余额+预收账款明细账户贷方余额=
　　　　 360 000+120 000=480 000（元）

存货=生产成本+原材料+库存商品–存货跌价准备=
　　　 570 000+230 000+680 000–133 000=1 347 000（元）

固定资产=固定资产–累计折扣–固定资产减值准备=
　　　　 9 200 000–520 000–0=8 680 000（元）

长期借款因为下一年5月1日到期，经分析后调整到"一年内到期的非流动负债"项目列示。

第二节　评价过去的财务报表
——利润表

编制出了资产负债表，工作并没有到此结束。清楚了企业究竟有多少资产，其中有多少是借来的，多少是所有者的还远远不够。我们还应该清楚企业利用这些资产究竟赚得了多少利润，有多少归自己，多少要缴税，因此，就涉及反映经营成果的报表，即利润表。

掌握利润表的概念与结构

首先，我们来了解一下利润表的概念。利润表又称为损益表。它是反映某一单位在一定期间经营成果的报表，是一种动态的会计报表。

利润表可以提供企业、单位在一定时期各种收入的取得、成本和费用的发生、盈利或者亏损的情况，还可以用来分析企业的盈利水平和盈利趋势，分析企业利润或亏损增减变化的原因，评价企业的经营成果。企业日常进行的每一项经济活动，无论是成本、费用的发生，收入的取得或其他各种经济活动，最终将归结为取得净收益或是发生亏损。企业取得净收益或发生亏损后，必然使企业的资产、负债发生变化，即企业的财务状况必然因经营成果的好坏而有所改变。可见，利润表和资产负债表的要素具有不可分割的内在联系。

接下来，我们了解一下利润表的结构。

利润表是一张动态的会计报表。它是以"收入－费用＝利润"这一会计等式为理论基础，反映企业经营成果的总括报表。

资产负债表可以总括揭示企业在一定时期的财务状况，但如果想要总括了解企业在一定时期的经营过程和结果，则有赖于利润表。

动态报表是指从某一个时期内如"本月份""本季度""本年度"等来反映

企业情况的会计报表。

利润表由表头、表身和表尾等部分组成。表头部分列明报表名称、编表单位名称、编制期间和金额计算单位；表身部分反映利润的构成内容；表尾部分为补充说明。

利润表的正表格式一般有单步式利润表和多步式利润表两种。

多步式利润表通过多步计算得出不同层次的利润指标，最后计算出当期净利润。与单步式利润表相比，多步式利润表中各利润指标的排列格式注意了收入和费用支出配比的层次性，这样便于对企业生产经营情况进行分析，有利于不同企业之间进行比较，更重要的是利用多步式利润表，能够将持续性不同的获得能力指标分别反映有利于对企业未来的获利能力进行预测。多步式利润表由于能提供更多的信息含量，因而被世界各国广泛采用。我国实务中也采用多步式的利润表，格式如表5-5所示。

表5-5 利润表

编制单位： 年 单位：元

项目	本期金额	上期金额
一、营业收入		
减：营业成本		
营业税金及附加		
销售费用		
管理费用		
财务费用		
资产减值损失		
加：公允价值变动收益（损失以"-"号填列）		
投资收益（损失以"-"号填列）		
其中：对联营企业和合营企业的投资收益		
二、营业利润（亏损以"-"号填列）		
加：营业外收入		
减：营业外支出		
其中：非流动资产处置损失		
三、利润总额（亏损以"-"号填列）		
减：所得税费用		
四、净利润（净亏损以"-"号填列）		
五、每股收益：		
（一）基本每股收益		
（二）稀释每股收益		
六、其他综合收益		
七、综合收益总额		

根据我国企业会计准则的规定，年度、半年度会计报表至少应反映两个年度或相关两个期间的比较指标，因而我国的利润表也采用了比较会计报表的格式。利润表中不仅包括"本期金额"，而且包含了"上期金额"一栏。比较报表格式的采用增加了关于企业盈利能力发趋势的信息，有利于信息使用者对于企业未来盈利能力的预测。

学会编制利润表

利润表是一张动态报表，它反映企业在一定期间的盈利情况，因而其数据主要来源于损益类账户的本期发生额。利润表中列示有本期金额和上期金额两栏，上期金额直接从上期报表抄列，如果上期利润表的项目名称和内容与本期利润表不一致，应对上期报表项目的名称和内容按本期的规定进行调整，然后填入报表的"上期金额"栏。

本期金额一栏数据主要来源于有关损益类账户的本期发生额，各项目应按一定的程序和方法填列。

（1）根据有关账户的总分类账本期发生额（净额）填列。"营业收入"项目，反映企业经营主要业务和其他业务所确认的收入总额，根据主营业务收入、其他业务收入账户贷方发生额相加填列。"营业成本"项目，反映企业经营主要业务和其他业务发生的实际成本总额，应根据主营业务成本、其他业务成本等账户借方发生额相加填列。公允价值变动损益、投资收益等账户则根据净额填列；其他费用类项目如营业税金及附加、销售费用、财务费用、管理费用、所得税费用等账户则根据账户借方发生额填列。

（2）根据收益表中有关项目计算填列。我国的利润表采用了多步式的报表格式，经过不同层次几个利润指标的计算，反映企业的经营成果，最终计算出净利润。有关利润项目的计算公式为：

营业利润=营业收入−营业成本−营业税金及附加−销售费用−管理费用−财务费用−资产减值损失+公允价值变动收益+投资收益

利润总额=营业利润+营业外收入−营业外支出

净利润=利润总额−所得税费用

"基本每股收益"和"稀释每股收益"项目，应当根据每股收益准则的规定计算的金额填列。"其他综合收益"项目,反映企业根据企业会计准则规定未在损益中确认的各项利得和损失扣除所得税影响后的净额。"综合收益总额"项目,反映企业净利润与其他综合收益的合计金额。

【例5-2】××公司20××年结账前有关损益类账户发生额及净额如表5-6所示。

表5-6 ××公司20××年损益类账户

单位:元

账户名称	借方	贷方
主营业务收入		24 000 000
主营业务成本	8 000 000	
营业税金及附加	4 000 000	
销售费用	4 200 000	
管理费用	3 800 000	
财务费用	2 600 000	
其他业务收入		8 600 000
资产价值损失	600 00	
其他业务成本	6 500 000	
投资收益	1 200 000	
公允价值变动损益		200 000
营业外收入		300 000
营业外支出	200 000	

假设公司依据税法规定调整计算出本期所得税费用为4 000元。根据以上资料编制的××公司20××年利润表如表5-7所示。

表5-7 利润表

编制单位:××公司　　　　　　20××年　　　　　　单位:元

项目	本期金额	上期金额
一、营业收入	32 600 000	(略)
减:营业成本	14 500 000	
营业税金及附加	4 000 000	
销售费用	4 200 000	
管理费用	3 800 000	
财务费用	2 600 000	
资产减值损失	600 000	

（续表）

项　目	本期金额	上期金额
加：公允价值变动收益（损失以"-"号填列）	200 000	
投资收益（损失以"-"号填列）	-1 200 000	
其中：对联营企业和合营企业的投资收益		
二、营业利润（亏损以"-"号填列）	1 900 000	
加：营业外收入	300 000	
减：营业外支出	200 000	
其中：非流动资产处置损失		
三、利润总额（亏损以"-"号填列）	2 000 000	
减：所得税费用	400 000	
四、净利润（净亏损以"-"号填列）	1 600 000	
五、每股收益：		
（一）基本每股收益	（略）	
（二）稀释每股收益	（略）	
六、其他综合收益	-	
七、综合收益总额	1 600 000	

第三节　看真金白银的财务报表

——现金流量表

 现金流量表的意义

现金流量表就是以收付实现制为基础编制的财务状况变动表。

现金流量表的性质

现金流量表反映企业一定会计期间经营活动、投资活动和筹资活动产生的现金流入、流出量。其解决如下实际问题：企业当期有多少现金流入，来源于何处；企业当期流出多少现金，用于何方；企业当期现金余额是怎样变化的，净增减多少？

企业经营处处离不开现金，现金在满足企业各种需求中有着重要的意义。概括起来主要有以下方面：

第一，交易需要。企业的各种应付款项大都需要用现金支付，而各种应收款项一般要以现金的形式收回。

第二，预防需要。企业内部、外部环境变化不定，使得企业无法确知未来可能发生的各种资金需求，因此应有较充足的现金储量，以备急需。例如通货膨胀、金融危机等外部因素，企业内部原材料供应、技术条件、战略决策发生改变及涉及诉讼案件等迫使企业必须拥有足够的现金以保障其偿债能力及支付能力。

第三，筹资需要。企业向银行等金融机构筹措资金时，往往被要求在银行保持一定的存款余额，当企业账面存款过少时，银行为降低贷款风险，可能不会提供贷款。

第四，营运需要。在企业营运过程中，若现金较充裕，一方面可以及时支付购货款项，从而得到相应的价格折扣，降低进货成本；另一方面也有利于企业及时把握某些稍纵即逝的投资机会，在激烈的市场竞争中逐步发展壮大。

正因为现金如此重要，企业的经营管理者才必须及时掌握企业各种活动所产生的现金流入与流出情况，而现金流量表就是简洁而实用的反映企业现金变动状况的会计报表。

我们知道，会计报表之间有着内在的关联关系。为便于理解现金流量表，有必要结合资产负债表和利润表来谈。

如前所述，资产负债表可以提供企业某一日期资产或负债的总额及其结构的情况，但是，没有说明一个企业的资产、负债和所有者权益为什么发生了变化。利润表可以反映企业一定会计期间的收入实现情况和费用耗费情况，从而反映企业生产经营活动的成果，但是，利润表是按照权责发生制原则确认计量收入和费用的，不能提供经营活动产生的现金流入和现金流出的信息；利润表中有关投资损益和财务费用的信息反映了企业投资和筹资活动的效率和最终成果，如投资效益、资金成本等，但是没有反映对外投资的规模、投向和筹资的规模、具体来源。资产负债表和利润表只能提供某一方面的信息，要求资产负债表和利润表提供所有的信息是不现实的。为了全面反映一个企业经营活动和财务活动对财务状况变动的影响，以及财务状况变动的原因，还需要编制现金流量表，以反映企业经营活动、投资活动以及筹资活动引起的现金流量的变化。现金流量表就是在资产负债表和利润表已经反映了企业财务状况和经营成果信息的基础上，进一步提供企业现金流量信息，即财务状况变动信息的报表。

现金流量表的作用

在实际工作中，往往会出现下面的情况，有些企业利润表上反映的是盈利，但却没有现金支付能力，偿还不了到期的债务；而有些企业利润表上反映的是亏损，却现金充足，不仅能经营运作，甚至还能对外投资，这是因为利润表是按权责发生制编制的。而现金流量表是按收付实现制编制的，其作用如下：

第一，反映企业净利润的含金量。现金流量表以现金制为基础，真实地反映企业当期实际收入的现金、实际支出的现金以及现金流入流出相抵后的净额。通过分析利润表中本期净利润与现金流量之间的差异，可以正确评价企业的经营成果。我们知道，企业能够用于生产经营周转的不是净利润，而是实际拥有多少现金，因此只有正确地反映企业现金的净流量，才能为决策者提供更加可靠的信息。

第二，帮助报表使用者分析企业的偿债能力及支付股利能力。债权人关心的是企业的偿债能力，特别是短期偿债能力。企业的流动资产中偿债能力最强的是现金。企业偿债能力的好坏，也主要取决于其获取现金的能力；投资者关心企业是否具备支付股利的能力，支付股利的直接手段仍然是现金。现金流量表所提供的现金流量情况正是债权人和投资者所必需的。

第三，帮助报表分析者预测企业未来产生现金流量的潜力。例如现金流量表中反映本期有大量筹资活动现金流入，则可预测企业未来必定会因还本付息等原因流出现金。再如本期净利润很大，但经营活动现金流量很少，则有可能是巨额应收账款占用了资金，在正常情况下，未来会因款项的收回而增加经营活动现金流入。

第四，帮助报表使用者了解企业所发生的其他重要信息。例如，尽管与现金收支无关，但是却对企业有重要影响的不涉及现金的投资及筹资活动。在现金流量表的补充资料部分，应反映这种类型的活动及其金额，如债务转资本、融资租入固定资产等。这些活动在发生的当期不会产生现金流量，但是会对企业的资产结构、资本结构及未来的现金流量产生重要的影响。通过分析这些资料，报表使用者可以更加全面地了解企业的财务状况及经营成果。

现金流量表的结构

要了解现金流量表的结构，那么，我们就要先了解现金流量表中的基本概念。

第一，现金。指企业库存现金以及可以随时用于支付的存款。

第二，现金等价物。指企业持有的期限短于3个月以内的、流动性强、易于转换为已知金额现金、价值变动风险很少的投资。

第三，广义上的现金概念。其包括上述现金及现金等价物，它们在企业债务到期时，可以很容易地转换成现金，以偿还债务。

第四，现金流量。指企业现金和现金等价物的流入量及流出量。

之所以将符合以上条件的投资规定为现金等价物，视同现金加以报告，主要是考虑到：当企业作以上投资时，主要目的不是取得投资收益，而是将本来用于日常支付的现金暂时用于投资，待需要支付时，随时变现，其安全性和变现能力与普通的银行存款差不多，但比普通的存款更合算。其中所称的期限短，一般是指从购买之日起，3个月内到期。这里将期限定为3个月内，一是借鉴了国外的有关规定，再就是考虑到企业商业信用、资金调度通常以3个月为期，3个月内到期，则意味着能满足短期支付需要。具体到一个企业来说，哪些投资可以确认为现金等价物,需要根据具体情形加以判断。

在对现金流量表中的基本概念有了一个清晰的认识之后,接下来我们再了解一下现金流量表的基本结构,见表5-8。

简单地说,现金流量表的基本结构分为三部分:表首、基本部分、补充资料。

表5-8 现金流量表

编制单位: 　　　　　　　　　年　　　　　　　　　单位:元

项　目	本期金额	上期金额
一、经营活动产生的现金流量:		
销售商品、提供劳务收到的现金		
收到的税费返还		
收到的其他与经营活动有关的现金		
经营活动现金流入小计		
购买商品、接受劳务支付的现金		
支付给职工及为职工支付的现金		
支付的各项税费		
支付的其他与经营活动有关的现金		
经营活动现金流出小计		
经营活动产生的现金流量净额		
二、投资活动产生的现金流量:		
收回投资所收到的现金		
取得投资收益所收到的现金		
处置固定资产、无形资产和其他长期资产所收回的现金净额		
收到的其他与投资活动有关的现金		
投资活动现金流入小计		
购建固定资产、无形资产和其他长期资产所支付的现金		
投资支付的现金		
取得子公司及其他营业单位全运会的现金净额		
支付其他与投资活动有关的现金		
投资活动现金流出小计		
投资活动产生的现金流量净额		
三、筹资活动产生的现金流量:		
吸收投资收到的现金		
取得借款收到的现金		
收到其他与筹资活动有关的现金		
筹资活动现金流入小计		
偿还债务所支付的现金		
分配股利、利润或偿付利息所支付的现金		
支付其他与筹资活动有关的现金		
筹资活动现金流出小计		
筹资活动产生的现金流量净额		
四、汇率变动对现金的影响		
五、现金及现金等价物净增加额		
六、期末现金及现金等价物余额		
加:期初现金及现金等价物余额		

第五章　一个公司的体检表

第一，表首。该部分标明企业名称、现金流量的会计期间、货币单位和报表编号。

第二，基本部分。即各种活动的现金流量及其净流量。

基本部分有六项：

- 经营活动产生的现金流量。
- 投资活动产生的现金流量。
- 筹资活动产生的现金流量。
- 汇率变动对现金的影响。
- 现金及现金等价物净增加额。
- 期末现金及现金等价物余额。

现金流量表附注是主表的重要补充，企业采用间接法在现金流量表附注中披露将净利润调节为经营活动现金流量的信息，从而为投资者正确评估企业的盈利质量提供了重要参考资料，格式如表5-9所示。

表5-9　现金流量表附注

单位：元

补充资料	本期金额	上期金额
1.将净利润调节为经营活动现金流量：		
净利润		
加：资产减值准备		
固定资产折旧、油气资产折耗、生产性生物资产折旧		
无形资产摊销		
长期待摊费用摊销		
处置固定资产、无形资产和其他长期资产的损失（收益以"-"号填列）		
固定资产报废损失（收益以"-"号填列）		
公允价值变动损失（收益以"-"号填列）		
财务费用（收益以"-"号填列）		
投资损失（收益以"-"号填列）		
递延所得税资产减少（增加以"-"号填列）		
递延所得税负债增加（减少以"-"号填列）		
存货的减少（增加以"-"号填列）		
经营性应收项目的减少（增加以"-"号填列）		
经营性应付项目的增加（减少以"-"号填列）		
其他		

（续表）

经营活动产生的现金流量净额		
2.不涉及现金收支的重大投资和筹资活动：		
债务转为资本		
一年内到期的可转换公司债券		
融资租入固定资产		
3.现金及现金等价物净变动情况：		
现金的期末余额		
减：现金的期初余额		
加：现金等价物的期末余额		
减：现金等价物的期初余额		
现金及现金等价物净增加额		

第三，补充资料。补充包括将净利润调节为经营活动现金净流量；不涉及现金收支的投资和筹资活动；现金和现金等价物的净增减情况。

基本部分第一项中的经营活动产生的现金流量净额，与补充资料第一项经营活动产生的现金流量净额，应当核对相符。基本部分中的第五项，与补充资料存在钩稽关系，即金额应当一致。基本部分中的数字是流入与流出的差额，补充资料中的数字是期末数与期初数的差额，计算依据不同，但结果应当一致，两者应当核对相符。

现金流量的分类有哪些

现金流量是现金流量表的基础概念，它是指现金和现金等价物的流入量和流出量。现金净流量是现金流量表所要反映的一个重要指标，它是指现金流入量与流出量的差额。它反映了企业各类活动所形成的现金流量的最终结果，可能是正数，也可能是负数。如果是正数，则为现金净流入；如果是负数，则为现金净流出。为了分析企业现金流量表的结构，应该对现金流量进行合理分类。《企业会计准则——现金流量表》将现金流量分为三类：经营活动产生的现金流量、投资活动产生的现金流量、筹资活动产生的现金流量。下面分别阐述。

经营活动产生的现金流量

经营活动是指企业投资活动和筹资活动以外的所有交易和事项。对于工商企业而言，经营活动主要包括销售商品、提供劳务、购买商品、接受劳务、支付税费等。

一般来说，经营活动产生的现金流入项目主要有：销售商品、提供劳务所收到的现金，收到的税费返还，收到的其他与经营活动有关的现金。经营活动产生的现金流出项目主要有：购买商品、接受劳务所支付的现金，支付给职工及为职工支付的现金，支付的各项税费，支付的其他与经营活动有关的现金。

投资活动产生的现金流量

投资活动是指企业长期资产的购建和不包括在现金等价物范围内的投资及其处置活动。需要注意的是，投资活动与投资是两个不同的概念。投资是指企业通过分配来增加财富，或为谋求其他利益，而将资产让渡给其他单位所获得的另一项资产，它分为短期投资和长期投资。企业购建固定资产是投资活动，但它却不是一项投资；购买自购买之日起3个月内到期的债券、现金等价物属于短期投资，但它却不是投资活动。

一般来说，投资活动产生的现金流入项目主要有：收回投资所收到的现金；取得投资收益所收到的现金；处置固定资产、无形资产和其他长期资产所收回的现金净额；收到的其他与投资活动有关的现金。投资活动产生的现金流出项目主要有：购建固定资产、无形资产和其他长期资产所支付的现金；投资所支付的现金；支付的其他与投资活动有关的现金。

筹资活动产生的现金流量

筹资活动是指导致企业资本及债务规模和构成发生变化的活动。这里所说的资本，包括实收资本和股本，也包括资本溢价和股本溢价；这里所说的债务，指对外举债，包括向银行借款、发行债券。但应当特别强调的是，应付账款、应付票据等属于经营活动，不属于筹资活动。

一般来说，筹资活动产生的现金流入项目主要有：吸收投资所收到的现金；取得借款所收到的现金；收到的其他与筹资活动有关的现金。筹资活动产生的现金流出项目主要有：偿还债务所支付的现金；分配股利、利润或偿付利息所支付的现金；支付的其他与筹资活动有关的现金。

 现金流量表基本部分的编制方法

现金流量表的基本部分中的经营活动部分采用直接法编制，即以本期营业收入作为计算起点，调整与经营活动有关的流动资产与流动负债的增减变化，列示实际收到现金的营业收入和其他收入，实际付出现金的营业成本和其他费用，计算出现金流入量、现金流出量及现金净流量。

经营活动产生的现金流量

第一，经营活动产生的现金流入项目。

■销售商品、提供劳务所收到的现金。本项目反映企业销售商品、提供劳务实际收到的现金，包括销售收入和向购买者收取的增值税销项税额，具体包括：本期销售商品、提供劳务收到的现金，以及由于前期销售商品、提供劳务而在本期收到的现金，以及本期预收的款项，减去本期销售本期退回的商品和前期销售本期退回的商品支付的现金。本项目可根据"库存现金""银行存款""应收账款""应收票据""预收账款""主营业务收入""其他业务收入"等科目的记录分析填列。

需要注意的是，企业销售材料和代购代销业务收到的现金，也在本项目反映。

■收到的税费返还。本项目反映企业收到返还的各种税费，如收到的增值税、营业税、所得税、关税和教育费附加返还款等。本项目可根据"库存现金""银行存款""营业税金及附加""营业外收入""其他应收款"等科目的记录分析填列。

■收到的其他与经营活动有关的现金。本项目反映企业除上述各项目外，收到的其他与经营活动有关的现金，如罚款收入、流动资产损失中由个人赔偿的现金收入等。其他与经营活动有关的现金如果价值较大，应单列项目反映。本项目可根据"库存现金""银行存款""营业外收入"等科目的记录分析填列。

在修订前的现金流量表会计准则中有"经营租赁收到的租金"项目，现不单列一项，而是包括在"收到的其他与经营活动有关的现金"项目中。

第二，经营活动产生的现金流出项目。

■购买商品、接受劳务支付的现金。本项目反映企业购买材料、商品、接受劳务实际支付的现金，包括支付的货款以及与货款一并支付的增值税进项税额，具体包括：本期购买商品、接受劳务支付的现金，以及本期支付前期购买商品、接受劳务的未付款项和本期预付款项。本项目可根据"库存现金""银行存款""应付账款""应付票据""主营业务成本"等科目的记录分析填列。

需要注意的是，本期发生的购货退回收到的现金应从本项目中扣除。

■支付给职工以及为职工支付的现金。本项目反映企业实际支付给职工的现金以及为职工支付的现金，包括本期实际支付给职工的工资、奖金、各种津贴和补贴等，以及为职工支付的其他费用；不包括支付的离退休人员的各项费用和支付给在建工程人员的工资等。支付的离退休人员的各项费用，包括支付的统筹退休金以及未参加统筹的退休人员的费用，在"支付的其他与经营活动有关的现金"项目中反映；支付的在建工程人员的工资，在投资活动"购建固定资产、无形资产和其他长期资产所支付的现金"项目中反映。本项目可根据"库存现金""银行存款""应付职工薪酬"等科目的记录分析填列。

需要注意的是，企业为职工支付的养老、失业等社会保险基金、补充养老保险、住房公积金；支付给职工的住房困难补助；企业为职工缴纳的商业保险金；企业支付给职工或为职工支付的其他福利费用等，应根据职工的工作性质和服务对象，分别在"购建固定资产、无形资产和其他长期资产所支付的现金"和"支付给职工以及为职工支付的现金"项目中反映。

■支付的各项税费。本项目反映企业按规定支付的各项税费，如增值税、所得税等，具体包括本期发生并支付的税费，以及本期支付以前各期发生的税费和预交的税金，如支付的教育费附加、矿产资源补偿费、印花税、房产税、土地增值税、车船税、预缴的营业税等；不包括计入固定资产价值、实际支付的耕地占用税等，也不包括本期退回的增值税、所得税。本期退回的增值税、所得税，在"收到的税费返还"项目中反映。本项目可根据"库存现金""银行存款"等科目的记录分析填列。

■支付的其他与经营活动有关的现金。本项目反映企业除上述各项目外，支付的其他与经营活动有关的现金，如罚款支出、支付的差旅费、业务招待费、保险费等。其他与经营活动有关的现金如果价值较大，应单列项目反映。本项目可根据"库存现金"等科目的记录分析填列。

在修订前的现金流量表会计准则中，有"经营租赁所支付的现金"项目，现不单列一项，而是包括在"支付的其他与经营活动有关的现金"项目中。

投资活动产生的现金流量

第一，投资活动产生的现金流入项目。

■收回投资所收到的现金。本项目反映企业因出售、转让或到期收回除现金等价物以外的短期投资、长期股权投资而收到的现金，以及收回长期债权投资的本金，不包括长期债权投资收回的利息，也不包括收回的非现金资产。本项目可根据"库存现金""银行存款""交易性金融资产""长期股权投资""长期债权投资"等科目的记录分析填列。

需要注意的是，长期债权投资收回的利息，不在本项目中反映，而在"取得投资收益所收到的现金"项目中反映。

■取得投资收益所收到的现金。本项目反映企业因股权性投资而分得的现金股利，因从子公司、联营企业或合营企业分回利润而收到的现金，以及因债权性投资而取得的现金利息收入。股票股利不在本项目中反映，包括在现金等价物范围内的债券性投资及其利息收入在本项目中反映。本项目可根据"库存现金""银行存款""投资收益"等科目的记录分析填列。

■处置固定资产、无形资产和其他长期资产所收到的现金净额。本项目反映企业出售固定资产、无形资产和其他长期资产所取得的现金，减去为处置这些资产而支付的有关费用后的净额。由于处置固定资产、无形资产和其他长期资产所收到的现金，与处置活动支付的现金，两者在时间上比较接近，以净额反映更能反映处置活动对现金流量的影响，且由于金额不大，故以净额反映。由于自然灾害等原因所造成的固定资产等长期资产的报废、毁损而收到的保险赔偿收入，也在本项目中反映。本项目可根据"库存现金""银行存款""固定资产清理"等科目的记录分析填列。

■收到的其他与投资活动有关的现金。本项目反映企业除上述各项外，收到的其他与投资活动有关的现金。其他与投资活动有关的现金，如果价值较大的，应单列项目反映。本项目可根据有关科目的记录分析填列。

第二，投资活动产生的现金流出项目。

■购建固定资产、无形资产和其他长期资产所支付的现金。本项目反映企业购买、建造固定资产，取得无形资产和其他长期资产所支付的现金，包括购买机器设备所支付的现金及增值税、建造工程支付的现金、支付在建工程人员的工资等现金支出，不包括为购建固定资产而发生的借款利息资本化部分，以及融资租入固定资产所支付的租赁费。为购建固定资产而发生的借款利息资本化部分，以及融资租入固定资产所支付的租赁费应在"筹资活动产生的现金流量——支付的其他与筹资活动有关的现金"中反映。本项目可根据"银行存款""固定资产""无形资产""在建工程"等科目的记录分析填列。

■投资支付的现金。本项目反映企业进行权益性投资和债权性投资所支付的现金,包括企业取得的除现金等价物以外的短期股票投资、短期债券投资、长期股权投资、长期债权投资支付的现金,以及支付的佣金、手续费等附加费用。企业购买债券的价款中含有债券利息的,以及溢价或折价购入的,均按实际支付的金额反映。本项目可根据"库存现金""银行存款""长期股权投资""长期债权投资""交易性金融资产"等科目的记录分析填列。

■支付其他与投资活动有关的现金。本项目反映企业除上述各项目外,支付的其他与投资活动有关的现金。其他与投资活动有关的现金,如果价值较大的,应单列项目反映。本项目可根据有关科目的记录分析填列。

筹资活动产生的现金流量

第一,筹资活动产生的现金流入项目。

■吸收投资收到的现金。本项目反映企业收到的投资者投入的现金,包括以发行股票、债券等方式筹集资金实际收到的款项净额、发行收入减去支付的佣金等发行费用后的净额。本项目可根据"库存现金""银行存款""实收资本或股本"等科目的记录分析填列。

需要注意的是,以发行股票、债券等方式筹集资金而由企业直接支付的审计、咨询等费用,不在本项目中反映,而在"支付的其他与筹资活动有关的现金"项目中反映。

■取得借款收到的现金。本项目反映企业因举借各种短期、长期贷款而收到的现金。本项目可根据"库存现金""银行存款""短期借款""长期借款"等科目的记录分析填列。

■收到其他与筹资活动有关的现金。本项目反映企业除上述各项目外,收到的其他与筹资活动有关的现金。其他与筹资活动有关的现金,如果价值较大的,应单列项目反映。本项目可根据有关科目的记录分析填列。

第二,筹资活动产生的现金流出项目。

■偿还债务所支付的现金。本项目反映企业以现金偿还债务的本金，包括：归还金融企业的借款本金、偿付企业到期的债券本金等。本项目可根据"库存现金""银行存款""短期借款""长期借款"等科目的记录分析填列。

■分配股利、利润或偿付利息所支付现金。本项目反映企业因支付现金股利、其他投资单位的利润或借款利息所实际支付的现金。本项目可根据"库存现金""银行存款""应付股利""财务费用""长期借款"等科目的记录分析填列。

■支付其他与筹资活动有关的现金。本项目反映企业除上述各项目外，支付的其他与筹资活动有关的现金。其他与筹资活动有关的现金，如果价值较大的，应单列项目反映。本项目可根据有关科目的记录分析填列。

需要说明的是，修订前的现金流量表会计准则中的"发生筹资费用所支付的现金""融资租赁所支付的现金""减少注册资本所支付的现金"项目，现包括在"支付的其他与筹资活动有关的现金"项目中。

汇率变动对现金的影响

反映企业外币现金流量及境外子公司的现金流量折算为人民币时，所采用的现金流量发生日的汇率折算为人民币金额与"现金及现金等价物净增加额"中外币现金净增加额按期末汇率折算为人民币金额之间的差额。

在编制现金流量表时，对当期发生的外币业务，也可不必逐笔计算汇率变动对现金的影响，可以通过会计报表附注中"现金及现金等价物净增加额"数额与报表中"经营活动产生的现金流量净额""投资活动产生的现金流量净额""筹资活动产生的现金流量净额"三项之和比较，其差额即为"汇率变动对现金的影响"。

第六章
总经理必备财务知识

作为主持全面工作的总经理,如果不具备一定的财务知识,就无法带领团队去完成设立企业的目的——盈利。

第一节　观念第一

——财务管理观念

作为企业的领军人物，总经理必须具备财务管理观念。哪些财务管理基本要点是总经理必须掌握的呢？本节将详细阐述。

财务管理是有关资金的筹集、投放和分配的管理工作。财务管理的对象是现金（或者资金）的循环和周转，主要内容是筹资、投资和股利分配，主要职能是决策、计划和控制。

 财务管理的对象是谁

财务管理主要是资金管理，其对象是资金及其流转。资金流转的起点和终点是现金，其他资产都是现金在流转中的转化形式，因此，财务管理的对象也可说是现金及其流转。财务管理也会涉及成本、收入和利润问题。从财务的观点来看，成本和费用是现金的耗费，收入和利润是现金的来源。财务管理主要在这种意义上研究成本和收入，而不同于一般意义上的成本管理和销售管理，也不同于计量收入、成本和利润的会计工作。

 认识现金流转的概念

在建立一个新企业时，必须先要解决两个问题：一是制订规划，明确经营的内容和规模；二是筹集若干现金，作为最初的资本。没有现金，企业的规划就无法实现，不能开始运营。企业建立后，现金变为经营用的各种资产，在运营中又陆续变为现金。

在生产经营中，现金变为非现金资产，非现金资产又变为现金，这种周而复始的流转过程称为现金流转。它无始无终，不断循环，又称为现金的循环或资金循环。

现金的循环有多条途径。例如，有的现金用于购买原材料，原材料经过加工成为产成品，产成品出售后又变为现金；有的现金用于购买固定资产，如机器等，它们在使用中逐渐磨损，价值进入产品，陆续通过产品销售变为现金。各种流转途径完成一次循环，即从现金开始又回到现金所需的时间不同。购买商品的现金可能几天就可流回，购买机器的现金可能要许多年才能全部返回现金状态。

现金变为非现金资产，然后又回到现金，所需时间不超过1年的流转，称为现金的短期循环。短期循环中的资产是流动资产，包括现金本身和企业正常经营周期内可以完全转变为现金的存货、应收账款、短期投资及某些待摊和预付费用等。

现金变为非现金资产，然后又回到现金，所需时间在1年以上的流转，称为现金的长期循环。长期循环中的非现金资产是长期资产，包括固定资产、长期投资、无形资产、递延资产等。

什么是现金的短期循环

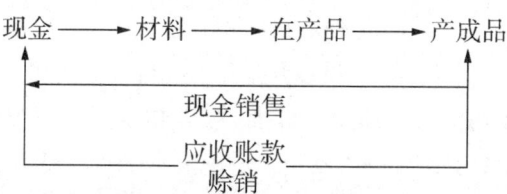

图6-1 现金的短期循环

图6-1是现金短期循环最基本的形式。这个简化的图示省略了两个重要情况：

一是只描述了现金的运用，没有反映现金的来源。股东最初投入的现金，在后续的经营中经常不够使用，需要补充。补充的来源包括增发股票、向银行借款、发行债券或利用商业信用解决临时资金需要等。

二是只描述了流动资产的相互转换，没有反映资金的耗费。例如，用现金支付人工成本和其他营业费用等。企业不可能把全部现金都投资于非现金资产，必须拿出一定数额用于发放工资、支付公用事业费等。这些现金被耗费了，而不是投入非现金资产。它们要与原料成本加在一起，成为制定产品价格的基础，并通过出售产品补偿最初的现金支付。

什么是现金的长期循环

企业用现金购买固定资产，固定资产的价值在使用中逐步减少，减少的价值称为折旧费。折旧费和人工、材料费成为产品成本，出售产品时收回现金。有时，出售固定资产也可使之变为现金。

长期循环是一个缓慢的过程，房屋建筑物的成本往往要几十年才能得到补偿。

长期循环有以下两个特点值得注意。

第一，折旧是现金的一种来源。

【例6-1】ABC公司的损益情况如下（单位：元）：

销售收入	100 000
制造成本（不含折旧）	50 000
销售和管理费用	10 000
折旧	20 000
税前利润	20 000
所得税（30%）	6 000
税后利润	14 000

该公司获利14 000元，现金却增加了34 000元。因为销售收入增加现金100 000元，各种现金支出是66 000元（付现成本50 000＋付现费用10 000＋所得税6 000），现金结余34 000元，比净利多20 000元（34 000－14 000），这是计提折旧20 000元引起的。利润是根据收入减全部费用计算的，而现金余额是收入减全部现金支出计算的。折旧不是本期的现金支出，但却是本期的费用。因此，每期的现金增加是利润与折旧之和。利润会使企业增加现金，折旧也会使现金增加，不过，折旧还同时使固定资产的价值减少。

如果ABC公司本年亏损，情况又怎样呢？假设其损益情况如下：

销售收入	100 000
制造成本（不含折旧）	90 000
销售和管理费用	10 000
折旧	20 000
亏损	20 000

该公司虽然亏损20 000元，但现金的余额并未减少。因为，本期现金收入100 000元，现金支出也是100 000元（90 000＋10 000）。在企业不添置固定资产的情况下，只要亏损额不超过折旧额，企业的现金余额就不会减少。

第二，长期循环和短期循环的联系。

现金是长期循环和短期循环的共同起点，在换取非现金资产时分开，分别转化为各种长期资产和短期资产。它们被使用时，分别进入"在产品"和各种费用账户，又汇合在一起，同步形成"产成品"，产品经出售又同步转化为现金。

转化为现金以后，不管它们原来是短期循环还是长期循环，企业可以视需要重新分配。

折旧形成的现金可以买材料，原来用于短期循环的现金收回后也可以投资于固定资产。

什么是现金流转不平衡

如果企业的现金流出量与流入量相等，财务管理工作将大大简化。实际上这种情况极少出现，不是收大于支，就是支大于收，绝大多数企业1年中会多次遇到现金流出大于现金流入的情况。

现金流转不平衡的原因有企业内部的，如盈利、亏损或扩充等；也有企业外部的，如市场变化、经济兴衰、企业间竞争等。

第一，影响企业现金流转的内部原因。

■盈利企业的现金流转。不打算扩充的盈利企业，其现金流转一般比较顺畅。它在短期循环中的现金周转大体平衡，税后净利使企业现金多余出来，长期循环中的折旧、摊销等也会积存现金。

盈利企业也可能由于抽出过多现金而发生临时的流转困难。例如，支付股利、偿还借款、更新设备等。此外，存货变质、财产失窃、坏账损失、出售固定资产损失等，会使企业失去现金，并引起周转的不平衡。不过，盈利企业如果不进行大规模扩充，通常不会发生严重的财务困难。

■亏损企业的现金流转。从长期的观点看，亏损企业的现金流转是不可能维持的。从短期来看，又分为两类：一类是亏损额小于折旧额的企业，在固定资产重置以前可以维持下去；另一类是亏损额大于折旧额的企业，不从外部补充现金将很快破产。

亏损额小于折旧额的企业，虽然收入小于全部成本费用，但大于付现的成本费用，因为折旧和摊销费用不需要支付现金。因此，它们支付日常的开支通常并不困难，甚至还可能把部分补偿折旧费用的现金抽出来移作他用。然而，当计提折旧的固定资产达到必须重置的时候，灾难就来临了。积蓄起来的现金，不足以重置固定资产，因为亏损时企业的收入是不能足额补偿全部资产价值的。此时，财务主管的唯一出路是设法借钱，购买设备使生产继续下去。这种办法只能解决一时的问题。它增加了以后年度的现金支出，会进一步增加企业的亏损。除非企业扭亏为盈，否则就会变为"亏损额大于折旧额"的企业，并很快破产。这类企业如不能在短期内扭亏为盈，还有一条出路，就是找一家对减低税负有兴趣的盈利企业，被其兼并，因为合并一个账面有亏损的企业，可以减少盈利企业的税负。

亏损额大于折旧额的企业，是濒临破产的企业。这类企业不能以高于付现成本的价格出售产品，更谈不上补偿非现金费用。这类企业的财务主管，必须不断向短期周转补充现金，其数额等于现金亏空数。如果要重置固定资产，所需现金只能从外部筹措。

一般说来，他们从外部寻找资金来源是很困难的。贷款人看不到偿还贷款的保障，是不会提供贷款的；投资者也不愿冒险投入更多的资金。因此，这类企业如不能在短期内扭亏为盈，不如尽早宣告倒闭。这类企业往往连被其他企业兼并，以减低盘进企业税负的价值也没有。盘进企业的目的是减税，以减少现金流出，如果被盘进的企业每年都需要注入现金，则违反其初衷。

■扩充企业的现金流转。任何要迅速扩大经营规模的企业，都会遇到相当严重的现金短缺情况。不仅固定资产的投资要扩大，还有存货增加、应收账款增加、营业费用增加等，都会使现金流出扩大。

财务主管人员的任务不仅是维持当前经营的现金收支平衡，而且要设法满足企业扩大的现金需要，并且力求使企业扩充的现金需求不超过扩充后新的现金流入。

首先，应从企业内部寻找扩充项目所需资金，如出售短期证券、减少股利分配、加速收回应收账款等。

其次，内部筹集的资金不能满足扩充需要时，只有从外部筹集。从外部筹集的资金，要承担资本成本，将来要还本付息，引起未来的现金流出。企业在借款

第六章 总经理必备财务知识

时就要注意到，将来的还本付息的现金流出不要超过将来的现金流入。如果不是这样，就要借新债还旧债，利息负担会耗费掉扩建形成的现金流入，使项目在经济上失败。

除了企业本身盈亏和扩充等，外部环境的变化也会影响企业的现金流转。
第二，影响企业现金流转的外部原因。

■市场的季节性变化。通常来讲，企业的生产部门力求全年均衡生产，以充分利用设备和人工，但销售总会有季节性变化。因此，企业往往在销售淡季现金不足，销售旺季过后积存过剩现金。

企业的采购用现金流出有季节性变化，尤其是使用农产品做原料的企业更是如此。例如，集中采购而均匀耗用，使存货数量发生周期性变化；采购旺季有大量现金流出，而现金流入却不能同步增加。

企业人工等费用的开支也会有季节性变化。有的企业集中在年终发放奖金，要用大量现金；有的企业利用节假日加班加点，要付成倍的工资；有的企业使用季节性临时工，在此期间人工费大增。

财务主管要对这些变化事先有所准备，并留有适当余地。

■经济的波动。任何国家的经济发展速度都会有波动，时快时慢。

在经济收缩时，销售下降，进而生产和采购减少，整个短期循环中的资金减少了，企业有了过剩的现金。如果预知不景气的时间很长，推迟固定资产的重置，折旧积存的现金也会增加。这种财务状况给人以假象。随着销售额的进一步减少，大量的经营亏损很快会接踵而来，现金将被逐步销蚀掉。

当经济"热"起来时，现金需求迅速扩大，积存的过剩现金很快被用尽，不仅扩充存货要大量投入现金，而且受繁荣时期乐观情绪的鼓舞，企业会对固定资产进行扩充性投资，并且往往要超过提取的折旧。此时，银行和其他贷款人大多也很乐观，愿意为盈利企业提供贷款，筹资不会太困难。但是，经济过热必然造成利率上升，过度扩充的企业背负巨大的利息负担，会首先受到经济收缩的打击。

■通货膨胀。通货膨胀会使企业遭遇现金短缺的困难。由于原料价格上升，保持存货所需的现金增加；人工和其他费用的现金支付增加；售价提高使应收账款占用的资金也增加。企业唯一的希望是利润也会增加，否则，现金会越来越紧张。

提高利润，不外乎就是增收节支。增加收入，受到市场竞争的限制。企业若不降低成本，就难以应对通货膨胀造成的财务困难。通货膨胀造成的现金流转不平衡，不能靠短期借款解决，因其不是季节性临时现金短缺，而是现金购买力被永久地"蚕食"了。

■竞争。竞争会对企业的现金流转产生不利影响。但是，竞争往往是被迫的，企业经营者不得不采取他们本来不想采取的方针。

价格竞争会使企业立即减少现金流入。在竞争中获胜的一方会通过多卖产品挽回其损失，实际是靠牺牲别的企业的利益加快自己的周转。失败的一方，不但蒙受价格下降的损失，还受到销量减少的打击，现金周转可能严重失衡。

广告竞争会立即增加企业的现金流出。最好的结果是广告促进销售，加速现金流回。若竞争对手也努力推销，企业广告只能制止其销售额的下降。有时广告并不能完全阻止销售额下降，只是下降得少一些。

增加新产品或售后服务项目，用软办法竞争，也会使企业的现金流出增加。

第二节　审时度势

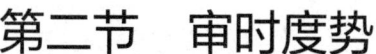
——熟悉与财务有关的几种环境

这里要说的是和当好总经理息息相关的几种财务环境，如果不能对这几种环境有一个清晰的认识，那么可以毫不夸张地说：当总经理是危险的。

企业的财务管理环境又称理财环境，是指对企业财务活动产生影响作用的企业外部条件。财务管理环境是企业财务决策难以改变的外部约束条件，企业财务决策更多的是适应它们的要求和变化。财务管理的环境涉及的范围很广，其中最重要的是法律环境、金融市场环境和经济环境。

 认真审视法律环境

财务管理的法律环境是指企业和外部发生经济关系时所应遵守的各种法律、法规和规章。企业在其经营活动中，要和国家、其他企业或社会组织、企业职工或其他公民以及国外的经济组织或个人发生经济关系。国家管理这些经济活动和经济关系的手段包括行政手段、经济手段和法律手段。在市场经济条件下，行政手段逐步减少，而经济手段，特别是法律手段日益增多。越来越多的经济关系和经济活动的准则用法律的形式固定下来。同时，众多的经济手段和必要的行政手段的使用，也必须逐步做到有法可依，从而转化为法律手段的具体形式，真正实现国民经济管理的法制化。

企业的理财活动，无论是筹资、投资还是利润分配，都要和企业外部发生经济关系。在处理这些经济关系时，应当遵守有关的法律规范。

企业组织法律规范

企业组织必须依法成立。组建不同的企业，要依照不同的法律规范。它们包括《中华人民共和国公司法》（简称《公司法》）《中华人民共和国全民所有制工业企业法》《中华人民共和国外资企业法》《中华人民共和国中外合资经营企业法》《中华人民共和国中外合作经营企业法》《中华人民共和国私营企业条例》《中华人民共和国合伙企业法》等。这些法律规范既是企业的组织法，又是企业的行为法。

例如，《公司法》对公司企业的设立条件、设立程序、组织机构、组织变更和终止的条件和程序等都作了规定，包括股东人数、法定资本的最低限额、资本的筹集方式等。只有按其规定的条件和程序建立的企业，才能称为"公司"。《公司法》还对公司生产经营的主要方面作出了规定，包括股票的发行和交易、债券的发行和转让、利润的分配等。公司一旦成立，其主要的活动，包括财务管理活动，就要按照《公司法》的规定来进行。因此，《公司法》是公司企业财务管理最重要的强制性规范，公司的理财活动不能违反该法律，公司的自主权不能超出该法律的限制。

其他企业也要按照相应的企业法来进行其理财活动。

从财务管理来看，非公司企业与公司企业有很大不同。非公司企业的所有者，包括独资企业的业主和合伙企业的合伙人，要承担无限责任。他们占有企业的盈利（或承担损失），一旦经营失败必须抵押其个人的财产，以满足债权人的要求。而公司企业的股东承担有限责任，经营失败时其经济责任以出资额为限，无论股份有限公司还是有限责任公司都是如此。

税务法律规范

任何企业都有法定的纳税义务。有关税收的立法分为三类：所得税的法规、流转税的法规、其他地方税的法规。

税负是企业的一种费用，会增加企业的现金流出，对企业理财有重要影响。企业无不希望在不违反税法的前提下减少税务负担。税负的减少，只能靠精心安排和筹划投资、筹资和利润分配等财务决策，而不允许在纳税行为已经发生时偷税漏税。精通税法，对财务主管人员有重要意义。

财务法律规范

财务法律规范主要是《企业财务通则》和行业财务制度。

《企业财务通则》是各类企业进行财务活动、实施财务管理的基本规范。经国务院批准由财政部发布的《企业财务通则》，于1994年7月1日起施行。2006年12月4日，财政部颁发了新的《企业财务通则》，于2007年1月1日起施行。修订的《企业财务通则》对企业财务的管理方式、政府投资等财政性资金的财务处理政策、企业职工福利费的财务制度、规范职工激励制度、强化企业财务风险管理等方面进行了改革。它对以下问题作出了规定：建立资本金制度、固定资产的折旧、成本的开支范围、利润的分配等。

行业财务制度是根据《企业财务通则》的规定，为适应不同行业的特点和管理要求，由财政部制定的行业规范。

除上述法律规范外，与企业财务管理有关的其他经济法律规范还有许多，包括各种证券法律规范、结算法律规范、合同法律规范等。财务人员要熟悉这些法律规范，在守法的前提下完成财务管理的职能，实现企业的财务目标。

认真审视金融市场环境

金融市场是指资金筹集的场所。广义的金融市场，是指一切资本流动的场所，包括实物资本和货币资本的流动。广义金融市场的交易对象包括货币借贷、票据承兑和贴现、有价证券的买卖、黄金和外汇买卖、办理国内外保险、生产资料的产权交换等。狭义的金融市场一般是指有价证券市场，即股票和债券的发行和买卖市场。

金融市场与企业理财

第一，金融市场是企业投资和筹资的场所。金融市场上有许多种筹集资金的方式，并且比较灵活。企业需要资金时，可以到金融市场选择适合自己需要的方式筹资。企业有了剩余的资金，也可以灵活选择投资方式，为其资金寻找出路。

第二，企业通过金融市场使长短期资金互相转化。企业持有的股票和债券是长期投资，在金融市场上随时可以转手变现，成为短期资金；远期票据通过贴现，变为现金；大额可转让定期存单，可以在金融市场卖出，成为短期资金。与此相反，短期资金也可以在金融市场上转变为股票、债券等长期资产。

第三，金融市场为企业理财提供有意义的信息。金融市场的利率变动，反映资金的供求状况；有价证券市场的行市反映投资人对企业的经营状况和盈利水平的评价。它们是企业经营和投资的重要依据。

金融性资产的特点

金融性资产是指现金或有价证券等可以进入金融市场交易的资产。它们具有以下属性：

第一，流动性。流动性是指金融性资产能够在短期内不受损失地变为现金的

属性。流动性高的金融性资产的特征是:

- 容易兑现。
- 市场价格波动小。

第二,收益性。收益性是指某项金融性资产投资收益率的高低。

第三,风险性。风险性是指某种金融性资产不能恢复其原投资价格的可能性。金融性资产的风险主要有违约风险和市场风险。违约风险是指由于证券的发行人破产而导致永远不能偿还的风险;市场风险是指由于投资的金融性资产的市场价格波动而产生的风险。

上述三种属性相互联系、互相制约。流动性和收益性成反比,收益性和风险性成正比。现金的流动性最高,但持有现金不能获得收益。股票的收益性好,但风险大;政府债券的收益性不如股票,但其风险小。企业在投资时,期望流动性高、风险小而收益高,但实际上很难找到这种机会。

金融市场的分类和组成

第一,金融市场的分类。

- 按交易的期限划分为短期资金市场和长期资金市场

短期资金市场是指期限不超过1年的资金交易市场,因为短期有价证券易于变成货币或作为货币使用,所以也叫货币市场。

长期资金市场是指期限在1年以上的股票和债券交易市场,因为发行股票和债券主要用于固定资产等资本货物的购置,所以也叫资本市场。

- 按交割的时间划分为现货市场和期货市场

现货市场是指买卖双方成交后,当场或几天之内买方付款、卖方交出证券的交易市场。

期货市场是指买卖双方成交后,在双方约定的未来某一特定的时日内才交割的交易市场。

- 按交易的性质分为发行市场和流通市场

发行市场是指从事新证券和票据等金融工具买卖的转让市场,也叫初级市场或一级市场。

流通市场是指从事已上市的旧证券或票据等金融工具买卖的转让市场,也叫次级市场或二级市场。

■按交易的直接对象分为同业拆借市场、国债市场、企业债券市场、股票市场、金融期货市场等

第二，金融市场的组成。金融市场由主体、客体和参加人组成。

主体是指银行和非银行金融机构，它们是金融市场的中介机构，是连接筹资人和投资人的桥梁。

客体是指金融市场上的买卖对象，如商业票据、政府债券、公司股票等各种信用工具。

金融市场的参加人是指客体的供给者和需求者，如企业、事业单位、政府部门、城乡居民等。

我国主要的金融机构

遍布全国的金融机构，其业务范围、职能和服务对象等不同。

第一，中国人民银行。中国人民银行是我国的中央银行，它代表政府管理全国的金融机构和金融活动，经理国库。其主要职责是制定和实施货币政策，保持货币币值稳定；依法对金融机构进行监督管理，维持金融业的合法、稳健运行；维护支付和清算系统的正常运行；持有、管理、经营国家外汇储备和黄金储备；代理国库和其他与政府有关的金融业务；代表政府从事有关的国际金融活动。

第二，政策性银行。政策性银行是指由政府设立，以贯彻国家产业政策、区域发展政策为目的，不以营利为目的的金融机构。政策性银行与商业银行相比，其特点在于：不面向公众吸收存款，而以财政拨款和发行政策性金融债券为主要资金来源；其资本主要由政府拨付；不以营利为目的，经营时主要考虑国家的整体利益和社会效益；其服务领域主要是对国民经济发展和社会稳定有重要意义，而商业银行出于营利目的不愿筹资的领域；一般不普遍设立分支机构，其业务由商业银行代理。

但是，政策性银行的资金并非财政资金，必须有偿使用，对拨款也要进行严格审查，并要求还本付息、周转使用。

我国目前有三家政策性银行。

国家开发银行，注册资本500亿元，并向金融机构发行政策性金融债券来筹资。其主要服务领域有制约经济发展的"瓶颈"项目、直接增加综合国力的支柱

产业的重大项目、高新技术应用的重大项目、跨地区的重大政策性项目等。投资项目确定后，国家开发银行负责进行项目资金配置和贷款条件的评审。国家开发银行的贷款分为两类：一类是软贷款，即以长期优惠贷款的方式，按投资项目资本结构要求，贷给国家控股公司和中央企业集团，由它们对项目进行参股或控股；另一类是硬贷款，即将发行政策性金融债券筹集的资金直接贷给投资项目，到期向项目单位收回本息。

中国进出口银行，注册资本33.8亿元，由国家财政全额拨款，同时发行政策性金融债券筹资，并从国际金融市场筹资。其业务范围主要是为机电产品和成套设备出口提供卖方信贷和买方信贷、办理与机电产品出口有关的各种贷款及出口信用保险和担保业务。

中国农业发展银行，注册资本200亿元，通过向中国人民银行再贷款筹资，并发行少量政策性金融债券筹资。其主要服务领域是粮食、棉花等主要农副产品的国家专项储备和收购贷款，办理扶贫贷款和农业综合开发贷款，以及国家确定的小型农业、林业基本建设和技术改造贷款。

第三，商业银行。商业银行是以经营存款、放款，办理转账结算为主要业务，以营利为主要经营目标的金融企业。商业银行的建立和运行，受《中华人民共和国商业银行法》管辖。

我国的商业银行可以分成以下两类。

国有独资商业银行，是由国家专业银行演变而来的，包括中国工商银行、中国农业银行、中国银行、中国建设银行。它们过去分别在工商业、农业、外汇业务和固定资产贷款领域中提供服务，近些年来其业务交叉进行，传统分工已经淡化。

股份制商业银行，是1987年以后发展起来的，我国现有多家全国性中小型股份制商业银行，包括交通银行、平安银行、广东发展银行、中信实业银行、中国光大银行、华夏银行、招商银行、兴业银行、上海浦东发展银行、恒丰银行、中国民生银行以及北京银行等。这些银行的股权结构各异，以企业法人股和财政入股为主，个别银行有个人股权。股份制商业银行完全按商业银行的模式运作，服务比较灵活，业务发展很快。

第四，非银行金融机构。目前，我国主要的非银行金融机构有以下几种。

保险公司，主要经营保险业务，包括财产保险、责任保险、保证保险和人身保险。目前，我国保险公司的资金运用被严格限制在银行存款、政府债券、金融债券和投资基金范围内。

信托投资公司，主要是以受托人的身份代人理财。其主要业务有经营资金和财产委托、代理资产保管、金融租赁、经济咨询以及投资等。

证券机构，是指从事证券业务的机构，包括以下三种。

■证券公司，其主要业务是推销政府债券、企业债券和股票，代理买卖和自营买卖已上市流通的各类有价证券，参与企业收购、兼并，充当企业财务顾问等。

■证券交易所，提供证券交易的场所和设施，制定证券交易的业务规则，接受上市申请并安排上市，组织、监督证券交易，对会员和上市公司进行监管等。

■登记结算公司，主要是办理股票交易中所有权转移时的过户和资金的结算。

财务公司，通常类似于投资银行。我国的财务公司是由企业集团内部各成员单位入股，向社会募集中长期资金，为企业技术进步服务的金融股份有限公司。它的业务被限定在本集团内，不得从企业集团之外吸收存款，也不得对非集团单位和个人贷款。

金融租赁公司，是指办理筹资租赁业务的公司组织。其主要业务有动产和不动产的租赁、转租赁、回租租赁。

金融市场上利率的决定因素

我国的利率分为官方利率和市场利率。官方利率是政府通过中央银行确定公布，并且各银行都必须执行的利率，主要包括中央银行基准利率、金融机构对客户的存贷款利率等。市场利率是金融市场上资金供求双方竞争形成的利率，随资金供求状况而变化，主要包括同业拆借利率、国债二级市场利率等。市场利率要受官方利率的影响，官方确定利率时也要考虑市场供求状况，一般说来，两者并无显著脱节现象。

在金融市场上，利率是资金使用权的价格。一般说来，金融市场上资金的购买价格，可用下式表示：

利率＝纯粹利率＋通货膨胀附加率＋变现力附加率＋违约风险附加率＋到期风险附加率

第一，纯粹利率。纯粹利率是指无通货膨胀、无风险情况下的平均利率。例如，在没有通货膨胀时，国库券的利率可以视为纯粹利率。纯粹利率的高低，受平均利润率、资金供求关系和国家调节的影响。

首先，利息是利润的一部分，所以利息率依存利润率，并受平均利润率的制约。一般说来，利息率随平均利润率的提高而提高。利息率的最高限不能超过平均利润率，否则，企业无利可图，不会借入款项；利息率的最低界限大于零，不能等于或小于零，否则提供资金的人不会拿出资金。至于利息率占平均利润率的比重，则决定于金融业和工商企业之间的竞争结果。

其次，在平均利润率不变的情况下，金融市场上的供求关系决定市场利率水平。在经济高涨时，资金需求量上升，若供应量不变，则利率上升；在经济衰退时，则正好相反。

再次，政府为防止经济过热，通过中央银行减少货币供应量，则资金供应减少，利率上升；政府为刺激经济发展，增加货币发行，则情况相反。

第二，通货膨胀附加率。通货膨胀使货币贬值，投资者的真实报酬下降。因此投资者在把资金交给借款人时，会在纯粹利息率的水平上再加上通货膨胀附加率，以弥补通货膨胀造成的购买力损失。因此，每次发行国库券的利息率随预期的通货膨胀率变化，它等于纯粹利息率加预期通货膨胀率。

第三，变现力附加率。各种有价证券的变现力是不同的。政府债券和大公司的股票容易被人接受，投资人随时可以出售以收回投资，变现力很强。与此相反，一些小公司的债券鲜为人知，不易变现，投资人要求变现力附加率（例如，提高利率1%～2%）作为补偿。

第四，违约风险附加率。违约是指借款人未能按时支付利息或未如期偿还贷款本金。提供资金的人拿出款项后所承担的这一种风险叫违约风险。违约风险越大，投资人要求的利率报酬越高。债券评级，实际上就是评定违约风险的大小。信用等级越低，违约风险越大，要求的利率越高。

第五，到期风险附加率。到期风险附加率是指因到期时间长短不同而形成的利率差别。例如，5年期国库券利率比3年期国库券高。两者的变现力和违约风险相同，差别在于到期时间不同。到期时间越长，在此期间由于市场利率上升，长期债券按固定利率计息，购买者遭受损失的风险越大。到期风险附加率，是对投资者承担利率变动风险的一种补偿。

一般而言，因受到期风险的影响，长期利率会高于短期利率，但有时也会出现相反的情况。这是因为短期投资有另一种风险，即购买短期债券的投资人在债券到期时，由于市场利率下降，找不到获利较高的投资机会，还不如当初投资于长期债券。这种风险叫再投资风险。这就是说,当再投资风险大于利率风险时,即预期市场利率将持续下降,人们都在热衷寻求长期投资机会时,可能出现短期利率高于长期利率的现象。

对财务人员来说,最好能可靠预测未来利率,在其上升时使用长期资金来源,在其下降时使用短期资金来源。但是实际上,利率很难预测出来。因此,他们只能合理搭配长短期资金来源,使企业在任何利率环境中都能生存下去。

认真审视经济环境

这里所说的经济环境是指企业进行财务活动的宏观经济状况。

经济发展状况

经济发展的速度,对企业理财有重大影响。前些年,我国经济增长比较快。企业为了跟上这种发展并在其行业中维持它的地位,至少要有同样的增长速度。企业要相应增加厂房、机器、存货、工人、专业人员等。这种增长,需要大规模地筹集资金,需要财务人员借入巨额款项或增发股票。近几年,经济增长趋稳后,企业应相应地转换其发展策略。

经济发展的波动,即有时繁荣有时衰退,对企业理财有极大影响。这种波动,最先影响的是企业销售额。销售额下降会阻碍企业现金的流转,例如,成品积压不能变现,需要筹资以维持运营。销售增加会引起企业经营失调,例如,存货枯竭,需筹资以扩大经营规模。尽管政府试图减少不利的经济波动,但事实上经济有时"过热",有时需要"调整"。财务人员对这种波动要有所准备,筹措并分配足够的资金,用以调整生产经营。

通货膨胀

通货膨胀不仅对消费者不利,给企业理财也带来很大困难。企业对通货膨胀本身无能为力,只有政府才能控制。企业为了实现期望的报酬率,必须调整收入和成本。同时,使用套期保值等办法减少损失,如提前购买设备和存货,买进现货卖出期货等,或者相反。

利息率波动

银行贷款利率的波动,以及与此相关的股票和债券价格的波动,既给企业以机会,也是对企业的挑战。

在为过剩资金选择投资方案时，利用这种机会可以获得营业以外的额外收益。例如，在购入长期债券后，由于市场利率下降，按固定利率计息的债券价格上涨，企业可以出售债券获得较预期更多的现金流入。当然，如果出现相反的情况，企业会蒙受损失。

在选择筹资来源时，情况与此类似。在预期利率将持续上升时，以当前较低的利率发行长期债券，可以节省资金成本。当然，如果后来事实上利率下降了，企业则要承担比市场利率更高的资金成本。

政府的经济政策

由于我国政府具有较强的调控宏观经济的能力，其制定的国民经济的发展规划、国家的产业政策、经济体制改革的措施、政府的行政法规等，对企业的财务活动都有重大影响。

国家对某些地区、某些行业、某些经济行为的优惠、鼓励和有利倾斜构成了政府政策的主要内容。从反面来看，政府政策也是对另外一些地区、行业和经济行为的限制。企业在财务决策时，要认真研究政府政策，按照政策导向行事，才能趋利除弊。

但是，政府政策会因经济状况的变化而调整。企业在财务决策时要为这种变化留有余地，甚至预见其变化的趋势，这对企业理财大有好处。

竞争

竞争广泛存在于市场经济之中，任何企业都不能回避。企业之间、各产品之间、现有产品和新产品之间的竞争，涉及设备、技术、人才、销售、管理等各个方面。竞争能促使企业用更好的方法来生产更好的产品，对经济发展起推动作用。但对企业来说，竞争既是机会，也是威胁。为了改善竞争地位，企业往往需要大规模投资，成功之后企业盈利增加，但若投资失败则竞争更为不利。

竞争是"商业战争"，综合体现了企业的全部实力和智慧，经济增长、通货膨胀、利率波动带来的财务问题，以及企业的对策会在竞争中体现出来。

第三节　不当糊涂虫

——如何看懂报表

在企业进行发展的时候，会计报表上的数字也在不断地递增或递减，如果企业经理要让企业账上数字多些零，就要时刻关注报表的反应。但如果营销部说，产品价格太高，卖不出去，希望降低价格来带动销售；广告部说我们的广告没有起到很大的作用，希望能在好的媒体上进行投放，不妨请明星来做广告。此刻，企业经理所要考虑的就不只是钱的问题了。财务规划以及一年的销售任务、企业利润能否很好地完成、能否为股东赢得好的投资回报率等都要在企业的报表上反映出来。一个不经常查看报表的总经理不是一个合格的经理，是不能为企业带来长期的盈利的经理，是一个该下课的经理。

本节讲述总经理应该掌握的会计报表阅读知识。

会计报表是建立在会计核算基础上的，是对企业经营活动的综合反映，要对一个企业的会计报表作出比较深刻、透彻的分析，找出有用的信息，发现隐含的问题，就必须具备一定的专业知识，这对于一般的经营管理者是有困难的。为此，报表的使用者应该了解会计报表分析的基本方法，以弥补专业知识不足的缺陷。

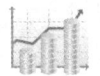 **掌握会计报表的分析步骤**

会计报表的分析一般应按如下步骤进行：首先，阅读财务报告的文字部分（包括注册会计师的审计报告、会计报表附注、财务情况说明书）；其次，阅读会计报表；最后，运用具体分析方法对会计报表进行分析。

阅读财务报告的文字部分

财务报告文字部分的阅读顺序是：首先，阅读注册会计师的审计报告；其次，阅读会计报表附注；最后，阅读财务情况说明书。

第一，注册会计师的审计报告。首先阅读注册会计师的审计报告是因为，这个报告是专业审计人员出具的，具有权威性。阅读注册会计师的审计意见：一是可以了解会计报表的真实性；二是可以了解企业在会计核算上是否存在问题，从而使会计报表的分析更具有针对性，少走弯路。

第二，会计报表附注。由于会计报表附注可以对企业的基本情况、主要会计政策、会计报表重要项目、重大会计事项等进行具体的解释和说明，在阅读和分析会计报表之前，先阅读会计报表附注，更能对报表数字的形成及数字背后的因素有更深刻的理解。

第三，财务情况说明书。由于财务情况说明书是企业对自身的财务状况和经营成果作出的自我评价，是对企业会计报表的总结，因此，通过财务情况说明书中的财务指标分析、统计指标分析、财务预测、经济环境对企业财务状况和经营成果的影响的分析，可以在阅读会计报表前了解企业取得的成绩和存在的问题。在对企业的情况有了全面了解的基础上，再利用自己的眼睛去阅读，利用自己的头脑去分析，就能更客观、更深刻地评价企业的财务状况、经营成果和经营管理者的业绩。

阅读会计报表

阅读会计报表时，首先阅读对外报告体系的资产负债表、利润表、现金流量表等主表，对于认为有问题的项目，应进一步阅读相关的附表。例如，发现资产负债表中"应收账款"数额较大，需要了解其构成，就应阅读"应收账款明细表"。如果"应收账款"数额较小，而"其他应收款"数额大大高于"应收账款"，就应懂得这在一般情况下是不正常的现象，此时应同时阅读"应收账款明细表"和"其他应收款明细表"，查看是否有错误的会计处理。阅读上述报表主要是了解企业的财务状况和经营成果。其次阅读内部报告体系的成本报表及其附表：一方面可以了解企业的成本管理情况；另一方面加深对利润表的分析以及对资产负债表的理解。

运用具体分析方法进行分析

会计报表的分析方法很多，下面将此作为一个独立的问题进行阐述。

会计报表分析的具体方法

会计报表的分析方法很多，但采用得最为广泛的是对比分析法、比率分析法、趋势分析法和连环替换分析法。

对比分析法

对比分析法是将实际数与基数进行对比,揭示差异,找出问题的一种方法。这种方法可以应用于各种报表的分析。与实际数进行对比的基数,取决于分析的目的。一般有计划数(或定额数)、上期实际数、本企业历史最高水平和国内外同行业同类企业的先进水平。实际与计划(或定额)进行对比,可以分析计划的完成情况;本期与上期进行对比、本期与企业历史最高水平进行对比,均可以分析其发展变化的趋势;本企业与国内外同行业同类企业的先进水平进行对比,可以分析企业所处的位置,找出与先进水平之间的差距。各种报表一般都同时列示上期数和本期数,目的就是为了便于进行对比分析。采用对比分析法时,应注意进行对比的指标必须是同质的,在经济内容、计算方法、计算期等方面具有可比性。

比率分析法

比率分析法是计算两项指标之间的相对数,补充说明绝对数的一种方法。比率分析法包括相关指标比率分析法和构成比率分析法两种。

相关指标比率分析法是计算两个性质不同、却又相关的指标之间的比率,并进行数量分析的方法。即比率的分子与分母是两个性质完全不同的指标,但又有内在联系,计算出一个相对值,来分析企业的财务状况或经营成果。例如,主营业务收入与主营业务利润是两个不同的指标,但是通过下列计算:主营业务利润÷主营业务收入×100%,就可以计算出主营业务利润率,进一步反映企业的经营成果。类似这样的指标还有资产负债率、流动比率、总资产报酬率、成本利润率等。

构成比率分析法是计算某项指标的某个组成部分占总体的比重,并进行数量分析的方法。这种方法在对成本和各项费用进行分析时尤为常用。例如,计算产品成本中原材料费所占的比重:直接材料费÷产品成本×100%,可以分析出原材料费对产品成本的影响。利用这种分析方法,还可以分析制造费用、营业费用、管理费用等的构成是否合理,找出管理和控制的重点。

采用比率分析法时,应注意单一的比率不能充分说明问题,应将计算出来的比率与相关的比率进行对比分析,以作出正确的评价。例如企业当期的销售利润率是12%,是好还是不好,不能简单地下结论,如果企业以前各期都低于12%,那么企业是在向好的方向发展,如同行业同类企业平均是15%,那么企业就还有较大的差距,应进一步努力。

趋势分析法

趋势分析法是计算连续若干期的相同指标，揭示和预测发展趋势的一种方法。连续若干期的相同指标可以用绝对数，也可以用相对数。例如，可以计算连续5年的净利润，用绝对数进行比较，也可以计算连续5年的资本收益率，用相对数进行比较。

趋势分析法包括定比和环比两种方法。定比是以某一时期为基数，其他各期均与该期的基数进行比较，例如以2012年年末的资产为基数，将2013年年末、2014年年末、2015年年末的资产都与2012年年末数进行比较；环比是分别以上一时期为基数，下一时期与上一时期的基数进行比较，例如2013年同2012年比较，2014年同2013年比较，2015年同2014年比较。

采用趋势分析法时，应注意进行比较的指标也要是同质的，具有可比性。

连环替换分析法

连环替换分析法是将一项综合性的指标分解为各项构成因素，顺序用各项因素的实际数替换基数，分析各项因素影响程度的一种方法。这种方法的计算程序是：

第一，分解某项综合指标的各项构成因素。

第二，确定各项因素的排列顺序。

第三，按排定的顺序和各项因素的基数进行计算。

第四，将前项因素的基数顺序地替换成实际数，计算出替换后的结果，与前一次替换后的计算结果进行比较，计算出影响程度，直至替换完毕。

第五，计算出各项因素影响程度之和，与该项综合性指标的差异总额进行对比，核对是否相符。

连环替换分析法在进行成本、费用分析时经常采用。应注意的是，确定各项因素的排列顺序一般应遵循下列原则：如果既有实物数量因素又有价值数量因素，实物数量因素排列在先，价值数量因素排列在后，如果都是数量因素，或者都是质量因素，那么应区分主要因素和次要因素，主要因素排列在先，次要因素排列在后。举例见表6-1。

表6-1 甲产品原材料费用资料

项目	产品产量（件）	单位产品消耗量（Kg）	单价（元）	材料费用总额（元）
定额费用	1 500	32	18	864 000
实际费用	1 600	30	21	1 008 000
差异	100	-2	3	144 000

采用连环替换分析法分析,见表6-2。

表6-2 连环替换分析法分析

替换次数	因素			各因素乘积		每次替换的差异		产生差异的因素
	产量（件）	单位消耗量	材料单价	金额（元）	编号	算式	金额（元）	
基数	1 500	32	8	864 000	（1）			
第一次	1 600	32	18	921 600	（2）	（2）-（1）	57 600	产量
第二次	1 600	30	18	864 000	（3）	（3）-（2）	-57 600	消耗量
第三次	1 600	30	21	1 008 000	（4）	（4）-（3）	144 000	单价
各因素影响程度合计							144 000	综合影响

上述分析表明,原材料单价上涨是原材料费用超支的主要原因,应进一步加以分析,控制材料采购成本。

第四节 稳坐钓鱼台的诀窍

——提高股东收益率并合理分红

在公司的治理结构中,总经理对董事会负责,董事会对全体股东负责。总经理要想稳坐钓鱼台,有两点至关重要:一是努力提高公司盈利水平,二是采取合适的股利分配政策。本节中我们阐述股利分配的相关知识。

股利分配政策与内部筹资

支付给股东的盈余与留在企业的保留盈余,存在此消彼长的关系。所以,股利分配既决定给股东分配多少红利,也决定有多少净利留在企业。减少股利分配,会增加保留盈余,减少外部筹资需求。因此,股利决策也是内部筹资决策。

在进行股利分配的实务中,公司经常采用的股利政策有如下几项。

剩余股利政策

第一,股利分配方案的确定。上面谈到,股利分配与公司的资本结构相关,而资本结构又是由投资所需资金构成的,因此实际上股利政策要受到投资机会及其资金成本的双重影响。剩余股利政策就是在公司有着良好的投资机会时,根据一定的目标资本结构(最佳资本结构),测算出投资所需的权益资本,先从盈余当中留用,然后将剩余的盈余作为股利予以分配。

采用剩余股利政策时,应遵循以下四个步骤:

■ 设定目标资本结构,即确定权益资本与债务资本的比率,在此资本结构下,加权平均资本成本将达到最低水平。

■ 确定目标资本结构下投资所需的股东权益数额。

■ 最大限度地使用保留盈余来满足投资方案所需的权益资本数额。

■投资方案所需权益资本已经满足后若有剩余盈余，再将其作为股利发放给股东。

【例】假定某公司某年提取了公积金、公益金后的税后净利润为600万元，第二年的投资计划所需资金800万元，公司的目标资本结构为权益资本占60％、债务资本占40％，那么，按照目标资本结构的要求，公司投资方案所需的权益资本数额为：

$800 \times 60\% = 480$（万元）

公司当年全部可用于分配股利的盈余为600万元，可以满足上述投资方案所需的权益资本数额并有剩余，剩余部分再作为股利发放。当年发放的股利额即为：

$600 - 480 = 120$（万元）

假定该公司当年流通在外的只有普通股100万股，那么每股股利即为：

$120 \div 100 = 1.2$（元）

第二，采用本政策的理由。奉行剩余股利政策，意味着公司只将剩余的盈余用于发放股利。这样做是为了保持理想的资本结构，使加权平均资本成本最低。如上例，如果公司不按剩余股利政策发放股利，将可向股东分配的600万元全部留用于投资（这样当年将不发放股利），或全部作为股利发放给股东（这样当年每股股利将达到6元），然后再去筹借债务，这两种做法都会破坏目标资本结构，导致加权平均资本成本的提高，不利于提高公司的价值（股票价格）。

固定或持续增长的股利政策

第一，分配方案的确定。这一股利政策是将每年发放的股利固定在某一固定的水平上并在较长的时期内不变，只有当公司认为未来盈余会显著地、不可逆转地增长时，才提高年度的股利发放额。不过，在通货膨胀的情况下，大多数公司的盈余会随之提高，且大多数投资者也希望公司能提供足以抵消通货膨胀不利影响的股利，因此在长期通货膨胀的年代里也应提高股利发放额。

第二，采用本政策的理由。固定或持续增长股利政策的主要目的是避免出现由于经营不善而削减股利的情况。采用这种股利政策的理由在于：

■稳定的股利向市场传递着公司正常发展的信息，有利于树立公司良好形象，增强投资者对公司的信心，稳定股票的价格。

■稳定的股利额有利于投资者安排股利收入和支出，特别是对那些对股利有着很高依赖性的股东更是如此。而股利忽高忽低的股票，则不会受这些股东的欢迎，股票价格会因此而下降。

■稳定的股利政策可能会不符合剩余股利理论，但考虑到股票市场会受到多种因素的影响，其中包括股东的心理状态和其他要求，因此为了使股利维持在稳定的水平上，即使推迟某些投资方案或者暂时偏离目标资本结构，也可能要比降低股利或降低股利增长率更为有利。

该股利政策的缺点在于股利的支付与盈余相脱节。当盈余较低时仍要支付固定的股利，这可能导致资金短缺，财务状况恶化；同时不能像剩余股利政策那样保持较低的资本成本。

固定股利支付率政策

第一，分配方案的确定。固定股利支付率政策，是公司确定一个股利占盈余的比率，长期按此比率支付股利的政策。在这一政策下，各年股利额随公司经营的好坏而上下波动，获得较多盈余的年份股利额高，获得盈余少的年份股利额低。

第二，采用本政策的理由。主张实行固定股利支付率的人认为，这样做能使股利与公司盈余紧密地配合，以体现多盈多分、少盈少分、无盈不分的原则，才算真正公平地对待了每一位股东。但是，在这种政策下各年的股利变动较大，极易造成公司不稳定的感觉，对于稳定股票价格不利。

低正常股利加额外股利政策

第一，分配方案的确定。低正常股利加额外股利政策，是公司在一般情况下每年只支付固定的、数额较低的股利；在盈余多的年份，再根据实际情况向股东发放额外股利。但额外股利并不固定化，并不意味着公司永久地提高了规定的股利率。

第二，采用本政策的理由。

这种股利政策使公司具有较大的灵活性。当公司盈余较少或投资需用较多资金时，可维持设定的较低但正常的股利，股东不会有股利跌落感；而当盈余有较大幅度增加时，则可适度增发股利，把经济繁荣的部分利益分配给股东，使他们增强对公司的信心，这有利于稳定股票的价格。

这种股利政策可使那些依靠股利度日的股东每年至少可以得到虽然较低，但比较稳定的股利收入，从而吸引住这部分股东。

以上各种股利政策各有所长，公司在分配股利时应借鉴其基本决策思想，制定适合自己具体实际情况的股利政策。

第七章
销售经理必备财务知识

从制订销售计划到收回货款以及制定销售提成,每一个财务细节无不牵动着销售体系的神经。销售经理不可不察。

第一节　不被炒鱿鱼的前提

——熟悉利润规划

利润规划是企业为实现目标利润而综合调整其经营活动的规模和水平，它是企业编制期间预算的基础。利润规划要把企业继续存在和发展及实现目标利润所需的资金、可能取得的收益，以及未来要发生的成本和费用这三者紧密联系起来。利润规划之所以总是强调成本、数量、利润分析，也正是这个缘故。

了解成本、数量与利润的相互关系

促使人们研究本量利之间数量关系的动因，是传统的成本分类不能满足企业决策、计划和控制的要求。企业的这些内部经营管理工作，通常以数量为起点，以利润为目标。企业管理人员在决定生产和销售数量时，非常想知道它对企业利润的影响。但是，这中间隔着收入和成本。对于收入，他们很容易根据数量和单价来估计，而成本则不然。无论是总成本还是单位成本，他们都感到难以把握。他们不能用单位成本乘以数量来估计总成本，因为数量变化之后，单位成本也会变化。管理人员需要一个数学模型。这个模型应当除了业务量和利润之外都是常数，使业务量和利润之间建立起直接的函数关系。这样，他们可以利用这个模型，在业务量变动时估计其对利润的影响，或者在目标利润变动时计算出完成目标所需要的业务量水平。建立这样一个模型的主要障碍是成本和业务量之间的数量关系不清楚。为此，人们首先研究成本和业务量之间的关系，并确立了成本按性态的分类，然后在此基础上明确成本、数量和利润之间的相互关系。

本量利相互关系的研究，以成本和数量的关系研究为基础。它们通常被称为成本性态研究。所谓成本性态，是指成本总额对业务量的依存关系。在这里，业务量是指企业的生产经营活动水平的标志量。它可以是产出量也可以是投入量；

可以使用实物度量、时间度量，也可以使用货币度量。例如，产品产量、人工工时、销售额、主要材料处理量、生产能力利用百分数、生产工人工资、机器运转时数、运输吨公里等，都可以作为业务量大小的标志。当业务量变化以后，各项成本有不同的性态，大体上可以分为三种：固定成本、变动成本和混合成本。固定成本是不受业务量影响的成本；变动成本是随业务量增长而正比例增长的成本；混合成本是随业务量增长而增长，但与业务量增长不成正比例的成本。混合成本介于固定成本和变动成本之间，可以将其分解成固定成本和变动成本两部分。这样，全部成本都可以分成固定成本和变动成本两部分。有关成本分解和其他有关数据的取得，属于管理会计的范畴，这里不再讨论。财务管理主要研究数据使用而不是其加工过程，因此这里主要研究如何将本量利分析用于财务计划的编制。

在把成本分解成固定成本和变动成本两部分之后，再把收入和利润加进来，成本、销量和利润的关系就可以统一于一个数学模型。

本量利关系的数学表达主要有以下三种形式。

损益方程式

第一，基本的损益方程式。

目前多数企业都使用损益法来计算利润，即首先确定一定期间的收入，然后计算与这些收入相配合的成本，两者之差为期间利润：

利润＝销售收入－总成本

由于：

总成本＝变动成本＋固定成本＝单位变动成本×产量＋固定成本

销售收入＝单价×销量

假设产量和销量相同，则有：

利润＝单价×销量－单位变动成本×销量－固定成本

这个方程式是明确表达本量利之间数量关系的基本方程式，它含有五个相互联系的变量，给定其中四个，便可求出另一个变量的值。

在规划期间利润时，通常把单价、单位变动成本和固定成本视为稳定的常量，只有销量和利润两个自由变量。给定销量时，可利用方程式直接计算出预期利润；给定目标利润时，可直接计算出应达到的销售量。

【例7-1】某企业每月固定成本1 000元，生产一种产品，单价10元，单位变动成本6元，本月计划销售500件，请问预期利润是多少元？

将有关数据代入损益方程式：

利润＝单价×销量—单位变动成本×销量—固定成本

＝10×500—6×500—1 000

＝1 000（元）

这个方程式是一种最基本的形式。它可以根据所需计算的问题变换成其他形式，或者根据企业具体情况增加一些变量，成为更复杂、更接近实际的方程式。损益方程式实际上是损益表的模型化表达，不同的损益表可以构造出不同的模型。

第二，损益方程式的变换形式。

基本的损益方程式把"利润"放在等号的左边，其他变量放在等号的右边，这种形式便于计算预期利润。如果待求的数值是其他变量，则可以将方程进行恒等变换，使等号左边是待求的变量，其他参数放在右边，由此可得出以下四个损益方程式的变换形式：

■计算销量的方程式

销量＝（固定成本＋利润）÷（单价—单位变动成本）

假设前例企业拟实现目标利润1 100元，问应销售多少产品？

销量＝（1 000＋1 100）÷（10—6）＝525（件）

■计算单价的方程式

单价＝（固定成本＋利润）÷（销量＋单位变动成本）

假设前例企业计划销售600件，欲实现利润1 640元，请问单价应定为多少元？

单价：（1 000＋1 640）÷（600＋6）＝10.40（元/件）

计算单位变动成本的方程式

单位变动成本＝单价—（固定成本＋利润）÷销量

假设前例企业每月固定成本1 000元，单价10元，计划销售600件，欲实现目标利润800元，请问单位变动成本应控制在什么水平？

单位变动成本＝10—（1 000＋800）÷600＝7（元/件）

■计算固定成本的方程式

固定成本＝单价×销量—单位变动成本×销量—利润

假设前例企业单位变动成本为6元，单价10元，计划销售600件，欲实现利润740元，请问固定成本应控制在什么水平？

固定成本＝10×600－6×600－740＝1 660（元）

第三，包含期间成本的损益方程式。

为符合多步式损益表的结构，不但要分解产品成本，而且要分解销售费、行政管理费等期间成本。将它们分解以后，方程式为：

税前利润＝销售收入－（变动销货成本＋固定销货成本）－（变动销售和管理费＋固定销售和管理费）＝单价×销量－（单位变动产品成本＋单位变动销售和管理费）×销量－（固定产品成本＋固定销售和管理费）

【例7-2】某企业每月核定制造成本1 000元，固定销售费100元，固定管理费150元；单位变动制造成本6元，单位变动销售费0.7元，单位变动管理费0.3元；该企业产销一种产品，单价10元；本月计划销售500件产品，请问预期利润是多少元？

利润＝10×500－（6＋0.7＋0.3）×500－（1 000＋100＋150）＝250（元）

第四，计算税后利润的损益方程式。

所得税是根据利润总额和所得税税率计算的。并从利润总额中减除，既不是变动成本也不是固定成本。

税后利润＝利润总额－所得税＝利润总额－利润总额×所得税税率
　　　　＝利润总额×（1－所得税税率）

将损益方程式代入上式的"利润总额"：

税后利润＝（单价×销量－单位变动成本×销量－固定成本）×（1－所得税税率）

此方程式经常被用来计算实现目标利润所需的销量，为此常用下式表达：

销量＝［固定成本＋税后利润/（1－所得税税率）］÷（单价－单位变动成本）

例如，前述企业每月固定制造成本1 000元，固定销售费100元，固定管理费150元；单位变动制造成本6元，单位变动销售费0.7元，单位变动管理费0.3元；该企业生产一种产品，单价10元；所得税税率50％，本月计划产销600件产品，问预期利润是多少？如拟实现净利500元，应产销多少件产品？

税后利润＝［10×600－（6＋0.7＋0.3）×600－（1 000＋100＋150）］×（1－50％）＝（6 000－4 200－1 250）×50％＝275（元）

销量＝［（1000＋100＋150）＋500÷（1－50％）］÷［10－（6＋0.7＋0.3）］＝（1250＋1000）÷（10－7）＝750（件）

边际贡献方程式

第一，什么是边际贡献。

边际贡献是指销售收入减去变动成本以后的差额，即：

边际贡献＝销售收入—变动成本

如果用单位产品表示，即：

单位边际贡献＝单价—单位变动成本

【例7-3】某企业只生产一种产品，单价6元，单位变动成本3元，销量600件，则：

边际贡献＝6×600－3×600＝1 800（元）

单位边际贡献＝6－3＝3（元）

边际贡献是产品扣除自身变动成本后给企业所作的贡献。它首先用于收回企业的固定成本，如果还有剩余则成为利润，如果不足以收回固定成本则发生亏损。

由于变动成本既包括生产制造过程的变动成本即产品变动成本，还包括销售、管理费中的变动成本即期间变动成本，所以，边际贡献也可以具体分为制造边际贡献（生产边际贡献）和产品边际贡献（总营业边际贡献）。

销售收入—产品变动成本＝制造边际贡献

制造边际贡献—销售和管理变动成本＝产品边际贡献

通常，如果在"边际贡献"前未加任何定语，那么则是指"产品边际贡献"。

【例7-4】某企业只生产一种产品，单价6元，单位制造变动成本2元，单位销售和管理费变动成本1元，销量600件，则：

制造边际贡献＝6×600－2×600＝2 400（元）

产品边际贡献＝2 400－1×600＝1 800（元）

第二，边际贡献率。

边际贡献率是指边际贡献在销售收入中所占的百分率。

边际贡献率＝边际贡献÷销售收入×100%

　　　　　＝单位边际贡献×销量÷单价×销量×100%

　　　　　＝单位边际贡献÷单价×100%

仍然使用【例7-4】的资料计算：

制造边际贡献率＝（6－2）÷6×100%＝67%

产品边际贡献率＝（6－3）÷6×100%＝50%

通常,"边际贡献率"一词是指产品边际贡献率。

边际贡献率,可以理解为每1元销售收入中边际贡献所占的比重,它反映产品给企业作出贡献的能力。

与边际贡献率相对应的概念是"变动成本率",即变动成本在销售收入中所占的百分率。

变动成本率＝变动成本销售收入×100%
　　　　　＝单位变动成本×销量÷(单价×销量)×100%
　　　　　＝单位变动成本÷单价×100%

仍然使用[例7-4]的资料计算:

制造变动成本率＝2÷6×100%＝33%

产品变动成本率＝(2+1)÷6×100%＝50%

通常,"变动成本率"一词是指产品变动成本率。

由于销售收入被分为变动成本和边际贡献两部分,前者是产品自身的耗费,后者是给企业作出的贡献,两者百分率之和应当为1。

变动成本率＋边际贡献率＝单位变动成本÷单价＋单位边际贡献÷单价
　　　　　　　　　　　＝[单位变动成本＋(单价—单位变动成本)]÷单价＝1

根据[例7-4]的资料计算:

变动成本率＋边际贡献率＝50%＋50%＝1

第三,基本的边际贡献方程式。

由于创造了"边际贡献"这个新的概念,上面介绍的基本的损益方程式可以改写成新的形式。

因为:利润＝销售收入—变动成本—固定成本
　　　　　＝边际贡献—固定成本

所以:利润＝销量×单位边际贡献—固定成本

这个方程式,也可以明确表达本量利之间的数量关系。

【例7-5】某企业只生产一种产品,单价6元,单位变动成本3元,销量600件,固定成本1 000元,则:

利润＝(6—3)×600—1 000＝800(元)

这个方程式,可以根据需要变换成其他形式:

销量＝(固定成本＋利润)÷单位边际贡献

单位边际贡献＝(固定成本＋利润)÷销量

第四，边际贡献率方程式。

上述边际贡献方程式，还可以利用"边际贡献率"改写成下列形式。

因为：

边际贡献率＝边际贡献÷销售收入×100%

边际贡献＝销售收入×边际贡献率

利润＝边际贡献－固定成本

所以：

利润＝销售收入×边际贡献率－固定成本

根据[例7-5]的资料计算：

边际贡献率＝（6－3）÷6×100%＝50%

利润＝（6×600）×50%－1 000＝800（元）

这个方程式，根据需要可以改写成下列变换形式：

销售收入＝（固定成本＋利润）÷边际贡献率

边际贡献率＝（固定成本＋利润）÷销售收入×100%

固定成本＝销售收入×边际贡献率－利润

这个方程式，也可以用于多品种企业。由于多种产品的销售收入可以直接相加，所以，问题的关键是计算多种产品的加权平均边际贡献率。

加权平均边际贡献率＝∑各产品边际贡献÷∑各产品销售收入×100%

【例7-6】某企业生产A、B、C三种产品，固定成本2 000元，有关资料见表7-1，请计算其预期利润。

表7-1 销售和成本计划资料

产品	单价	单位变动成本	单位边际贡献	销售
甲	10	8	2	100
乙	9	6	3	300
丙	8	4	4	500

根据表7-1的资料计算：

加权平均边际贡献率＝（2×100＋3×300＋4×500）÷（10×100＋9×300＋8×500）×100%＝3 100÷7 700×100%＝40.26%

加权平均边际贡献率也可以用另外的方法计算。设有N种产品，以CM表示边际贡献，S表示销售收入，则：

加权平均边际贡献率＝$CM \div S$＝（$CM_1+CM_2+\cdots+CM_n$）÷（$S_1+S_2+\cdots+S_n$）＝（$CM_1+CM_2+\cdots+CM_n$）÷S

＝$CM_1 \div S_1 + CM_2 \div S_2 + \cdots + CM_n \div S_n$

由于：某产品边际贡献率＝$CM_i \div S_i$，某产品销售占总销售比重＝$S_i \div S$

所以：加权平均边际贡献率＝$\sum$（各产品边际贡献率×各产品占总销售比重）

根据表7-1的资料，整理成表7-2。

表7-2 加权平均边际贡献率

产品	单价	单位边际贡献	销量	边际贡献	销售收入	边际贡献率	占销售比重
甲	10	2	100	200	1 000	20%	12.99%
乙	9	3	300	900	2 700	33.33%	35.06%
丙	8	4	500	2 000	4 000	50%	51.95%
合计				3 100	7 700		100%

加权平均边际贡献率＝20%×12.99%＋33.33%×35.06%＋50%×51.95%
＝40.26%

利润＝销售收入×边际贡献率－固定成本＝7 700×40.26%－2 000
＝1 100（元）

 掌握盈亏临界分析的方法

盈亏临界分析是本量利分析的一项基本内容，亦称损益平衡分析或保本分析。它主要研究如何确定盈亏临界点、有关因素变动对盈亏临界点的影响等问题，并可以为决策者提供在何种业务量下企业将盈利，以及在何种业务量下会出现亏损等信息。

首先，我们了解一下盈亏临界点的确定。盈亏临界点是指企业处于收入和成本相等的经营状态，即边际贡献等于固定成本时企业所处的既不盈利又不亏损的状态。通常用一定的业务量来表示这种状态。

盈亏临界点销售量

就单一产品企业来说，盈亏临界点的计算并不困难。

由于计算利润的公式为：

利润＝单价×销量－单位变动成本×销量－固定成本

令利润等于零，此时的销量为盈亏临界点销售量：

0＝单价×盈亏临界点销售量－单位变动成本×盈亏临界点销售量－固定成本

盈亏临界点销售量＝固定成本÷（单价－单位变动成本）

又由于：

单价－单位变动成本＝单位边际贡献

所以，上式又可写成：

盈亏临界点销售量＝固定成本÷单位边际贡献

【例7-7】某企业生产一种产品，单价2元，单位变动成本1.20元，固定成本1 600元/月，计算其盈亏临界点销售量。

盈亏临界点销售量＝1 600÷（2－1.20）＝2 000（件）

盈亏临界点销售额

单一产品企业在现代经济中只占少数，大部分企业产销多种产品。多品种企业的盈亏临界点，尽管可以使用联合单位销量来表示，但是更多的人乐于使用销售额来表示盈亏临界点。

由于利润计算的公式为：

利润＝销售额×边际贡献率－固定成本

令利润等于零，此时的销售额为盈亏临界点销售额：

0＝盈亏临界点销售额×边际贡献率－固定成本

盈亏临界点销售额＝固定成本÷边际贡献率

根据［例7-7］的资料：

盈亏临界点销售额＝1 600÷［（2－1.20）÷2］＝1 600÷40％＝4 000（元）

根据［例7-6］的资料：

盈亏临界点销售额＝2 000÷40.26％＝4 968（元）

盈亏临界点作业率

盈亏临界点作业率是指盈亏临界点销售量占企业正常销售量的比重。所谓正常销售量，是指正常市场和正常开工情况下，企业的销售数量，也可以用销售金额来表示。

盈亏临界点作业率的计算公式如下：

盈亏临界点作业率＝盈亏临界点销售量÷正常销售量×100％

这个比率表明企业保本的业务量在正常业务量中所占的比重。由于多数企业的生产经营能力是按正常销售量来规划的，生产经营能力与正常销售量基本相同，所以，盈亏临界点作业率还表明保本状态下的生产经营能力的利用程度。

如［例7-7］中的企业正常销售额为5 000元；盈亏临界点销售额为4 000元，则：盈亏临界点作业率＝4 000÷5 000×100％＝80％

计算表明，该企业的作业率必须达到正常作业的80％以上才能取得盈利，否则就会发生亏损。

第二节　搞懂与工资直接挂钩的东西
——什么才算销售收入

 搞懂收入的概念及其分类

在市场经济条件下，追求利润最大化已成为企业经营的主要目标之一。收入是利润的来源，因此，获取收入是企业日常经营活动中最主要的目标之一，通过获得的收入补偿为此而发生的支出，以获得一定的利润。本节所讲的收入主要指营业收入。它是指企业在销售商品、提供劳务及让渡资产使用权等日常活动中所形成的经济利益的总流入。

收入可以有不同的分类。按照收入的性质，可以分为商品销售收入、劳务收入和提供他人使用本企业的资产等而取得的收入等。按照企业经营业务的主次分类，可以分为主营业务收入和其他业务收入。不同行业其主营业务收入所包括的内容也不同。工业企业的主营业务收入主要包括销售产品、自制半成品、代制品、代修品、提供工业性作业等所取得的收入；商品流通企业的主营业务收入主要包括销售商品所取得的收入；旅游企业的主营业务收入主要包括客房收入、餐饮收入等。主营业务收入一般占企业营业收入的比重较大，对企业的经济效益产生较大的影响。其他业务收入主要包括转让技术取得的收入、销售材料取得的收入、包装物出租收入等。营业收入中的其他业务收入，一般占企业营业收入的比重较小。在会计核算中，对经常性、主要业务所产生的收入单独设置"主营业务收入"账户核算，对非经常性、兼营业务交易所产生的收入单独设置"其他业务收入"账户进行核算。

收入的确认实际上是指收入在什么时候入账，并在利润表上反映。我国《企业会计准则——收入准则》及《企业会计准则——建造合同》根据销售商品、提供劳务、他人使用本企业资产、建造合同等分别规定了收入的确认和计量原则

（注：本章介绍的内容不包括上市公司与关联方之间显失公允的交易价格对收入等的计量）。

搞懂销售商品收入的确认与计量

企业销售商品时，如同时符合以下四个条件，即确认为收入。

第一，企业已将商品所有权上的主要风险和报酬转移给买方。风险主要指商品由于贬值、损坏、报废等造成的损失；报酬是指商品中包含的未来经济利益，包括商品因升值等给企业带来的经济利益。如果一项商品发生的任何损失均不需要本企业承担，带来的经济利益也不归本企业所有，则意味着该商品所有权上的风险和报酬已移出该企业。判断一项商品所有权上的主要风险和报酬是否已转移给买方，需要视不同情况而定。

一是大多数情况下，所有权上的风险和报酬的转移伴随着所有权凭证的转移或实物的交付而转移。例如，大多数零售交易，所售商品所有权上的风险和报酬都随着所有权凭证的转移或实物的交付而转移。

二是有些情况下，企业已将所有权凭证或实物交付给买方，但商品所有权上的主要风险和报酬并未转移。企业可能在以下几种情况下保留商品所有权上的主要风险和报酬：

企业销售的商品在质量、品种、规格等方面不符合合同规定的要求，又未根据正当的保证条款予以弥补，因而仍负有责任。如，A企业于5月21日销售一批商品，商品已经发出，买方已预付部分货款，余款由A企业开出一张商业承兑汇票，已随发票账单一并交付买方。买方当天收到商品后，发现商品质量没有达到合同规定的要求，立即根据合同的有关条款与A企业交涉，要求A企业在价格上给予一定的减让，否则买方可能会退货。双方没有达成一致意见，A企业仍未采取任何弥补措施。此项销售表明，尽管商品已经发出，发票账单已交付买方，也已收到部分货款，但由于双方在商品质量的弥补方面未达成一致意见，买方尚未正式接受商品，商品可能被退回。因此，商品所有权上的主要风险和报酬仍留在A企业，A企业此时不能确认收入，收入应递延到已满足买方要求并买方承诺付款时予以确认。

企业销售商品的收入是否能够取得取决于代销方或受托方销售其商品的收入是否能够取得。如上述A企业采用代销商品方式销售，代销的特点是受托方只是一个代理商，委托方将商品发出后，所有权并未转移给受托方，其风险和报酬仍在委托方，与受托方无关。只有当受托方将商品售出后，商品所有权上的风险和报酬才移出委托方。因此，在代销情况下，委托方应在受托方售出商品，并取得受托方提供的代销清单时确认收入。

企业尚未完成售出商品的安装或检验工作，且此项安装或检验任务是销售合同的重要组成部分。如，某生产制造企业销售大型设备，设备已发出，发票账单已交付买方，买方已预付部分货款，但根据合同规定，卖方负责安装，卖方在安装并经检验合格后，买方立即支付余款。在这种情况下，大型设备发出并不表示商品所有权上的主要风险和报酬已转移给买方。企业仍需对所售设备进行安装，安装过程中可能会发生一些不确定因素，阻碍该项销售的实现。因此，只有在安装完毕并检验合格后才能确认收入。

销售合同中规定了由于特定原因买方有权退货的条款，而企业又不能确定退货的可能性。如，某企业为推销一项新产品，规定凡购买该产品者均有1个月的试用期，不满意的，1个月内给予退货。在这种情况下，该企业尽管已将商品售出，也已收到价款，但由于是新产品，无法估计退货的可能性，商品所有权上的风险和报酬实质上并未转移给买方。该企业在售出商品时不能确认收入。只有当买主正式接受商品或退货期满时才能确认收入。

如果企业只保留所有权上的次要风险，则销售成立，相应的收入应予以确认。如，卖方仅仅为了到期收回货款而保留商品的法定产权。这表明，销售中其他重大不确定因素已不存在，货款的收回也由于保留了商品的法定产权而得到了相当的保障。买方为了取得法定产权，一般会支付货款。因此，可以认为所有权上的主要风险和报酬已经转移，卖方可以确认收入。再如，在零售交易中，零售企业一般会承诺，顾客对购买的商品不满意可以退货。但零售企业一般能根据过去的经验及其相关因素，合理估计未来的退货量，不会存在重大的不确定因素，此时可以认为企业已转移了所有权上的主要风险和报酬，相关的销售收入应予以确认。

三是在有些情况下，企业已将商品所有权上的主要风险和报酬转移给买方，但实物尚未交付。在这种情况下，应在所有权上的主要风险和报酬转移时确认收入，而不管实物是否交付。例如，购买方已支付货款但尚未提货，即交款提货通常属于这种情况。

第二，企业既没有保留通常与所有权相联系的继续管理权，也没有对已售出的商品实施控制。企业将商品所有权上的主要风险和报酬转移给买方后，如仍然保留通常与所有权相联系的继续管理权，或仍然对售出的商品实施控制，则此项销售不能成立，不能确认相应的销售收入。

如企业对售出的商品保留了与所有权无关的管理权，则不受本条件的限制。例如，房地产企业将开发的房产售出后，保留了对该房产的物业管理权，由于此项管理权与房产所有权无关，房产销售成立。企业提供的物业管理应视为一个单独的劳务合同，有关收入确认为劳务收入。

第三，与交易相关的经济利益能够流入企业。经济利益是指直接或间接流入企业的现金或现金等价物。在销售商品的交易中，与交易相关的经济利益即为销售商品的价款。销售商品的价款能否有把握收回，是收入确认的一个重要条件。企业在销售商品时，如估计价款收回的可能性不大，即使收入确认的其他条件均已满足，也不应当确认收入。

企业在判断价款收回的可能性时，应进行定性分析，当确定价款收回的可能性大于不能收回的可能性时，即认为价款能够收回。一般情况下，企业售出的商品符合合同或协议规定的要求，并已将发票账单交付买方，买方也承诺付款，即表明销售商品的价款能够收回。如企业判断价款不能收回，应提供可靠的证据。

第四，相关的收入和费用能够可靠地计量。收入能否可靠地计量，是确认收入的基本前提。收入不能可靠地计量，则无法确认收入。企业在销售商品时，售价通常已经确定，但销售过程中由于某种不确定因素，也有可能出现售价变动的情况，则新的售价未确定前不应确认收入。

根据收入和费用配比原则，与同一项销售有关的收入和成本应在同一会计期间予以确认。因此，成本不能可靠计量，相关的收入也不能确认，即使其他条件均已满足，也不能确认收入。

企业销售商品应同时满足上述四个条件，才能确认收入。任何一个条件没有满足，即使收到货款，也不能确认收入。为了单独反映已经发出但尚未确认销售收入的商品成本，企业应设置"发出商品""委托代销商品""分期收款发出商品"等账户进行核算。"发出商品"账户核算一般销售方式下，已经发出但尚未确认销售收入的商品成本；"委托代销商品"账户，核算企业在委托其他单位代销商品的情况下，已经发出但尚未确认收入的商品成本；"分期收款发出商品"账户，核算分期收款销售的企业在采用分期确认收入的方法时，已经发出但尚未结转的商品成本。企业对于发出的商品，在确定不能确认收入时，应按发出商品的实际成本,借记"发出商品""委托代销商品""分期收款发出商品"等账户,贷记"库存商品"账户。

期末,"发出商品""委托代销商品""分期收款发出商品"账户的余额,应并入资产负债表的"存货"项目反映。

【例7-8】A企业2015年3月份销售一批产品给B企业,按照合同约定,产品的销售价格为40万元,增值税税率17%,产品品种和质量按照合同约定的标准提供,产品已经发出,并收到了B企业开出承兑3个月到期的商业承兑汇票。该批产品的实际成本为22万元。在这项交易中,A企业按照合同约定的产品品种和质量发出产品,B企业已将购入的商品验收入库,并开出承兑商业汇票,承诺在3个月后付款。按照销售成立的标志,该项销售已经成立。A企业已将售出产品上的所有风险和报酬转移给B企业,并不再对该批产品实施管理权和控制权。营业收入是可以计量的,即按照合同约定的销售价格确定,同时,该批产品的实际成本已经确定。满足这些条件后,应确认营业收入的实现。A企业应编制会计分录如下:

借:应收票据　　　　　　　　　　　　　　　　　　　　468 000
　　贷:主营业务收入　　　　　　　　　　　　　　　　　400 000
　　　　应交税费——应缴增值税(销项税额)　　　　　　 68 000
借:主营业务成本　　　　　　　　　　　　　　　　　　220 000
　　贷:库存商品　　　　　　　　　　　　　　　　　　　220 000

【例7-9】A企业于2015年5月2日以托收承付方式向B企业销售一批商品,成本为40 000元,增值税专用发票上注明:售价60 000元,增值税10 200元。A企业在销售时已知B企业资金周转发生暂时困难,但A企业考虑为了促销以免存货积压,同时B企业的资金周转困难只是暂时性的,未来仍有可能收回货款,因此,仍将商品销售给了B企业。由于此项收入目前收回的可能性不大,A企业在销售该商品时不能确认收入。应将已发出商品成本转入"发出商品"账户。假设A企业销售该批商品的纳税义务已经发生,A企业的会计处理如下:

借:发出商品　　　　　　　　　　　　　　　　　　　　 40 000
　　贷:库存商品　　　　　　　　　　　　　　　　　　　 40 000
同时,将增值税专用发票上注明的增值税额转入"应收账款"账户
借:应收账款——B企业(应收销项税额)　　　　　　　　 10 200
　　贷:应交税费——应缴增值税(销项税额)　　　　　　 10 200

（注：如果销售该商品的纳税义务尚未发生，则不作该笔分录，待纳税义务发生时再作应交增值税的分录。）

假如2015年12月4日A企业得知B企业经营情况逐渐好转，B企业承诺近期付款，A企业可以确认收入：

借：应收账款——B企业　　　　　　　　　　　　　　60 000
　　贷：主营业务收入　　　　　　　　　　　　　　　60 000

同时，结转成本：

借：主营业务成本　　　　　　　　　　　　　　　　40 000
　　贷：发出商品　　　　　　　　　　　　　　　　　40 000

12月4日收到款项时：

借：银行存款　　　　　　　　　　　　　　　　　　70 200
　　贷：应收账款——B企业　　　　　　　　　　　　60 000
　　　　应收账款——B企业（应收销项税额）　　　　10 200

【例7-10】A企业2015年出租包装物，取得租金收入200元，包装物的成本150元（包装物成本在出租时一次转入销售成本）。租金收入已存入银行（不考虑相关税费）。A企业的会计处理如下：

借：银行存款　　　　　　　　　　　　　　　　　　200
　　贷：其他业务收入　　　　　　　　　　　　　　　200
借：其他业务支出　　　　　　　　　　　　　　　　150
　　贷：包装物　　　　　　　　　　　　　　　　　　150

商品销售收入的金额应根据企业与购货方签订的合同或协议金额确定，无合同或协议的，应按购销双方都能接受的价格确定。企业在确定商品销售收入时，不考虑各种预计可能发生的现金折扣。现金折扣在实际发生时计入发生当期财务费用。

企业在销售商品过程中，有时会代第三方或客户收取一些款项，如企业代国家收取增值税，旅行社代客户购买门票、飞机票等收取的票款。这些代收款应作为暂收款记入相关的负债类科目，不作为企业的收入处理。

特殊情况下的商品销售收入确认

在某些特殊情况下，商品销售可以按以下原则确认收入。

商品需要安装和检验的销售

在这种销售方式下,购买方在接受交货以及安装和检验完毕前一般不应确认收入,但如果安装程序比较简单,或检验是为最终确定合同价格而必须进行的程序,则可以在商品发出时,或在商品装运时确认收入。

附有销售退回条件的商品销售

在这种销售方式下,如果企业能够按照以往的经验对退货的可能性作出合理估计的,应在发出商品时,将估计不会发生退货的部分确认收入,估计可能发生退货的部分,不确认收入;如果企业不能合理地确定退货的可能性,则在售出商品的退货期满时确认收入。

代销商品

代销商品分别以下情况确认收入。

第一,视同买断。即由委托方和受托方签订协议,委托方按协议价收取所代销的货款,实际售价可由受托方自定,实际售价与协议价之间的差额归受托方所有。由于这种销售本质上仍是代销,委托方将商品交付给受托方时,商品所有权上的风险和报酬并未转移给受托方。因此,委托方在交付商品时不确认收入,受托方也不作为购进商品处理。受托方将商品销售后,应按实际售价确认为销售收入,并向委托方开具代销清单。委托方收到代销清单时,再确认收入。

【例7-11】A企业委托B企业销售甲商品100件,协议价为200元/件,该商品成本120元/件,增值税税率17%。A企业收到B企业开来的代销清单时开具增值税专用发票,发票上注明:售价20 000元,增值税额3 400元。B企业实际销售时开具的增值税发票上注明:售价24 000元,增值税为4 080元。

A企业的会计处理如下:

(1)A企业将甲商品交付B企业时,

借:委托代销商品　　　　　　　　　　　　　　　　　　　12 000
　　贷:库存商品　　　　　　　　　　　　　　　　　　　　12 000

(2)A企业收到代销清单时,

借:应收账款——B企业　　　　　　　　　　　　　　　　23 400
　　贷:主营业务收入　　　　　　　　　　　　　　　　　20 000
　　　　应交税费——应交增值税(销项税额)　　　　　　 3 400
借:主营业务成本　　　　　　　　　　　　　　　　　　　12 000
　　贷:委托代销商品　　　　　　　　　　　　　　　　　12 000

（3）收到B企业汇来的货款23 400元时，

　　借：银行存款　　　　　　　　　　　　　　　　　　　　　　23 400

　　　贷：应收账款——B企业　　　　　　　　　　　　　　　　　23 400

B企业的会计处理如下：

（1）收到甲商品时，

　　借：受托代销商品　　　　　　　　　　　　　　　　　　　　20 000

　　　贷：代销商品款　　　　　　　　　　　　　　　　　　　　20 000

（2）实际销售商品时，

　　借：银行存款　　　　　　　　　　　　　　　　　　　　　　28 080

　　　贷：主营业务收入　　　　　　　　　　　　　　　　　　　24 000

　　　　　应交税费——应缴增值税（销项税额）　　　　　　　　 4 080

　　借：主营业务成本　　　　　　　　　　　　　　　　　　　　20 000

　　　贷：受托代销商品　　　　　　　　　　　　　　　　　　　20 000

　　借：代销商品款　　　　　　　　　　　　　　　　　　　　　20 000

　　　　应交税费——应缴增值税（进项税额）　　　　　　　　　 3 400

　　　贷：应付账款——A企业　　　　　　　　　　　　　　　　　23 400

（3）按合同协议价将款项付给A企业时，

　　借：应付账款　　　　　　　　　　　　　　　　　　　　　　23 400

　　　贷：银行存款　　　　　　　　　　　　　　　　　　　　　23 400

第二，收取手续费。即受托方根据所代销的商品数量向委托方收取手续费，这对受托方来说实际上是一种劳务收入。这种代销方式与视同买断方式相比，主要特点是，受托方通常应按照委托方规定的价格销售，不得自行改变售价。在这种代销方式下，委托方应在受托方将商品销售后，并向委托方开具代销清单时，确认收入；受托方在商品销售后，按应收取的手续费确认收入。

【例7-12】假如［例7-11］中，B企业按每件200元的价格出售给顾客，A企业按售价的10％支付B企业手续费。B企业实际销售时，即向买方开出一张增值税专用发票，发票上注明甲商品售价20 000元，增值税额3 400元。A企业在收到B企业交来的代销清单时，向B企业开具一张相同金额的增值税发票。

A企业的会计处理如下：

（1）A企业将甲商品交付B企业时，

　　借：委托代销商品　　　　　　　　　　　　　　　　　　　　12 000

贷：库存商品　　　　　　　　　　　　　　　　　　12 000
（2）收到代销清单时，
借：应收账款——B企业　　　　　　　　　　　　　　23 400
　　贷：主营业务收入　　　　　　　　　　　　　　　20 000
　　　　应交税费——应缴增值税（销项税额）　　　　3 400
借：主营业务成本　　　　　　　　　　　　　　　　　12 000
　　贷：委托代销商品　　　　　　　　　　　　　　　12 000
借：营业费用　　　　　　　　　　　　　　　　　　　2 000
　　贷：应收账款——B企业　　　　　　　　　　　　 2 000
（3）收到B企业汇来的货款净额21 400元（23 400－2 000），
借：银行存款　　　　　　　　　　　　　　　　　　　21 400
　　贷：应收账款——B企业　　　　　　　　　　　　 21 400
B企业的会计处理如下：
（1）收到甲商品时，
借：受托代销商品　　　　　　　　　　　　　　　　　20 000
　　贷：代销商品款　　　　　　　　　　　　　　　　20 000
（2）实际销售商品时，
借：银行存款　　　　　　　　　　　　　　　　　　　23 400
　　贷：应付账款——A企业　　　　　　　　　　　　 20 000
　　　　应交税费——应缴增值税（销项税额）　　　　3 400
借：应缴税费——应缴增值税（进项税额）　　　　　　3 400
　　贷：应付账款——A企业　　　　　　　　　　　　 3 400
借：代销商品款　　　　　　　　　　　　　　　　　　20 000
　　贷：受托代销商品　　　　　　　　　　　　　　　20 000
（3）归还A企业货款并计算代销手续费时，
借：应付账款——A企业　　　　　　　　　　　　　　23 400
　　贷：银行存款　　　　　　　　　　　　　　　　　21 400
　　　　主营业务收入（或其他业务收入）　　　　　　2 000
　　第三，分期收款销售。即商品已经交付，货款分期收回的一种销售方式。分期收款销售的特点是：销售商品的价值较大，如房产、汽车、重型设备等；收款期限较长；收取货款的风险较大。在分期收款销售方式下，企业应按合同约定的收款日期分期确认收入。同时，按商品全部销售成本与全部销售收入的比率计算出本期应结转的销售成本。

【例7-13】A企业采用分期收款方式向D企业销售产品10件，每件售价50 000元，共计价款500 000元。合同约定分四次等额付款。该产品单位成本30 000元，增值税税率17%。假如A企业为增值税一般纳税人。根据该项经济业务，A企业应作如下会计处理：

（1）发出产品时，

借：分期收款发出商品　　　　　　　　　　　300 000（10×30 000）

　　贷：库存商品　　　　　　　　　　　　　　　　　　300 000

（2）按合同规定取得第一期应收的货款时，

借：银行存款（或应收账款）　　　　　　　　146 250

　　贷：主营业务收入　　　　　　　　　　　　　　　　125 000

　　　　应交税费——应交增值税（销项税额）（125 000×17%）　21 250

（3）结转销售成本时，

借：主营业务成本（300 000÷500 000×125 000）　75 000

　　贷：分期收款发出商品　　　　　　　　　　　　　　75 000

第四，售后回购。即销售商品的同时，销售方同意日后重新买回这批商品。在这种情况下，通常不应当确认收入。企业销售商品在附有购回协议的方式下，发出商品的实际成本与销售价格以及相关税费之间的差额，在"待转库存商品差价"账户核算，不确认收入。企业在发出商品时，按实际收到或应收的价款，借记"银行存款""应收账款"等账户，按库存商品的实际成本，贷记"库存商品"等账户，按增值税专用发票上注明的增值税额，贷记"应交税费——应交增值税（销项税额）"账户，按其差额，借记或贷记"待转库存商品差价"账户。按规定应缴纳的与销售商品相关的除增值税以外的其他税费，借记"待转库存商品差价"账户，贷记"应交税费""其他应缴款"等账户。

如果回购价格大于原售价的，应在销售与回购期间内按期计提利息费用，计提的利息费用直接计入当期财务费用。计提利息费用时，借记"财务费用"账户，贷记"待转库存商品差价"账户。企业日后重新购回该项商品时，按购入物资处理；同时，将与该购回商品有关的"待转库存商品差价"账户的余额减或增加购回商品的成本。

第五，售后租回。即销售商品的同时，销售方同意日后再租回所售商品。在这种销售方式下，应当分别以下情况处理：

■如果售后租回形成一项融资租赁，售价与资产账面价值之间的差额应当单独设置"递延收益"账户核算，并按该项租赁资产的折旧进度进行分摊，作为折旧费用的调整。

■如果售后租回形成一项经营租赁，售价与资产账面价值之间的差额也通过"递延收益"账户核算，并在租赁期内按照租金支付比例分摊。

第六，房地产销售。即房地产经营商自行开发房地产，并在市场上进行的销售。

在房地产销售中，房地产的法定所有权转移给买方，通常表明其所有权上的主要风险和报酬也已转移，企业应确认销售收入。但也有可能出现法定所有权转移后，所有权上的风险和报酬尚未转移的情况。以下属于法定所有权转移后，所有权上的风险和报酬尚未转移的情况：

■卖方根据合同规定，仍有责任实施重大行动，例如工程尚未完工。在这种情况下，企业应在所实施的重大行动完成时确认收入。

■合同存在重大不确定因素，如买方有退货选择权的销售。企业应在这些不确定因素消失后确认收入。

■房地产销售后，卖方仍有某种程度的继续涉入，如销售回购协议、卖方保证买方在特定时期内获得投资报酬的协议等。在这些情况下，企业应分析交易的实质，确定是作销售处理，还是作为筹资、租赁或利润分成处理，如作销售处理，卖方在继续涉入的期间内不应确认收入。

在确认收入时，还应考虑价款收回的可能性，估计价款不能收回的，不确认收入；已经收回部分价款的，只将收回的部分确认为收入。

第七，以旧换新的销售。即销售方在销售商品的同时回收与所售商品相同的旧商品。在这种销售方式下，销售的商品按照商品销售的方法确认收入，回收的商品作为购进商品处理。

第八，现金折扣。即债权人为鼓励债务人在规定的期限内付款，而向债务人提供的债务扣除。现金折扣通常发生在以赊销方式销售商品及提供劳务的交易中。企业为了鼓励客户提前偿付货款,与债务人达成协议,债务人在不同的期限内付款可享受不同比例的折扣。现金折扣应在实际发生时计入当期财务费用。

【例7-14】某企业在2015年5月1日销售一批商品200件,增值税专用票上注明的售价20 000元,增值税额3 400元。企业为了及早收回货款而在合同中规定符合现金折扣的条件为:2/10、1/20、N/30(假定计算折扣时不考虑增值税)。

5月1日销售实现时,应按总售价作收入:

借:应收账款——B企业　　　　　　　　　　　　　　　　　23 400
　贷:主营业务收入　　　　　　　　　　　　　　　　　　　20 000
　　　应交税费——应交增值税(销项税额)　　　　　　　　3 400

如5月9日买方付清货款,则按售价20 000元的2%享受400元(20 000×296)的现金折扣,实际付款23 000元(23 400-400)。则作会计分录如下:

借:银行存款　　　　　　　　　　　　　　　　　　　　　23 000
　财务费用　　　　　　　　　　　　　　　　　　　　　　400
　贷:应收账款——B企业　　　　　　　　　　　　　　　　23 400

如5月18日买方付清货款,则应享受的现金折扣为 200元(20 000×1%),实际付款23 200元(23 400-200)。则作会计分录:

借:银行存款　　　　　　　　　　　　　　　　　　　　　23 200
　财务费用　　　　　　　　　　　　　　　　　　　　　　200
　贷:应收账款——B企业　　　　　　　　　　　　　　　　23 400

如买方在5月底才付款,应按全额付款,则作会计分录:

借:银行存款　　　　　　　　　　　　　　　　　　　　　23 400
　贷:应收账款——B企业　　　　　　　　　　　　　　　　23 400

第九,销售折让。即企业因售出商品的质量不合格等原因而在售价上给予的减让。企业将商品销售给买方后,如买方发现商品在质量、规格等方面不符合要求,可能要求卖方在价格上给予一定减让。销售折让可能发生在企业确认收入之前,也可能发生在企业确认收入之后。发生在收入确认之前的销售折让,其处理相当于商业折扣,即在销售商品时直接给予客户价格上的减让,企业实现的销售收入按实际销售价格(原销售价格减去商业折扣)确认。销售折让应在实际发生时冲减当期的销售收入。

【例7-15】甲企业销售一批商品,增值税专用发票上注明的销售价格为80 000元,增值税额为13 600元。货到后购货方发现商品质量不合格,要求在价

格上给予10%的折让。假定已获得税务部门开具的索取折让证明单,并填写了红字增值税专用发票。甲企业的会计处理为:

(1) 销售实现时,

借:应收账款——××企业　　　　　　　　　　　93 600
　　贷:主营业务收入　　　　　　　　　　　　　　80 000
　　　　应交税费——应交增值税(销项税额)　　　13 600

(2) 发生销售折让时,

借:主管业务收入　　　　　　　　　　　　　　　8 000
　　应交税费——应交增值税(销项税额)　　　　　1 360
　　贷:应收账款——××企业　　　　　　　　　　9 360

(3) 收到销售商品价款时,

借:银行存款　　　　　　　　　　　　　　　　　84 240
　　贷:应收账款——××企业　　　　　　　　　　84 240

第十,商品销售退回。即企业售出的商品,由于质量、品种不符合要求等原因而发生的退货。销售退回可能发生在企业确认收入之前,这时处理比较简单,只将已记入"发出商品"等账户的商品成本转回"库存商品"账户;如企业确认收入后,又发生销售退回,不论是当年销售的,还是以前年度销售的,除特殊情况外,一般应冲减退回当月的销售收入,同时冲减退回当月的销售成本;如该项销售已经发生现金折扣或销售折让的,应在退回当月一并调整;企业发生销售退回时,如按规定允许扣减当期销项税额的,应同时用红字冲减"应交税费——应交增值税"账户的"销项税额"专栏。具体可按以下情况分别处理:

一是,本年度销售的商品,在年度终了前(12月31日)退回,冲减退回月份的主营业务收入,以及相关的成本、税费。

二是,以前年度销售的商品,在本年度终了前(12月31日)退回,冲减退回月份的主营业务收入,以及相关的成本、税金(不包括资产负债表日后事项所产生的销售退回)。

三是,报告年度或以前年度销售的商品,在年度财务报告批准报出前(如股份有限公司的年度财务报告在年度终了后4个月报出)退回,冲减报告年度的主营业务收入,以及相关的成本、税费。例如,某企业2014年12月5日销售的商品,其销售收入5 000元,销售成本2 300元,由于质量等原因该批商品于2015年2月1日退回。此时,该企业2014年度财务报告尚未报出,该企业在编制2015年年度财务报告时,应将该批销售退回冲减2014年度的主营业务收入、主营业务成本以及相关的成本、税费等。

四是,销售退回时,对已发生的现金折扣或销售折让,应同时冲减销售退回当期的折扣、折让;如该项销售在资产负债表日及之前已发生现金折扣或销售折让的,应同时冲减报告年度相关的折扣、折让。

【例7-16】某工业生产企业2014年12月份销售甲产品100件,单位售价14元,单位销售成本10元。因质量问题该批产品于2015年5月份退回10件,货款已经退回。该企业2015年5月份销售甲产品150件,单位销售成本11元。该产品的增值税税率17%,假如该企业为增值税一般纳税人,销售退回应退回的增值税已取得有关证明。按上述已知条件,该企业的会计处理如下:

第一,冲减主营业务收入。

借:主营业务收入(10×14)　　　　　　　　　　　　　140
　　应交税金——应交增值税(销项税额)(140×17%)　23.80
　贷:银行存款　　　　　　　　　　　　　　　　　　　163.80

第二,分别采用两种方法计算退回产品的成本。

(1)从当月销售数量中扣除已退回产品的数量。

2015年5月份实际销售甲产品的数量=150-10=140(件)

2015年5月份实际销售甲产品的成本=140×11=1 540(元)

结转5月份主营业务成本,

借:主营业务成本　　　　　　　　　　　　　　　　　1 540
　贷:库存商品　　　　　　　　　　　　　　　　　　1 540

(2)单独计算本月退回产品的成本,退回产品的销售成本按照退回月份的成本计算。

2015年5月份销售甲产品的实际成本=150×11=1 650(元)

结转5月份销售产品成本,

借:主营业务成本　　　　　　　　　　　　　　　　　1 650
　贷:库存商品　　　　　　　　　　　　　　　　　　1 650

2015年5月份退回产品的实际成本=10×11=110(元)

借:库存商品　　　　　　　　　　　　　　　　　　　110
　贷:主营业务成本　　　　　　　　　　　　　　　　110

如果按销售月份的产品实际成本计算,退回产品的实际成本为100元

（10×10）。

如果用退回月份的同类或同种产品的实际成本计算退回产品的成本，上述两种计算方法的结果相同。如果退回的产品本月没有销售或没有同类或同种产品销售的，则按销售月份的产品实际成本计算退回产品的成本，两者计算销售成本的金额会出现差异。

提供劳务收入的确认与计量

企业提供劳务的收入，应分下列情况确认和计量：

■在同一会计年度内开始并完成的劳务，应在劳务完成时确认收入，确认的金额为合同或协议总金额，确认方法可参照商品销售收入的确认原则。

■如劳务的开始和完成分属不同的会计年度，且在资产负债表日能对该项交易的结果作出可靠估计的，应按完工百分比法确认收入。完工百分比法是指按照劳务的完成程度确认收入和费用的方法。用完工百分比法确认收入，仅适用于提供劳务的交易，如果劳务的开始和完成分属不同的会计年度，为准确反映每一会计年度的收入、费用和利润情况，企业应在资产负债表日按劳务的完成程度确认收入和相关费用。

提供劳务的交易结果能否可靠估计，依据以下条件进行判断，如同时满足以下条件，则交易的结果能够可靠地估计：

第一，合同总收入和总成本能够可靠地计量。合同总收入一般根据双方签订的合同或协议注明的交易总额确定。随着劳务的不断提供，可能会根据实际情况增加或减少交易总金额，则应及时调整合同总收入。

合同总成本包括至资产负债表日止已经发生的成本和完成劳务将要发生的成本。企业应建立完善的内部成本核算制度和有效的内部财务预算及报告制度，准确提供每期发生的成本，并对完成剩余劳务将要发生的成本作出科学、可靠的估计，并随着劳务的不断提供或外部情况的不断变化，随时对估计的成本进行修订。

第二，与交易相关的经济利益能够流入企业。只有当与交易相关的经济利益能够流入企业时，才能确认收入。企业可以从接受劳务方的信誉、以往的经验以及双方就结算方式和期限达成的协议等方面进行判断。

第三，劳务的完成程度能够可靠地确定。劳务的完成程度可以采用以下方法确定：

■ 已完工的测量。这是一种比较专业的测量法，由专业测量师对已经完成的工作或工程进行测量，并按一定方法计算劳务的完成程度。

■ 已经提供的劳务占应提供劳务总量的比例。这种方法主要以劳务量为标准，确定劳务的完成程度。

■ 已经发生的成本占估计总成本的比例。

在采用完工百分比法确认收入时，收入和相关的费用应按以下公式计算：

本年确认的收入＝劳务总收入×本年年末止劳务的完成程度—以前年度已确认的收入

本年确认的费用＝劳务总成本×本年年末止劳务的完成程度—以前年度已确认的费用

【例7-17】某企业于2015年11月1日接受一项产品安装任务，安装期3个月，合同总收入300 000元，至该年年底已预收款项的成本。该企业应作如下会计处理：

第一，按实际发生占估计总成本的比例确定劳务的完成程度，计算结转成本。

实际发生的成本占估计总成本的比例＝140 000÷（140 000＋60 000）×100％＝70％

2015年确认收入＝300 000×70％－0＝210 000（元）

2015年结转成本＝200 000×70％－0＝140 000（元）

相关会计分录如下所示：

（1）实际发生成本时，

借：生产成本有关账户　　　　　　　　　　　　　140 000
　　贷：银行存款（等）　　　　　　　　　　　　　140 000

（2）预收账款时，

借：银行存款　　　　　　　　　　　　　　　　　220 000
　　贷：预收账款　　　　　　　　　　　　　　　　220 000

（3）确认收入时，

借：预收账款　　　　　　　　　　　　　　　　　210 000
　　贷：主营业务收入　　　　　　　　　　　　　　210 000
（4）结转成本时，
借：主营业务成本　　　　　　　　　　　　　　　140 000
　　贷：生产成本有关账户　　　　　　　　　　　　140 000

企业在资产负债表日，如不能可靠地估计所提供劳务的交易结果，亦即不能满足上述3个条件中的任何一条，则不能按完工百分比法确认收入。这时企业应正确预计已经收回或将要收回的款项能弥补多少已经发生的成本，并按以下办法处理：

如果已经发生的劳务成本预计能够得到补偿，应按已经发生的劳务成本金额确认收入；同时，按相同的金额结转成本，不确认利润。

如果已经发生的劳务成本预计不能全部得到补偿，应按能够得到补偿的劳务金额确认收入，并按已经发生的劳务成本结转成本。确认的收入金额小于已经发生的劳务成本的差额，确认为损失。

如果预计已经发生的劳务成本全部不能得到补偿，则不应确认收入，但应将已经发生的成本确认为当期费用。

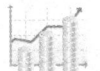

特殊劳务收入的确认方法

特殊的劳务收入，在按完工百分比法确认劳务收入的情况下，应按以下标准分别确认收入。

（1）安装费收入。如果安装费是与商品销售分开的，则应在年度终了时根据安装的完工程度确认收入；如果安装费是商品销售收入的一部分，则应与所销售的商品同时确认收入。

（2）广告费收入。宣传媒介的佣金收入应在相关的广告或商业行为开始出现于公众面前时予以确认。广告的制作佣金收入则应在年度终了时根据项目的完成程度确认。

（3）入场费收入。因艺术表演、招待宴会以及其他特殊活动而产生的收入，应在这些活动发生时予以确认。如果是一笔预收几项活动的费用，则这笔预收款应合理分配给每项活动。

（4）申请入会费和会员费收入。这方面的收入确认应以所提供服务的性质为依据。如果所收费用只允许取得会籍，而所有其他服务或商品都要另行收费，则在款项收回不存在任何不确定性时确认为收入。如果所收费用能使会员在会员期内得到各种服务或出版物，或者以低于非会员所负担的价格购买商品或接受劳务，则该项收费应在整个受益期内分期确认收入。

（5）特许权费收入。特许权费收入包括提供初始及后续服务、设备和其他有形资产及专门技术等方面的收入。其中属于提供设备和其他有形资产的部分，应在这些资产的所有权转移时，确认为收入；属于提供初始及后续服务的部分，在提供服务时确认为收入。

（6）订制软件收入。这些软件主要是指为特定客户开发软件，不包括开发的商品化软件。订制软件收入应在资产负债表日根据开发的完成程度确认收入。

（7）定期收费。有的企业与客户签订合同，长期为客户提供某一种或几种重复的劳务，客户按期支付劳务费。在这种情况下，企业应在合同约定的收款日期确认收入。如某物业管理企业与某住宅小区物业产权人签订合同，为该小区所有住户提供维修、清洁、绿化、保安及代收房费、水电费等项劳务，每月末收取劳务费。该企业应在每月末将应收取的劳务费确认为当月收入。

（8）高尔夫球场果岭券收入。高尔夫球场会员一次性购入若干果岭券，在收到款项时作为递延收益处理，待提供服务收回果岭券时，再确认收入；合同期满，未消费的果岭券全部确认收入。

会员在消费时购买的果岭券（即企业在为会员提供服务时会员购买的果岭券），于会员购买果岭券时确认收入。

（9）包括在商品售价内的服务费。如商品的售价内包括可区分的在售后一定期限内的服务费，应在商品销售实现时，按售价扣除该项服务费后的余额确认为商品销售收入。服务费递延至提供服务的期间内确认为收入。在这种情况下，企业可设置"递延收益"账户，核算所售商品的售价中包含的可区分的售后服务费。

第三节　财务上怎样记录公司的业绩

——销售过程的核算

 做好销售过程的核算

销售过程的核算内容

销售过程是产品进入流通阶段，也是企业的生产耗费通过市场取得补偿，并实现利润的阶段。企业通过产品的销售收入获取货币资金，以保证企业再生产的进行。在销售过程中，工业企业的产品资金转化为货币资金，从而完成一次资金周转，并应该有所增值。

销售过程的主要核算内容是企业售出产品，按照销售价格收取产品价款，确认销售收入，计算产品的销售成本，支付各种费用，如运输费、包装费、广告费等，使企业的成本和费用从销售收入中得到补偿。此外，企业还需按照国家税法规定缴纳销售税金。最后，确定产品销售利润。

账户设置

销售过程中的会计核算主要有三方面的内容，确认和计算销售收入、计算和结转销售成本、记录同客户之间的款项结算事项。销售过程中购买方支付货款的时间和销售方发出商品的时间不一定一致。若购买方先支付货款，销售方后发出货物，对于销售方来说收到的货款实际上是一种负债，日后要发出商品进行偿还；若销售方先发出商品，则应收的货款是一笔债权。由于发出商品和收到货款的时间可能不一致，产生了销售收入确认以及同购买方之间的款项结算问题。一般来说，当产品已经发出，产品的所有权已经转移给买方，销售方收到货款或取得收取货款的证据时，则可以确认收入，而在发出商品前预收货款时不能确认销售收入。根据配比原则，销售成本的确认和销售收入确认相联系，在确认销售收入的同时，应将售出产品的生产成本确认为销售成本。在销售过程中发生的包装费、运杂费、税金等其他费用，应在发生当期计入损益，与当期的收入相配比。

为了核算销售收入、销售成本以及其他销售费用，企业应设置"主营业收入""主营业务成本""其他业务收入""其他业务成本""销售费用"和"营业税金及附加"等账户；为了核算与购买方之间的款项结算，应设置"应收账款""预收账款"和"应收票据"等账户；为了核算企业应交的税费还应设置"应交税费"账户。

（1）"主营业务收入"账户。"主营业务收入"账户用于核算企业在销售商品、提供劳务等主营业务中所取得的收入，属于损益类账户。企业销售商品或提供劳务实现的收入，应按实际收到或应收的金额贷记本账户；期末应将本账户的余额从借方转到"本年利润"账户的贷方，以便同成本费用配比，确定当期的经营成果；期末结转后应无余额。"主营业务收入"账户可按主营业务的种类设置明细账户，进行明细核算。

（2）"主营业务成本"账户。"主营业务成本"账户用于核算企业确认销售商品、提供劳务等主营业务收入时应结转的成本，属于损益账户。一定期间内销售商品、提供结转的成本借记本账户；期末将借方归集的成本从本账户的贷方转入"本年利润"账户的借方，同销售收入相配比；期末结转后应无余额。"主营业务成本"账户应按主营业务的种类设置明细账户，进行明细核算。

（3）"其他业务收入"账户。"其他业务收入"账户用于核算企业除主营业务活动以外其他经营活动实现的收入，包括出售材料、出租固定资产等取得的收入。其贷方登记确认的其他业务收入；期末应将本账户余额从借方转入"本年利润"账户；期末结转后应无余额。"其他业务收入"账户可按其他业务成本的种类设置明细账户，进行明细核算。

（4）"其他业务成本"账户。"其他业务成本"账户用于核算企业除主营业务活动以外其他经营活动发生的支出，包括出售材料的成本、出租固定资产的折旧额等。其借方登记发生的其他业务成本；期末将本账户余额从贷方转入"本年利润"账户；期末结转后无余额。"其他业务成本"账户可按其他业务成本的种类设置明细账户，进行明细核算。

（5）"销售费用"账户。"销售费用"账户用于核算企业销售商品、提供劳务过程中发生的费用，包括运输费、包装费、保险费、展览费和广告费等，属于损益类账户。其借方登记发生的相关费用；其贷方登记期末转入"本年利润"账户同销售收入相配比的金额；期末结转后应无余额。"销售费用"账户可按费用项目设置明细账户，进行明细核算。

（6）"营业税金及附加"账户。"营业税金及附加"账户用于核算企业在经营过程中按照规定为特定经营活动交纳的税金。交纳的税金属于销售收入的抵减项目，因此本账户属于损益类账户。其借方登记企业按照规定计算确定与经营活动相关的税金；期末应将本账户的余额转入"本年利润"账户；期末结转后应无余额。

（7）"应收票据"账户。"应收票据"账户用于核算企业因赊销而收到的商业汇票，包括银行承兑汇票，属于资产类账户。其借方登记应收商业汇票的票面金额；其贷方登记商业汇票到期或背书转让时收回的票面金额；期末借方余额反映企业持有尚未到期的商业汇票的票面金额。"应收票据"账户可按开出、承兑商业汇票的单位设置明细账，进行明细核算。

（8）"应收账款"账户。"应收账款"账户用于核算企业因销售商品、提供劳务等经营活动应收取的款项，属于资产类账户。其借方登记因经营活动发生的应收账款的金额，反映一种债权；其贷方登记收回的应收款项，反映债权的收回；本账户期末若为借方余额反映企业尚未收回的应收账款，若为贷方余额反映企业预收的款项。如果未设置"预收账款"账户，则"应收账款"账户的贷方还登记预收的款项。"应收账款"账户应按债务人设置明细账户，进行明细核算。

（9）"预收账款"账户。"预收账款"账户用于核算企业按照合同规定预收的款项，属于负债类账户。其贷方登记预收购货单位的款项，由于还没有履行合同规定的发出商品等义务，无法确认销售收入，因此预收的款项实际上是负债，以后需要提供商品或劳务进行偿还。待履行了相关义务，实现销售时，应按实现的收入借记本账户。期末余额若在贷方，反映企业预收的款项；如为借方余额，则反映应由购货单位补付的款项。"预收账款"账户可按购货单位设置明细账户，进行明细核算。

（10）"应交税费"账户。"应交税费"账户用于核算企业按照税法等规定计算应交纳的各种税费，包括增值税、营业税、所得税等税金以及各种规费，属于负债类账户。在采购业务、制造业务、销售业务中凡涉及税金的经济活动都会使用本账户。本账户贷方登记应交税费；其借方登记实际交纳的税费。期末贷方余额，反映企业尚未交纳的税金；期末借方余额，反映企业多交或尚未抵扣的税金。"应交税费"账户可按应交的税费项目设置明细账户,进行明细核算。

销售过程业务的核算

销售业务账务处理主要包括销售收入、销售成本、销售费用的确认与计量,以及同购买方的款项结算。制造企业销售业务账务处理的主要内容如图7-1所示。

图7-1销售业务核算说明:①以赊销或商业汇票的结算方式实现销售;②预收款项存入银行;③履行预收款项时规定的义务,实现销售;④实现销售的同时收取货款存入银行;⑤收回赊销款项,或是商业汇票到期获得清偿;⑥结转销售成本;⑦计提销售过程中发生的税金;⑧用银行存款支付销售过程中发生的费用。

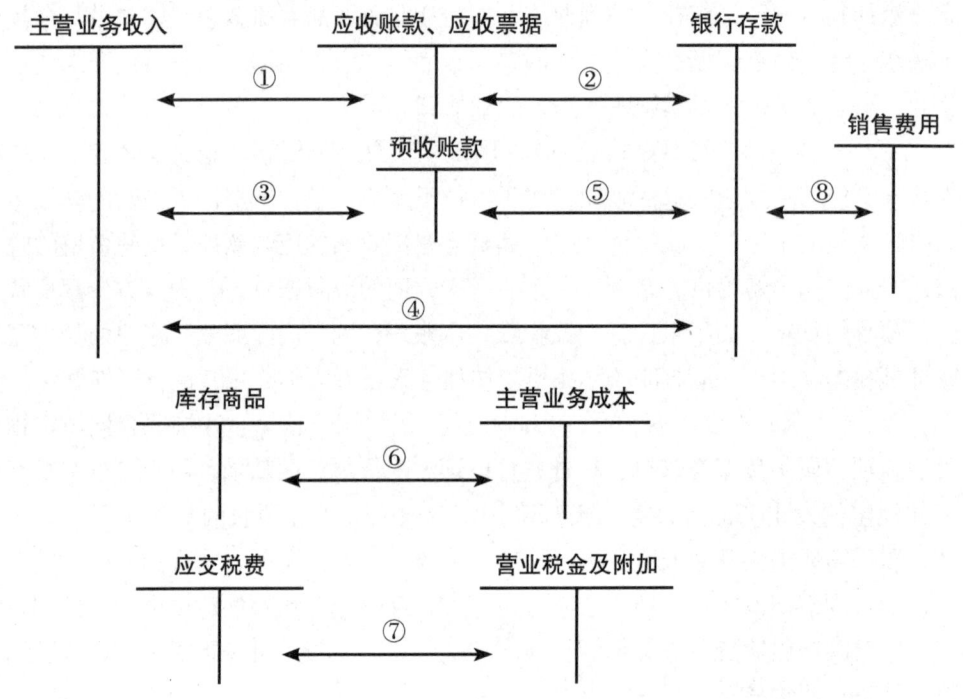

图7-1 销售业务核算

【例7-18】企业销售A产品40件,每件售价300元,增值税额2 040元,价税合计14 040元,已收到存入银行。

这项经济业务说明,企业因销售A产品获得收入12 000元,应记入"主营业务收入"账户的贷方,应交增值税额2 040元,应记入"应交税费"账户的贷方；同时，价税款14 040元已存入银行应记入"银行存款"的借方。会计分录如下：

　　借：银行存款　　　　　　　　　　　　　　　　　　　14 040
　　　贷：主营业务收入　　　　　　　　　　　　　　　　　12 000
　　　　　应交税费——应缴增值税（销项税额）　　　　　　 2 040

【例7-19】企业销售B产品50件给甲单位，每件售价240元，共计12 000元，销项税款2 040元，货款尚未收讫。

这项经济业务说明，企业已销售B产品，销售收入已经实现12 000元，应记入"主营业务收入"账户的贷方，应交增值税2 040元，应记入"应交税费"账户的贷方；同时，因价税款项尚未收讫，应记入"应收账款"账户的借方。会计分录如下：

　　借：应收账款　　　　　　　　　　　　　　　　　　　14 040
　　　贷：主营业务收入　　　　　　　　　　　　　　　　　12 000
　　　　　应交税费——应交增值税（销项税额）　　　　　　 2 040

【例7-20】企业采用商业汇票结算方式销售A产品20件，每件售价300元，按规定计算应交增值税1 020元，产品已经发出并收到购货单位开出、承兑的商业汇票一张，金额为7 020元。

这项经济业务说明，企业采用商业汇票结算方式销售A产品，产品已发出并收到商业汇票，销售收入已经实现，应记入"主营业务收入"账户的贷方6 000元（20×300），应交增值税1 020元，应记入"应交税费"账户的贷方；同时，应收票据增加，应收票据的金额7 020元记入"应收票据"账户的借方。会计分录如下：

　　借：应收票据　　　　　　　　　　　　　　　　　　　 7 020
　　　贷：主营业务收入　　　　　　　　　　　　　　　　　 6 000
　　　　　应交税费——应交增值税（销项税额）　　　　　　 1 020

【例7-21】根据合同规定，前进厂预收乙单位购买A产品10件的部分货款计1 000元，已存入银行。

这项经济业务说明，预收款项增加，应记入"银行存款"账户的借方1 000元。会计分录如下：

　　借：银行存款　　　　　　　　　　　　　　　　　　　 1 000
　　　贷：预收账款　　　　　　　　　　　　　　　　　　　 1 000

【例7-22】根据合同规定，前进厂将10件A产品发给乙单位，每件售价300元，应交增值税510元，同时收到乙单位2 510元的汇款。会计分录如下：

借：银行存款	2 510
预收账款	1 000
贷：主营业务收入	3 000
应交税费——应交增值税（销项税额）	510

【例7-23】 企业收到销售B产品50件的货款，价税合计14 040元，现已存入银行。

这项经济业务说明，企业收到销售B产品的货款，应收账款减少，应记入"应收账款"账户的贷方；同时，银行存款增加，应记入"银行存款"账户的借方。会计分录如下：

借：银行存款	14 040
贷：应收账款	14 040

【例7-24】 企业以银行存款支付销售产品的广告费300元，搬运费100元。

这项经济业务说明，因销售产品而支付的费用，应记入"销售费用"账户的借方；同时，银行存款减少，应记入"银行存款"账户的贷方。会计分录如下：

借：销售费用	400
贷：银行存款	400

【例7-25】 前进厂专设的销售机构中，本月应付销售人员的工资4 300元，福利费700元。这笔业务的会计分录如下：

借：销售费用	5 000
贷：应付职工薪酬（4300+700）	5 000

【例7-26】 前进厂本月份应交城市维护建设税及教育费附加2 600元。

本月应交的销售税金，应记入本月份的"营业税金及附加"账户，由于此项税款尚未缴纳，是企业的一项负债，故应贷记"应交税费"账户，实际缴纳时，再借记"应交税费"账户，贷记"银行存款"账户。这笔业务的会计分录如下：

借：营业税金及附加	2 600
贷：应交税费——应交城市维护建设税	1 820
——应交教育费附加	780

第四节　收入再多，也还要看回款
——应收账款管理

这里所说的应收账款是指因对外销售产品、材料、供应劳务及其他原因，应向购货单位或接受劳务的单位及其他单位收取的款项。

 应收账款管理的目标

发生应收账款的原因，主要有以下两种：

第一，商业竞争。这是发生应收账款的主要原因。在社会主义市场经济的条件下，存在着激烈的商业竞争。竞争机制的作用迫使企业以各种手段扩大销售。除了依靠产品质量、价格、售后服务、广告等外，赊销也是扩大销售的手段之一。对于同等的产品价格、类似的质量水平、一样的售后服务，实行赊销的产品或商品的销售额将大于现金销售的产品或商品的销售额，这是因为顾客将从赊销中得到好处。出于扩大销售的竞争需要，企业不得不以赊销或其他优惠方式招揽顾客，于是就产生了应收账款。由竞争引起的应收账款，是一种商业信用。

第二，销售和收款的时间差。商品成交的时间和收到货款的时间常不一致，这也导致了应收账款。当然，现实生活中现金销售是很普遍的，特别是零售企业更常见。不过就一般批发和大量生产企业来讲，发货的时间和收到货款的时间往往不同。这是因为货款结算需要时间的缘故。结算手段越是落后，结算所需时间越长，销售企业只能承认这种现实并承担由此引起的资金垫支。由于销售和收款的时间差而造成的应收账款，不属于商业信用，也就不是应收账款的主要内容，因此这里不再对它进行深入讨论，本书只论述属于商业信用的应收账款的管理。

既然企业发生应收账款的主要原因是扩大销售，增强竞争力，那么其管理的目标就是求得利润。应收账款是企业的一项资金投放，是为了扩大销售和盈利而进行的投资。而投资肯定要发生成本，这就需要在应收账款信用政策所增加的盈利和这种政策的成本之间作出权衡。只有当应收账款所增加的盈利超过所增加的成本时，才应当实施应收账款赊销；如果应收账款赊销有着良好的盈利前景，就应当放宽信用条件增加赊销量。

 信用政策的确定

应收账款赊销的效果好坏，依赖于企业的信用政策。信用政策包括：信用期间、信用标准和现金折扣政策。

信用期间

信用期间是企业允许顾客从购货到付款之间的时间，或者说是企业给予顾客的付款期间。例如，若某企业允许顾客在购货后的50天内付款，则信用期为50天。信用期过短，不足以吸引顾客，在竞争激烈的情况下会使销售额下降；信用期过长，对销售额增加固然有利，但只顾及销售额增长而盲目放宽信用期，所得的收益有时会被增长的费用抵消，甚至造成利润减少。因此，企业必须慎重研究，确定出恰当的信用期。

信用期的确定，主要是分析改变现行信用期对收入和成本的影响。延长信用期，会使销售额增加，产生有利影响；与此同时应收账款、收账费用和坏账损失增加，会产生不利影响。当前者大于后者时，可以延长信用期，否则不宜延长。如果缩短信用期，情况与此相反。

【例7-27】某公司现在采用30天按发票金额付款的信用政策，拟将信用期放宽至60天，仍按发票金额付款即不给折扣，该公司投资的最低报酬率为15%，其他有关的数据见表7-3。

表7-3

项　目	30天信用期	60天信用期
销售量（件）	100 000	120 000
销售额（元）（单价5元）	500 000	600 000
销售成本（元）		
变动成本（每件4元）	400 000	480 000
固定成本	50 000	50 000
毛利（元）	50 000	70 000
可能发生的收账费用（元）	3 000	4 000
可能发生的坏账损失（元）	3 000	9 000

在分析时,先计算放宽信用期得到的收益,然后计算增加的成本,最后根据两者比较的结果作出判断。

第一,收益的增加。

收益的增加＝销售量的增加×单位边际贡献＝(120 000－100 000)×(5－4)＝20 000(元)

第二,应收账款占用资金的应计利息增加。

应收账款应计利息＝应收账款占用资金×资本成本

应收账款占用资金＝应收账款平均余额×变动成本率

应收账款平均余额＝日销售额×平均收现期

30天信用期应计利息＝(500 000÷360)×30×(400 000÷500 000)×15%
＝5 000(元)

60天信用期应计利息＝(600 000÷360)×60×(480 000÷600 000)×15%
＝12 000－5 000＝7 000(元)

第三,收账费用和坏账损失增加。

收账费用增加＝4 000－3 000＝1 000(元)

坏账损失增加＝9 000－5 000＝4 000(元)

第四,改变信用期的税前损益。

收益增加－成本费用增加＝20 000－(7 000＋1 000＋4 000)
＝8 000(元)

由于收益的增加大于成本增加,故应采用60天的信用期。

上述信用期分析的方法是比较简单的,可以一般满足制定信用政策需要。如有必要,也可以进行更细致的分析,如进一步考虑销货增加引起存货增加而多占用的资金等。

【例7-28】沿用[例7-27]资料,现假定如果信用期由30天改为60天,由于销售量的增加,平均存货水平将从9 000件上升到20 000件,每件存货成本按变动成本4元计算。其他情况依旧。

由于增添了新的存货增加因素,需在原来分析的基础上,再考虑存货增加而多占用资金所带来的影响,重新计算放宽信用的损益。

存货增加而多占用资金的利息＝(20 000－9 000)×4×15%
＝6 600(元)

改变信用期的税前收益＝8 000－6 600＝1 400(元)

因为仍然可以获得税前收益，所以尽管会增加平均存货，还是应该采用60天的信用期。

更进一步的细致分析，是考虑存货增加引起的应付账款的增加。这种负债的增加会节约企业的营运资金，减少营运资金的"应计利息"。因此，信用期变动的分析，一方面要考虑对损益表的影响（包括收入、成本和费用），另一方面要考虑对资产负债表的影响（包括应收账款、银行存款、应付账款），并且要将对资金占用的影响用"资本成本"转化为"应计利息"，以便进行统一的得失比较。

此外，还有一个值得注意的细节，就是"应收账款占用资金"的确定，有人主张用"应收账款平均余额"的变动计算，另一些人主张还要将其乘以"变动成本率"。后者的理由是：应收账款增加时企业垫付的资金只是它们的成本，而不是其全部待回收款项。前者的理由是：收回的资金是全部应收账款，而不是其成本。因此，本书约定，在延长信用期时，"应收账款占用资金"按"应收账款平均余额乘以变动成本率"计算；在缩短信用期时，"应收账款占用资金"按全部应收账款平均余额计算。

信用标准

信用标准是指顾客获得企业的交易信用所应具备的条件。如果顾客达不到信用标准，便不能享受企业的信用或只能享受较低的信用优惠。

企业在设定某一顾客的信用标准时，往往先要评估其赖账的可能性。这可以通过"五C"系统来进行。所谓"五C"系统，是评估顾客信用品质的五个方面，即：品质（Character）、能力（Capacity）、资本（Capital）、抵押（Collateral）和条件（Conditions）。

第一，品质。品质指顾客的信誉，即履行偿债义务的可能性。企业必须设法了解顾客过去的付款记录，看其是否有按期如数付款的一贯做法，及与其他供货企业的关系是否良好。这一点经常被视为评价顾客信用的首要因素。

第二，能力。能力指顾客的偿债能力，即其流动资产的数量和质量以及与流动负债的比例。顾客的流动资产越多，其转换为现金支付款项的能力越强。同时，还应注意顾客流动资产的质量，看是否有存货过多、过时或质量下降等影响其变现能力和支付能力的情况。

第三，资本。资本指顾客的财务实力和财务状况，表明顾客可能偿还债务的背景。

第四，抵押。抵押指顾客拒付款项或无力支付款项时能被用作抵押的资产。

这对于不知底细或信用状况有争议的顾客尤为重要。一旦收不到这些顾客的款项，便以抵押品抵补。如果这些顾客提供足够的抵押，就可以考虑向他们提供相应的信用。

第五，条件。条件指可能影响顾客付款能力的经济环境。比如，万一出现经济不景气，会对顾客的付款产生什么影响，顾客会如何做等，这需要了解顾客在过去困难时期的付款历史。

现金折扣政策

现金折扣是企业对顾客在商品价格上所做的扣减。向顾客提供这种价格上的优惠，主要目的在于吸引顾客为享受优惠而提前付款，缩短企业的平均收款期。另外，现金折扣也能招揽一些视折扣为减价出售的顾客前来购货，借此扩大销售量。折扣的表示常采用如5/10、3/20、N/30这样一些符号形式。这三种符号的含义为：5/10表示10天内付款，可享受5％的价格优惠，即只需支付原价的95％，如原价为10 000元，只支付9 500元；3/20表示20天内付款，可享受3％的价格优惠，即只需支付原价的97％，若原价为10 000元，只支付9 700元；N/30表示付款的最后期限为30天，此时付款无优惠。

企业采用什么程度的现金折扣，要与信用期间结合起来考虑。比如，要求顾客最迟不超过30天付款，若希望顾客20天、10天付款，能给予多大折扣？或者，给予5％、3％的折扣，能吸引顾客在多少天内付款？不论是信用期间还是现金折扣，都可能给企业带来收益，但也会增加成本。现金折扣带给企业的好处前面已讲过。它使企业增加的成本，则指的是价格折扣损失。当企业给予顾客某种现金折扣时，应当考虑折扣所能带来的收益与成本孰高孰低，权衡利弊，抉择决断。

因为现金折扣是与信用期间结合使用的，所以确定折扣程度的方法与程序实际上与前述确定信用期间的方法与程序一致，只不过要把所提供的延期付款时间和折扣综合起来，看各方案的延期与折扣能取得多大的收益增量，再计算各方案带来的成本变化，最终确定最佳方案。

【例7-29】沿用［例7-27］、［例7-28］资料，假定该公司在放宽信用期的同时，为了吸引顾客尽早付款，提出了0.8/30，N/60的现金折扣条件，估计会有一半的顾客（按60天信用期所能实现的销售量计）将享受现金折扣优惠。

第一，收益的增加。

收益的增加＝销售量的增加×单位边际贡献

$$=(120\,000-100\,000)\times(5-4)=20\,000(元)$$

第二,应收账款占用资金的应计利息增加。

30天信用期应计利息$=500\,000\div360\times30\times400\,000\div500\,000\times15\%$

$$=5\,000(元)$$

提供现金折扣的应计利息$=(\dfrac{600\,000\times50\%}{360}\times60\times\dfrac{480\,000\times50\%}{600\,000\times50\%}\times15\%)+$

$$(\dfrac{600\,000\times50\%}{360}\times30\times\dfrac{480\,000\times50\%}{600\,000\times50\%}\times15\%)$$

$$=6\,000+3\,000=9\,000(元)$$

应计利息增加$=9\,000-5\,000=4\,000(元)$

第三,收账费用和坏账损失增加。

收账费用增加$=4\,000-3\,000=1\,000(元)$

坏账损失增加$=9\,000-5\,000=4\,000(元)$

第四,估计现金折扣成本的变化。

现金折扣成本增加=新的销售水平×新的现金折扣率×享受现金折扣的顾客比例—旧的销售水平×旧的现金折扣率×享受现金折扣的顾客比例

$$=600\,000\times0.8\%\times50\%-300\,000\times0\times0$$

$$=2\,400(元)$$

第五,提供现金折扣后的税前损益。

收益增加—成本费用增加$=20\,000-(4\,000+1\,000+4\,000+2\,400)$

$$=8\,600(元)$$

由于可获得税前收益,故应当放宽信用期,提供现金折扣。

 应收账款的收账

应收账款发生后,企业应采取各种措施,尽量争取按期收回款项,否则会因拖欠时间过长而发生坏账,使企业蒙受损失。这些措施包括对应收账款回收情况的监督、对坏账损失的事先准备和制定适当的收账政策。

应收账款回收情况的监督

企业已发生的应收账款时间有长有短,有的尚未超过收款期,有的则超过了收款期。一般来讲,拖欠时间越长,款项收回的可能性越小,形成坏账的可能性越大。对此,企业应实施严密的监督,随时掌握回收情况。实施对应收账款回收情况的监督,可以通过编制账龄分析表进行。

账龄分析表是一张能显示应收账款在外天数(账龄)长短的报告,其格式见表7-4。

表7-4 账龄分析表

2015年12月31日

应收账款账龄	账户数据	金额(千元)	百分率(%)
信用期内	200	80	40
超过信用期1~20天	100	40	20
超过信用期21~40天	50	20	10
超过信用期41~60天	30	20	10
超过信用期61~80天	20	20	10
超过信用期81~100天	15	10	5
超过信用期100天以上	5	10	5
合计	420	200	100

利用账龄分析表,企业可以了解到以下情况:

第一,有多少欠款尚在信用期内。上表显示,有价值80 000元的应收账款处在信用期内,占全部应收账款的40%。这些款项未到偿付期,欠款是正常的;但到期后能否收回,还要待时再定,故及时的监督仍是必要的。

第二,有多少欠款超过了信用期,超过时间长短的款项各占多少,有多少欠款会因拖欠时间太久而可能成为坏账。表7-4显示,有价值120 000元的应收账款已超过了信用期,占全部应收账款的60%。不过,其中拖欠时间较短的(20天内)有40 000元,占全部应收账款的20%,这部分欠款收回的可能性很大;拖欠时间较长的(21~100天)有70 000元,占全部应收账款的35%,这部分欠款的回收有一定难度;拖欠时间很长的(100天以上)有10 000元,占全部应收账款的5%,这部分欠款有可能成为坏账。对不同拖欠时间的欠款,企业应采取不同的收账方法,制定出经济、可行的收账政策;对可能发生的坏账损失,则应提前作出准备,充分估计这一因素对损益的影响。

收账政策的制定

企业对各种不同过期账款的催收方式,包括准备为此付出的代价,就是它的收账政策。比如,对过期较短的顾客,不过多地打扰,以免将来失去这一市场;

对过期稍长的顾客，可措辞婉转地写信催款；对过期较长的顾客，频繁地信件催款并电话催询；对过期很长的顾客，可在催款时措辞严厉，必要时提请有关部门仲裁或提起诉讼等。

催收账款要发生费用，某些催款方式的费用还会很高（如诉讼费）。一般说来，收账的花费越大，收账措施越有力，可收回的账款应越大，坏账损失也就越小。因此制定收账政策，又要在收账费用和所减少坏账损失之间作出权衡。制定有效、得当的收账政策很大程度上靠有关人员的经验；从财务管理的角度讲，也有一些数量化的方法可以参照。根据收账政策的优劣在于应收账款总成本最小化的道理，可以通过比较各收账方案成本的大小对其加以选择。

第八章
人力资源经理必备财务知识

不要以为计算工资、发放工资是件简单的事,其中大有学问。

第一节　要马儿快跑，就得备好草

——薪酬管理中的财务知识

王平刚晋升为公司的人事经理，上任后的第一件事就是预算下一年度的薪酬支出。昨天，在总经理办公室里，总经理对他说："要在20日之前上交一份预算报告，详细地说明公司的下一年度总体的薪酬支出。"临走时还加上一句："注意适当控制支出。"

薪酬预算究竟要考虑哪些因素？

如何使预算结果与实际更相符？

王平想公司上上下下共计有几百个岗位，近千名员工，要想使薪酬预算准确可真不是件容易的事。如果上任后的第一件事就干不好，自己的人事经理的位子也坐不久了。

在整个营运成本中，薪酬占着一个重要的比例，建立一个系统薪酬制度的目的之一便是理性地控制人工成本，而薪酬控制是从薪酬的预算开始的。

准确地预算可以有助于确保在未来一段时间内的支出受到一定程度的协调与控制。预算计划将成为一个既定的标准或目标，用来衡量该期间的实际开支情况是否超出预算，或在预算范围内。

难怪总经理如此重视每年的薪酬预算的报告与分析。作为人事经理，王平肩上的担子可不轻。他该怎么着手完成任务？

一般说来，薪酬预算的方法有两种，一种是从下而上法，一种是从上而下法。名称虽然很普通，但却形象地反映了两种方法的各自的特点。

从下而上的薪酬预算方法

顾名思义，"下"指员工，"上"指各级部门，以至企业整体。从下而上法是指从企业的每一位员工在未来一年薪酬的预算估计数字,计算出整个部门所需要的薪酬支出,然后汇集所有部门的预算数字,编制公司整体的薪酬预算。

通常,自下而上的方法比较实际,且可行性较高。部门主管只需按公司的既定的加薪准则,如按绩效加薪,按年资或消费品物价指数的变化情况等调整薪酬,分别计算出每个员工的增薪幅度及应得的薪金额。然后计算出每一部门在薪酬方面的预算支出,再呈交给高层的管理人员审核和批准,一经通过,便可以着手编制预算报告。

从上而下的薪酬预算方法

与从下而上法相对照,从上而下法是指,先由公司的高层主管决定公司整体的薪酬预算额和增薪的数额,然后再将整个预算数目分配到每一个部门。各部门按照所分配的预算数,根据本部门内部的实际情况,将数额分配到每一位员工。

由此可见,从上而下法中的预算额是每一个部门所分配到的薪酬总额,也是该部门所有员工薪酬数额的极限。至于部门经理将这笔薪酬总额如何分派给每一个员工,就看部门经理自己的决定了。

部门经理可以按公司所定的增薪准则,决定员工分配的薪酬数额。根据员工的不同的绩效表现来决定增薪率的高低,或者采取单一的增薪率,不过,这样会导致底薪较高的员工的薪酬增加较多,而底薪较低的员工实际得益较小。

一般说来,从下而上法不易控制总体的人工成本;而从上而下法虽然可以控制住总体的薪酬水平,却使预算缺乏灵活性,而且确定薪酬总额时主观因素过多,降低了预算的准确性,不利于调动员工的积极性。

由于两种方法各有优劣,通常,公司会同时采用这两种方法。首先决定各部门的薪酬预算额,然后预测个别员工的增薪幅度,并确保其能配合部门的薪酬预算额。如果两者之间的差异较大,也要适当调整部门的预算额。

选择了合适的预算方法之后,还要着手制定一张薪酬预算表,以便于统计与分析,表8-1是一张较为典型的薪酬预算表范例。

表8-1 薪酬预算表

姓名 职位名称	受聘日期	最近一次薪金调整日期	目前薪金	工作表现	预测增薪幅度	新薪金

如何做好薪酬衡量

也许，作为公司的经理，凭你多年从事管理的经验，你可以准确地判断公司的薪酬水平是否在合理的范围内，你也可以清醒地感觉到公司的人工成本是否超出公司的承受能力。

但是，你能否精确地了解目前薪酬水平所处的标准？你是否清楚距离公司的可承受的薪酬水平还有多大的差异？你能否准确地说出下个月公司的薪酬将增加多少？

要想充满自信地给以肯定的回答，需要掌握衡量薪酬的指标。这样，才能精确地把握本公司薪酬水平的现状及未来的发展趋势，通过分析指标的变化，可以弄清薪酬变化的原因，从而能更好地实施控制。

最常用的衡量指标有两个：薪酬平均率与增薪幅度。

薪酬平均率

计算公式为：实际平均率÷薪酬幅度的中间数

薪酬平均率的数值越接近于1，则实际平均薪酬越接近于薪酬幅度的中间数，薪酬水平越理想。

当薪酬平均率等于1时，说明公司所支付的薪酬总额符合平均趋势。

若薪酬平均率大于1，表示公司支付的薪酬总额过高，因为实际的平均薪酬超过了薪酬幅度的中间数。导致该指标大于1的原因主要有以下几个：

第一，员工的年资较高，薪酬因年资逐年上升使较多员工的薪酬水平接近顶薪点，因而就同等职位而言，公司的薪酬负担较大。

第二，员工的工作表现极佳，绩效优秀者居多，这使得员工的薪酬很快超过薪酬幅度的中间数，从而使薪酬平均率超过1。

第三，若新聘任的员工具有较高的资历和工作经验，薪酬便不是由起薪点计算，较高的入职点，使得实际的平均薪酬较高。

若薪酬平均率小于1，表示公司实际支付的薪酬数目较薪酬幅度的中间数要小，大部分职位的薪酬水平是在薪幅中间数以下。导致此现象的原因有：

第一，公司内大部分员工属于新聘任而又缺乏工作经验的人员，所以工龄较短，而且起薪点较低，薪酬水平低于薪幅中间数。

第二，员工的表现不佳，大部分员工未能升上较高的薪酬水平，仍然停留在较低的薪级水平上，从而使平均薪酬低于薪幅的中间数。

第八章　人力资源经理必备财务知识

可以利用薪酬平均率指标衡量公司支付的薪酬标准，从而控制公司的总支出。

增薪幅度

增薪幅度是指公司的全体员工的平均薪酬水平增长的数额。

计算公式为：本年度的平均薪酬水平－上一年度的平均薪酬水平

增薪幅度越大，说明公司的总体人工成本增长得越快，要注意适当地加以控制，使其保持在公司所能承担的范围内。

如果增薪幅度过小，说明公司的总体薪酬水平比较稳定，人工成本变化很小。不要认为增薪幅度越小越好。如果你的公司总体薪酬水平变化极小，那么你的公司就是一个处于停滞中的组织，仅是维持了生存而没有发展。作为公司的经理，你必须弄清原因，采取有效的措施激励员工提高绩效，促进企业的不断发展。

因此，将公司的增薪幅度控制在合理的范围内，使其既不超出公司的承受能力，又能激励员工努力工作，为公司的发展作出贡献。

除增薪幅度外，还可利用增薪百分率以及实际增加的金额作为控制薪酬的指数，并可以比较每增加一个百分率实际薪酬所需增加的数目，由此考虑公司是否可以负担以及员工对所增加金额的实际得益。

 如何确立薪酬总额

"提纲挈领"是我们非常熟悉的一个成语。按其本意而言，"纲"指渔网的总绳，"领"指衣服的领子，"提纲挈领"即提渔网的时候要抓住其总绳，拎衣服的时候要拎其领口，这样才能"提得起"。

"提纲挈领"这一成语虽然很简单，但是，却告诉我们一个深奥的道理：要抓住事物的主要矛盾。

同样，要想对庞大的薪酬体系进行控制，也不应该控制其细枝末节，而应该抓其总体的水平，只要控制住了总的薪酬额，一切问题都可迎刃而解。

那么，如何控制薪酬总额呢？

最根本的方法就是根据公司的实际情况确定一个合理的薪酬总额，然后以总额为标准，实施薪酬控制。一般来说，主要依据公司的支付能力、员工的基本生活费用和一般的市场行情等因素来计算薪酬总额。

公司支付能力的衡量

你了解公司的实际支付能力吗？

也许你可以根据公司每年的利润总额粗略地估计，但是，要想确定一个合理的薪酬总额，就必须将公司的支付能力精确化、量化，用几个指标将它明确地表示出来。衡量公司支付能力的指标有以下几种。

第一，销售额与人工费用比率基准法。

人工费用÷销售额＝人工费用÷员工总额＝薪酬水准÷（销售额÷员工总数）＝单位员工销售额＝人工费用比率

由上式可见，如果公司的销售额较大，销售业绩较好，那么人工费用也可以相对地增加，因为公司的支付能力较大；如果公司的销售额较低，那么也不应该盲目的增加人工费用的支出。这里，人工费用不仅包括员工的基本薪酬、奖金、津贴和福利，而且包括录用、培训员工所发生的一切费用。

在实际中，可以根据过去数年的经营实绩，求出人工费用与销售额的合理比率。再根据比率，求出合理的适合企业承受能力的人工费用。

【例8-1】假设人工费用比率为17％，某公司现有人员100名，每人月均薪酬为4 000元，上升率为10％，则其人工费用总额变化如下：

现行人工费＝100×4 000×12＝480（万元）

目标人工费＝100×4 000×1.1×12＝528（万元）

所以，该公司的目标销售额为：

目标人工费÷（人工费÷销售额）＝528÷17％＝3106（万元）

目前销售额按17％推算，即目前人工费÷17％＝480÷17％＝2 824（万元）

如果该公司主管决定调薪10％，那么它的销售额也应提高10％（3106÷2824），这样才能吸收因调整薪酬而增加的人工成本。

第二，劳动分配率基准法。

劳动分配率＝人工费用÷附加价值

附加价值＝销售额－外部购入价值（材料＋外托加工费）

根据劳动分配率，可以求出合理的人工费率，公式如下：

合理人工费率＝人工费用÷销售额＝（附加价值÷销售额）×人工费用÷附加价值＝目标附加价值率×目标劳动分配率

【例8-2】假设某公司的目标附加价值率为40％，目标劳动分配率45％，目标人工费用为1 300万元，则销售目标按用人费基准计算如下：

目标人工费÷目标附加价值率×目标劳动分配率＝1 300/40％×45％
＝7 222（万元）

根据劳动分配率，还可以求出合理的薪酬调整比率。

【例8-3】某公司上年度用人费为1 191万元，附加价值为4 390万元，至本年度第一季度人工费为322万元，附加价值为1 212万元，若4月份开始调薪，则合理的调整幅度如下：

上年度劳动分配率＝1 191÷4 360×100%＝27.12%。

本年度劳动分配率＝322÷1 211×100%＝27.42%

由此可见，上一年度和本年度第一季度的分配比率相差不大，若定第二季度的分配率为27.42%，月平均附加价值为450万元，则有：

目标劳动分配率＝目标人工费÷目标附加价值，

即

目标人工费＝目标劳动分配率×目标附加价值
　　　　＝450×27.42%＝123.39（万元）

则该公司月平均薪酬调整额为13.39万元（目标人工费—第一季月平均人工费＝123.39—110＝13.39万元）。

调薪幅度为12%（目标人工费÷第一季人工费＝123.39÷110.7＝12%）

第三，损益平衡点基准法。

损益平衡点的计算公式：

固定费用÷［1—（流动资本÷销售额）］＝固定费用÷临界利益率

临界利益＝销售额—流动费用

临界利益率＝临界利益÷销售额

【例8-4】假设某公司的固定费用（含人工费1 200）为2 000万元，临界收益率为40%，得到损益平衡点销售额为：2 000÷40%＝5 000（万元）。

因此，人工费用支出不得超过销售额的24%（人工费用÷销售额＝1 200÷5 000）限度，否则企业将亏损。如果企业主管决定利润目标为600万元时，其销售额及人工费率将发生如下变化：

销售目标＝（固定费用＋利润目标）÷临界收益率＝6 500万元

人工费率＝人工费÷销售额＝1 200÷6 500＝18.5%

所以该企业若实现600万元的利润，人工费率应限制在18.5%以内。

员工基本生活费用的衡量

员工的基本生活费的支出是企业必须支付的人工成本。如果企业的薪酬水平很低，以致无法满足员工基本生活方面的支出，那么企业将无法生存。因而薪酬水平应该高于员工用于基本生活费的支出。

但是，员工的基本生活支出到底是什么？

一般来说，要根据消费品物价指数、货币购买力、基本生活消费品等项目来确定。

还应注意，基本生活费用应随物价和生活水平的变动而变动。要及时了解政府发布的物价指数情况；注意地区之间生活水平的差异；生活水平的确定要客观，不能无限制地上升，否则将使总体薪酬水平不断增加。

一般市场行情

通过市场薪酬调查，了解当地通行的薪酬水平，将本企业的薪酬与之对比，决定企业的总体的薪酬额。

当然，企业薪酬总额的高低还与企业的薪酬政策有关。如果在产品成本中，薪酬部分所占比例很少；管理或生产效率很高，从而可以使单位产品的人工成本很低；产品具有独占性，售价高，可将高薪酬转嫁于消费者，以高的薪酬吸引高新技术人员，提高企业士气，那么可以实行高薪政策。

如果企业的员工收入稳定、工作稳定、不愿离职；除基本薪资之外，还有各种可观的津贴和福利；且企业的人事管理健全、员工相处融洽、精神愉快，那么可以实行低薪政策。

总之，为实行有效的薪酬控制，应该确定一个合理的薪酬总额，通过调整这个总额达到控制整个薪酬体系的目的。

成本估计

总经理将王平叫到办公室。

"王经理，今年的人工成本支出比例怎么样，员工对薪酬还满意吧？"

"薪酬总额是109万，公司的薪酬水平与其他公司相比还较高，员工很满意。"

如果你是总经理，对于这样的回答你满意吗？你觉得你了解公司的人工成本了吗？

仅知道薪酬总额，并不能清楚地认知薪酬各个组成部分的比例、变化情况，也无法判断，对于公司的状况而言，这样的人工成本是否适当？应不应该加以调整？是保持薪酬总额不变，只改变内部各组成部分的比例关系，还是调整公司的总体薪酬水平？

基本薪资、奖金、津贴和福利是公司薪酬的几个基本组成部分，每一部分的变化均各有特点，基本薪资比较稳定，而奖金、津贴则变化极大，福利开支依赖于公司的福利计划,往往一项新的福利项目会使总的福利开支大大增加。为了反映各自的特点,在成本估计时就要分别估计每一个组成部分的支出情况。通常可根据下列方法来估计公司的人工成本,每种计算方法都可以提供不同的资料。

第一,平均每人每年的薪酬总额。

计算公式为:年薪酬总额÷员工人数

【例8-5】某三线城市一公司的年薪酬总额为400万元,公司共有95名员工,则每个员工每年的薪酬额为:

400÷95=4.2(万元)

第二,薪酬占销售额的百分数。

计算公式为:薪酬总额÷公司的销售额×100%

【例8-6】某公司有员工100人,每人月薪为2 200元,公司每月的销售额为50万元,则薪酬销售额的百分数为:

100×2 200×12÷50×12×10 000×100%=44%

这说明在总的销售额中,已经有44%被用于支付员工的薪酬,需要采取适当的降低薪酬措施了。

第三, 薪酬占营运成本的百分数。

计算公式为:薪酬总额÷营运成本×100%

【例8-7】某公司年薪酬总额为122万元,其当年的全部营运成本为366万元,则薪酬占营运成本的百分数为:

122÷366×100%=33.3%

这说明薪酬总额与总成本之比已达1/3,人事经理应该详细地分析其原因,对之加以控制了。

第四,福利项目的开支占全部薪酬的百分数。

计算公式为:福利项目的开支÷薪酬总额×100%

【例8-8】某公司去年用于劳工保险的人均开支为2 000元,用于有薪假期的人均开支为1 000元,用于公积金计划人均开支为3 470元,其他福利项目人均开支为1 500元,人均薪酬总额为20 000元,则各项福利开支占有薪酬的百分数见表8-2。

表8-2 员工福利开支比例表

福利项目	全年费用	占年薪百分率（%）
劳工保险	2 000	10
有薪假期	1 000	5
会积金计划	3 470	17.33
其他福利	1 500	7.5
合计	7 970	39.85

当福利开支的比例过高时，说明奖金与津贴的比例较小，公司的薪酬结构的激励效果必然欠佳。这时要加以适当地调整，增加奖金的比重，减少福利开支。

第五，每年员工福利的总支出。

将每个员工的福利额相加，便得到了公司的总体福利开支。

将公司总体福利开支数额与市场上其他公司的福利水平加以比较，确定合理的福利开支。

第六，过去几年总薪酬及平均薪酬的转变及趋势。

人事经理可考察一下最近几年公司薪酬的变化趋势，计算其变化的速率。

【例8-9】某公司在2013年、2014年、2015年3年薪酬总额分别为135万元、147万元、201万元，则其三年的平均薪酬水平为：

（135＋147＋201）÷3＝161（万元）

薪酬变化率分别为：

（147－135）÷135×100％＝8.9％

（201－147）÷147×100％＝36.7％

这说明公司的薪酬逐年上升的比例明显加大，需要引起主管人员的注意。

第七，每个员工每小时的福利成本。

计算公式为：每年总的福利成本÷（员工人数×365×24）

【例8-10】某公司每年的福利开支为87.6万元，员工总人数为95人，则每个员工每小时的福利成本为：87.6×10 000÷（95×365×24）＝1.05元

掌握了这些估计成本的指标，你是不是能够更清晰地认知公司的人工成本了？

如何抑制过高的人工成本

当你发现公司的人工成本过高时怎么办？

立刻降低员工的薪酬？还是裁减人员？

第八章 人力资源经理必备财务知识

一家洗衣粉公司采取的就是第一种做法。近几年来，洗衣粉市场竞争空前激烈，各种品牌的洗衣粉、洗涤剂纷纷登场。公司之间展开了价格战、人才战、服务战，打得不可开交。因此，人工成本过高的压力表现得越来越突出。总经理决定普遍降薪10%，文件一公布，立刻引起了一场轩然大波。员工们纷纷表示不满，几个业务骨干辞职，士气低落，生产立刻陷入停滞状态，产量与销量明显下滑。

难道不应该对过高的人工成本加以控制吗？难道该责怪员工们贪小利而失大义？

控制人工成本，可以使公司的竞争实力增强，增加市场占有的份额，战胜竞争对手，取得更好的经济效益。人工成本该加以控制。

那么是员工们的过错了？

不，当然不是。

在目前人们的生活水平还不高的情况下，物质利益是人们首要考虑的因素。物价水平的上涨，子女教育费支出的增加，以及粮食价格的提升，都使人们迫切的需要提高薪酬。但现在薪酬未增加反而下降了10%，难怪员工们纷纷"跳槽"了。

那么，到底原因何在？

造成这一后果的主要原因是总经理的降薪的做法有问题。人工成本要控制，但不应该采取直接降低薪酬的措施，而应该巧妙地处理，不致影响员工的积极性。

一般说来，可以采取以下几种方法。

薪酬冻结

当人工成本过高时，不要直接降低薪酬，而是使员工的薪酬水平保持不变。不要以为这样做与降低薪酬没什么不同。其实，实行冻结薪酬的措施一般不会引起员工的反感，相反，员工会这样想：一定是我的工作表现不佳，业绩不突出，所以才没增加奖金，我应该努力工作，争取作出更好的成绩。这样，反而激励员工为公司作出更大的贡献，增加产量，从而降低了单位产品的人工成本。

暂时的薪酬冻结使公司的实力增加，节省下来的一部分资金可用于提高产品的质量或开辟新的营销网络。其最根本的一点是稳定了员工的心情，保证了公司生产的连续性，从而为公司战胜竞争对手提供了机会和支持。

延缓提薪

对于应该提薪的员工，暂时推迟一至两个月，等到公司摆脱了困境，经济效益好转之时再予以提薪。

不妨向全体员工说明公司所面临的现状，争取造成"同仇敌忾"的气氛，团结一心，共渡难关。

延长工作时间

如果在调整薪酬方面确实存在困难的话，那么不妨走另外一条途径——适当延长工作时间，增加工作量，提高工作效率。这样做，不仅有利于控制公司的人工成本，而且可以使员工增加紧迫感，如果不努力工作将有可能失去工作的机会。

张宇是一家手表生产公司的总经理。在控制人工成本方面，他的做法很值得学习。当他发现由于薪酬等级过少，使得不少员工的薪酬水平已经升到该级的顶薪点，而且公司的人工成本已占总成本的近2/3时，他果断地采取了延长工作时间的措施，超时工作可以得到加班费。员工为了增加收入，大部分同意延长工作时间，由于生产时间延长了，产量大幅度增加，公司的利润也明显提高。

控制其他费用支出

除了冻结薪酬、延缓提薪、延长工作时间三个措施之外，还可以适当地压缩公司在一些福利、津贴方面的开支，从而达到控制成本的目的。

具体措施主要有：要求员工少请假、缩短假期；缩小医疗保险范围或者要求员工们自己担负一部分医药费用；调整差旅费支出，禁止乘坐一等舱位；严格控制不必要的支出；限制各种公费娱乐活动。

适当压缩部分福利项目的开支，可以避免强行降薪带来的不利影响，毕竟与基本薪资相比，人们对福利的享受或要求弹性稍大一些。

抑制企业的人工成本是薪酬管理的重要环节，当你成功地控制了成本的上升趋势，使企业在竞争中占据优势的时候，你的管理水平将会跃上新的台阶。

如何及时进行薪酬调整

当你设计完一套较为满意的薪酬制度，并实施了有效的控制时，你觉得，总该松一口气了。你会放下手中成叠的文件，揉一揉发痛的太阳穴，然后走到窗前，仔细地观赏鱼缸里鱼儿悠闲的舞姿……

但是，薪酬管理的工作真的结束了吗？

很遗憾，你必须重新回到办公桌前，因为薪酬调整的工作还在等着你去做。

世界上并不存在一劳永逸的事情，薪酬管理也是如此，薪酬制度在运行的过

第八章 人力资源经理必备财务知识

程中，由于各种因素的变化，必须不断地加以调整，因为僵化不变的薪酬制度将会使其激励功能大大蜕化，就像你经常吃某样菜而对其感到腻烦了一样。如果对员工来说，你的薪酬制度缺乏了激励性，那么或多或少说明了你的失败。为了不作一个失败的管理者，还是仔细考虑一下薪酬的调整吧。

一般来说，薪酬调整主要有以下几种类型。

奖励性调整

奖励性调整是为了奖励员工作出的优良的工作绩效，鼓励他们保持优点，再接再厉。这就是论功行赏，因此又称为功劳性调整。

当你的员工工作绩效突出、成绩卓著，不要忘记对他加以奖励，适当调高他的薪酬水平，并明确地告诉他"公司为了表扬你的工作成绩，增加了你的薪水"，同时给予口头上的奖励。这样会极大地调动他的积极性和工作热情，同时也激励其他的员工向他学习，为公司的发展作出调整。

生活指数调整

这是为了补偿员工因通货膨胀而导致的实际收入无形减少的损失，使其生活水平不致降低，显示出对员工的关怀。

但是这种调整方法要注意一点。生活指数调整常用的方式有两类，一类是等比调整，即所有员工都在原有薪酬基础上调高一定的百分比。这样，薪酬偏高调升的绝对值幅度较大，似乎进一步扩大了级差，薪酬偏低的多数员工很易有"又是当官的占了便宜的感觉"，从而产生"不公平"的怨言。但等比调整却保持了薪酬结构内在的相对级差使代表企业薪酬政策的特征线的斜率虽有变化，但却是按同一规律变化的。另一类则是等额式调整，即全体员工不论原有薪酬的高低，一律给予等幅的调升，是按平均率运作的。这样做似乎一视同仁，无可厚非，但却引来级差比的缩小，致使特征线上每一点的斜率按不同规律变化，造成了混乱，动摇了原薪酬结构设计的依据。

效益调整

这是当企业效益甚佳、盈利颇多时，对全体员工的薪酬普遍调高的措施。

调整方式可以是浮动的、非永久性的，当效益欠佳时，有可能调回原来的水平。但是，要注意这类调整应涉及全体员工。否则，将使员工感到不公平，他们会想：企业的经济效益好，还不是大家共同努力的结果，为什么偏偏给他们涨薪水？一旦员工有了这样的想法，将导致工作积极性的降低，自然会影响工作效率，当然也违背了薪酬管理的最基本的原则。

第二节　如何支付有讲究

——薪酬支付的方法

 模糊薪酬制究竟好不好

有些企业常采取发"红包"式的秘密付酬方式，进而衍生成目前已有一定普遍性的"模糊薪酬制"。但是，看似神秘的薪资袋真的很神秘吗？

"喂，小张，猜猜老李这个月的工资是多少，我想他肯定比不上你。"

"哪里，上次我亲眼看见他们家新添了一套新的组合家具，还听他爱人说每月要存上好几千呢。"

"我听说销售部的赵军每月拿8 000元，你觉得可信不可信？"

"我曾听他说，每月收入可达20 000元呢。"

"……"

人们往往有好奇的心理，越是保密的事情越喜欢打听清楚。我记得，有一个经理，为了让员工们都仔细地阅读一遍新制定的考核文件，特地让秘书在文件封皮上印上绝密的字样，然后将它放在大厅的桌子上，结果，几天过去后，没有一个员工不曾翻看过这份文件。

对于"神秘"的薪资袋，人们的好奇心更强。茶余饭后就会把别人的情况调查得清清楚楚，尤其是有关收入的问题。因为在人们的心目中，薪酬水平的高低似乎是一种象征，某人的收入高，说明他的业绩优秀、能力卓著，往往能赢得人们的尊敬。相反，某人的收入每况愈下，则说明他没有能力干好工作。在这种奇妙的心理的支配下，四处探听他人的尤其是同一单位工作的同事的薪酬水平便成了一种下意识的行动。

如果人们了解到自己的薪酬水平低于同事，但是却觉得对方不如自己工作干得好，那么自然而然地会滋长一种不满的情绪，而这种不满情绪又无处发泄，他

第八章 人力资源经理必备财务知识

总不该让老板知道他在背地里打听过同事的薪酬吧？如果连续几个月自己的薪酬均比不上同事的薪酬，那么将导致消极怠工，影响工作效率。但是老板并不清楚到底是什么原因导致其工作效率下降，反而会认为他"故意不努力工作，破坏工作秩序"，结果是进一步降低他的薪酬。这种恶性循环既不利于员工，也不利于企业。

相反人们发现自己的薪酬水平高于同事，他会觉得这是老板赏识自己，因而有一种荣誉感。当然这种感觉不会因为自己心里想想而消除，它会使员工试图让他人知道自己的薪酬水平较高。因此，"神秘"的薪资袋也将变得不再神秘。

如果你是公司的总经理，并且还认为这种"模糊薪酬制"会消除员工之间的嫉妒与猜忌的话，那么你就想错了。也许有一天你会发现，员工对他人的薪酬水平的变化了如指掌。

增加薪酬透明度

我们知道，薪酬管理所强调的是薪酬制度必须公平，而员工对薪酬制度感到公平是有赖于管理人员将正确的薪酬信息传达给员工，这样，员工有机会参与及发表自己的意见，提出自己的合理建议。同时，如果员工对薪酬制度有任何抱怨的话，也可以通过正确的途径向管理者提出申诉，从而保证了薪酬制度的公平合理。

因此，应该实行公开化的薪酬支付。

但是，该公开到哪种程度呢？

一般政府部门的公务员及受政府资助的公共机构的员工，有一个既定的薪酬制度，薪级、薪酬标准、最高与最低薪金等都是公开的。他们认为没有保密的必要。但是，公务员与受政府资助的机构的员工仅是少数，大部分企业都不愿意将薪酬的资料公开。在招聘时，只是说明薪酬多少要视申请人的学历资格、能力而定，并没有列出薪酬幅度，或者只给一个大概的数目，具体如何升薪、薪酬的等级等均没有说明。

有一家公司的总经理曾很严肃地谈过此事，他说，"公司将薪酬的资料保密，也是为了避免麻烦，避免员工感到不公平。"

然后，他举了一个例子：甲乙两人职位相同，甲的薪酬较乙高，而且，甲的增薪比较快。虽然公司给甲提薪是因为他的业绩优秀、表现突出，但是，为了避免那种"不患寡而患不均"的争议以及日后彼此的尴尬，公司将彼此的薪酬保密。这样，大家都不知道他人的薪酬水平，自然不会有互相尴尬的局面出现。

也许他说的有些道理，但是，我们从另一个角度考虑，这种做法极易产生一种相反的效果，即：越是保密，越容易引起员工的怀疑。在一般情况下，员工的猜测是不正确的。他们常常高估他人的薪酬，而认为自己的薪酬偏低。在此例中，由于乙的增薪较慢，他会想：甲的薪水一定比我高，但是我也同样努力工作，八成是他在经理面前说过我的坏话。相反，甲虽然薪水增加得较快，但他并不清楚乙的薪水比他低。他会认为：乙会不会比我的薪水涨得更多。在这种情况下，只会加深员工对薪酬的不满，将薪酬资料保密不但没有好处，反而有害。

根据美国一些学者的研究显示，员工有一种高估较低职位的薪酬而低估较高职位薪酬的倾向。这种错误的猜测会导致上级与下级之间的薪酬差距较实际上的更加缩短。这种被压缩了上下级的薪酬差距，降低了员工对升职的兴趣。因为升职后，责任较为繁重，但增加的薪水并不多，员工的积极性降低，无法鼓励员工积极争取晋升的机会，或是主动接受训练，吸取更多宝贵经验及担任更重的任务。同时对上级也没有太大的激励性，由于高估下级员工的薪酬，他们会以为：我的责任大，事情多，也没比那些职位低的员工多拿很多。这样，他们的积极性反而降低了。

同时，将薪酬保密也成了用来掩饰一些不公平现象的挡箭牌，允许了一些不良习惯的蔓延而不被发觉，不被员工指控。相反，如果将正确的薪酬信息传递给员工，并向员工解释清楚，可以减少员工作出错误的猜测，并且对公司的薪酬制度有正确的认识，从而直接影响员工的工作态度，并能为公司建立良好而公平的商誉。

至于薪酬资料应开放到哪一种程度并没有硬性规定。一般的做法是公开薪级制度和可以晋升的职级、每一个薪级的起薪点、最高的顶薪点以及每个职点的薪酬。而个别员工的目前的薪酬数目，可以不公开。

有关加薪及晋升的准则，应由主管人员解释清楚，并且应让员工清楚计算薪酬与工作的关系，可将公司所编订的薪酬手册存放在人力资源管理部门，当员工遇到疑问的时候，可以随时翻查手册内的条文或向有关人员查询。薪酬管理人员应采取较开放的态度，希望员工对公司的薪酬政策发表意见。员工提供的意见可以投入公司的意见箱，或在公司的刊物上发表看法等，这样就能使公司的管理人员与员工就薪酬问题互相沟通。

第八章 人力资源经理必备财务知识

 **把握支付的时机**

公司董事会上董事们正在讨论年终奖金的发放问题。

"今年虽说公司经营状况明显改善,经过公司上下的一致努力,实现了扭亏为盈的目标,但是,与其他公司相比,我们的市场占有率仍然很低,利润总额也不高,为了公司的长远发展,我建议推迟发放年终奖金。"

"我们发放年终奖的目的是为了鼓励员工继续保持高昂的斗志,不断提高工作效率。同时年终奖也是对员工今年工作的承认,如果推迟到下一年度,似乎没有什么激励作用了。"

"公司当前的主要目标是扩大投资,争夺市场份额,决不能为了眼前的小利而不顾大局,我同意推迟发放。"

到底该如何决定?是否推迟年终奖金的发放?及时地对员工加以奖励真的是"眼前的小利"吗?发放年终奖金会不会影响公司未来的发展?

我们知道,奖金对员工来说是一种物质奖励。如果员工的绩效优良,工作成绩突出,并且为公司的发展作出了贡献,那么应该给以奖励,一来是对员工努力的承认;二来激励员工继续努力工作,实现更佳的工作表现。

但是,究竟该不该将奖励的时间推迟?

在幼儿园里,阿姨常常把一些小玩具或糖果等奖给表现得最突出的孩子。当一个游戏完成,阿姨便将优胜者抱起来,对他加以奖励。似乎没有见到这样愚蠢的阿姨,在游戏完成几天之后才奖励孩子们。

当然,一个企业的运作不能比作一次游戏,但是从中我们却可以找出某些相似的特点,即:奖励要及时,否则变得毫无意义,无论对幼儿园的孩子还是对于企业的员工都是如此。

当员工的努力工作为企业带来经济效益时,当员工以企业为家,把全部精力都投注在工作中时,当大家团结一心,使企业的经营状况明显改善时,要及时地对他们加以奖励。否则,员工们会认为:拼命地努力工作有什么用,公司盈利了,我个人也没得什么好处。有了这种想法,他的工作积极性将大大降低,工作效率自然下滑。而当他已经松懈下来的时候,再对他加以奖励,其激励效果将大打折扣,违背了奖金发放的基本原则。

作为公司的高层主管,你一定要注意,员工的工作积极性是需要调动的,而调动其积极性的手段之一就是对他们的良好的工作绩效给以及时的奖励。

175

把握住薪酬支付的恰当的时机，是维持员工工作热情的关键。那么，会不会像这个公司有些人想的那样，当公司正处于发展阶段，利润水平尚低时，发放年终奖金将影响公司的长远发展呢？

推迟发放年终奖金，确实能为公司节省下一笔资金。可以用来扩大投资规模，增加对原材料等的购买量，或者用来引进某项技术，或某种新的设备。但是，在公司内部，究竟是以物为主体还是以人为主体？

一切的设备、机器，都需要人来推动才能运转起来，也才能为企业带来盈利。相反，如果人的积极性调动不起来，又怎么能充分利用企业的其他资源？

企业的长远发展要靠资金、技术，也要靠人才。如果一个企业，员工消极怠工、工作效率低下、浪费严重，又怎么能让人相信它将获得长足的发展？

当企业尚处于创业的阶段，更应该充分认识到企业上下一心、团结奋斗的强大的力量，只要企业能保持住员工的拼搏精神，又何愁没有美好的发展前景？

把握住合适的奖励时机，千万不要顾"小利"而失"大利"！

合理的支付方式

在公司内部，能否实行多种支付方式？

不同类型的薪酬支付方式各有哪些特点？

怎样使公司的全体员工对其支付方式都很满意？

如何才能使薪酬的支付对员工更具激励效果？

这些问题是每一个公司的高层主管都必须考虑的问题。因为，不同的职务应适合于不同的薪酬支付方式。如果公司实行"一刀切"的政策，只能使部分员工积极性下降。

具体说来，主要有以下几种支付方式。

计时薪酬

计时薪酬系统是指报酬与工作时间直接相关的薪酬支付方式。计时薪酬可分为小时薪酬、周薪酬和月薪酬。一般而言，工厂的工人多领取周薪酬，而办公室的职员多领取月薪酬。兼职的员工则应领取小时薪酬。

在进行工作评价之后，每种工作都对应相应的级别，而每个级别都对应一定的薪酬。在每个等级中又有不同的档次。员工从某一档次开始，每年提升一档，最终升到该级别的最高档。这种体系对经历的关注大于对业绩的关注，员工一般每年依服务年限长短领取一次年度奖金。计时薪酬受工作评价的影响，注重工作本身的价值，而不是员工在此岗位上所表现出的技能和能力的价值，或是业绩的质量或数量。

因此，计时薪酬对员工缺乏激励的效果，但是它可以保证员工有稳定的收入。而且，计时薪酬便于检查，从同工同酬的角度出发具有一定的平等性，尽管由于员工在同一级别中可能因不同档次而使收入有所差异。其优点主要包括：通过建立一种稳定的报酬体系而有利于留住人才。员工认识到随着服务年限的增加，在同一级别中的报酬也会逐年增加。结果，员工留任和劳动力资源的稳定使员工有机会提高其技能和效益，相应的流动率并不高；较易于管理，劳动力成本易于预测；不以牺牲质量为前提强调产出数量。

由此看来，在你的公司之中，那些研究开发人员、设计人员以及你希望其产品的质量较好的生产人员等适合计时薪酬。

但是，这种体系也有很多缺点。尽管从理论上讲，随着员工工作能力的提高，产出成本逐步降低，但员工缺乏动力提高其生产效率。例如，一位周薪酬为200元的员工将周产量从100件猛增到200件。这对公司而言显然有益，但员工个人不能得到经济上的好处，不管产出量是100件还是200件，该员工的薪酬都不会改变。这就产生了一个问题，如果某一级别的工人无论业绩好坏，薪酬都相同，那员工就很难努力提高自己的业绩。此外，从一个级别到高级别的跃迁需要通过提升或个人事业发展，但这种做法应根据目前企业纵向层次减少、企业组织结构简化的现状而有所改变。

计效薪酬

计效薪酬是将薪酬与员工个人的产出量直接关联。计效薪酬的前身是计件薪酬，即将薪酬与生产产品的个数挂钩，这在制造业中十分常见。例如，每件产品薪酬为2元，若一名工人生产了200件产品，则他的薪酬就应是400元。

计效薪酬的优点有：员工受到激励，将投入更多的努力，因为这样做将得到更多的收入；尽管由于做同样工作的员工可能收入不同而不再有全面的平等，但报酬与产量挂钩也是公平合理的；这种体系具有成本优势，因为薪酬直接与产量挂钩，中间的监控环节有所减少。

但是，计效薪酬很容易使产品质量出现问题，这给质量管理造成困难。

计效薪酬对员工的激励效果十分明显，但有时某些工作的产出是不易衡量的，因而也不适用计效薪酬。例如：游泳场救生员的薪酬就不能以救人的数量为测量基准。因为救生时救生员付出的努力和自身的技能的确是关键因素,但游泳池中游泳者人数以及他们的水性却不是救生员所能控制的。

计效薪酬主要有以下缺点:在提高产量的同时,也应强调安全标准。若实施计效薪酬后工人感觉到工厂只能让他们增加产量但很难兑现报酬,或实施中总要为薪酬讨价还价,那么,工人与管理层之间就会产生矛盾。如果工作有受骗的感觉,他们随后就会隐瞒重要的岗位业绩信息。在工会和管理层之间相互猜疑、互不信任的情况下,工会代表会采用计效薪酬体系,特别是与工资有关的部分,作为向管理者施压、挑起冲突的手段。

从积极的一面看,经过仔细策划,在工作及产出均可量化的情况下,在与员工事先进行沟通和咨询后,在管理层与工人之间保持良好的关系的场合,计效薪酬的实施将会是有效的。

业绩挂钩薪酬

业绩挂钩薪酬不只考虑工作结果或产出,还关注实际工作效果。员工个人的业绩是依照预先设定的目标,或是对比岗位描述中所列的各项任务,利用业绩评估手段进行测量,然后根据评估结果支付薪酬。

业绩挂钩薪酬的激励作用也很明显,但是要有效地实施业绩挂钩薪酬,需具备以下条件:个人之间的业绩有显著差异;薪酬范围应足够大,以便拉开员工薪酬的距离;评估人员拥有熟练技能设定业绩标准,并操作评估过程;企业文化支持业绩挂钩薪酬;报酬水平既有竞争性,又不失公平。企业在薪酬与业绩挂钩方面富有经验;经理及下属之间相互信任,经理人员应该做好充分准备针对业绩指标进行积极的交流、说明,同时要面对困难的决策问题。

当具备了上述条件后,就可以引入业绩挂钩薪酬了,它的优点主要有:将激励机制和实现目标与主管认可的业绩质量相联系,薪酬与可量化的业绩挂钩,更具公平性;当员工业绩可以量化,而相应的业绩报酬也足以激发进一步的努力时,企业向业绩优秀者做报酬倾斜,此举会因目标集中而节省薪酬支出;业绩优秀者会支持业绩挂钩薪酬体系,因为他们意识到了薪酬与努力成正比;突出一种关注绩效的企业文化,使员工将个人努力投入到企业的活动中去。

但是,业绩挂钩薪酬也有一些缺点:可能影响到经理与下属之间的公开交流,下属很可能不愿意透露个人缺点信息,因为这类信息会使他们丧失优势;对自我中心的个人努力进行奖励,会影响到团队合作,而团队精神是必不可少的;业绩不良者受到处罚,对企业而言并非都是好事,因为企业的利益在于鼓励这部分员工改进自身业绩。

充分认清业绩挂钩薪酬的特色，有助于更好地应用它，发挥其优点，防止其缺点。

利润挂钩薪酬

通过使薪酬与利润挂钩，企业可以使薪酬成本更加明晰，员工也会受到激励更加努力工作。经营好时分享收获，经营差时共担风险，当然也应设计相应的方式使员工利益在利润下降时受到保护。企业可以在现有薪酬的基础上，利用利润挂钩薪酬作为奖金，或将员工薪酬一并纳入挂钩体系。

这种报酬方式使员工与公司的利害关系更大。他们在晚间下班时会随手关灯，注意不让机器整夜空转，也许还可减少增加薪酬的要求。当然，利润挂钩薪酬并不是对所有公司都有效。对那些员工收入水平较低、纳税较少的公司，或是利润变化很大、无法预测的公司都不太适合。

这种支付方式的优点有：员工明确自身利益与企业成功的关系更为密切，从而增加责任，提高业绩水平；有利于消除员工中"他们"与"我们"的心理屏障；企业易于鼓励员工为了共同利益而进行合作；当经营环境恶化（如出现衰退），企业利润中用于薪酬的部分会有所下降；员工意识到业绩与企业盈利水平之间的关系，因而对成本和自身表现更加关注。这种认识对企业应付员工提出的薪酬要求有利。

应根据本企业以及职位的特点，选择合适的薪酬支付方式，不断提高员工的努力程度，实现企业的成长目标。

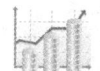 争取员工的信任

无论采取何种薪酬支付方式，要想使你设计的薪酬顺利地执行，最关键的一点是争取员工的信任。

无论你是否相信这一点，它都将制约着你的薪酬支付。

那么，如何才能争取员工的信任呢？要做到以下两点：

■吸引部分员工参与支付方案的制订。处事公开、公正、公平。在制订薪酬支付方案的时候，管理者可以与员工代表充分讨论方案的利弊，积极采纳员工提出的合理的建议和意见。这样，充分体现员工的意见的薪酬支付方案将会很顺利

地实施。

■方案实施之前,要向员工解释清楚,公司实施这一方案的原因,以及方案的具体内容,避免员工因理解偏差而产生不满情绪。

制订完薪酬支付方案之后,先不要急于推翻现有的薪酬支付形式。你要做的第一件事是召开全体员工大会,由方案的设计者们负责解释薪酬方案的具体细节问题。允许员工对此发表看法,争取在员工与公司的管理者之间充分沟通,形成良好的讨论氛围。

然后将支付方案印发给各个部门,若可能的话,力图做到员工人手一份。这样,在民主的氛围里形成的支付方案将获得大多数员工的支持。

当公司的员工对将要推行的薪酬支付方案已经十分清楚之后,最后的工作就是实施薪酬支付方案。

不过,在实施的过程中,仍要注意做好信息的反馈工作。注意那些新出现的变化情况,必要的话要予以适当调整。

要记住,员工的信任是公司顺利实施薪酬支付的关键,也是整个薪酬管理的关键。当你争取到了员工的信任之后,你将会发现你的工作变得那么顺理成章,无形中你的工作效率也将大大提高。

第八章　人力资源经理必备财务知识

第三节　重赏之下出勇夫

——奖金管理体系

 变化多样的奖金体系

几年前,某公司曾为年薪50万元的部门经理而红火过一阵。现在想来,纵是本领再大,一年也不可能双手产出这么多钱。这只是对部门经理自身能力的一种认同。也就是说,这50万元买的不仅是他的现在,更买了他的潜在能力。

尽管这件事最后不了了之,但至少证明金钱可以作为一种刺激手段激发人潜在的能量。此时已不仅仅是他的"劳动所得",即工资能够涵盖的,它更包括了一种非凡才能的认同与奖赏。重赏之下,必有勇夫。难怪一个部门经理竟然有一百余人应征,过五关斩六将方出结果。

对能人如此,对普通人也概莫能外。毕竟人的能力有高低之分,人的态度有端正与否之分。人的个头还有高矮之分,更何况才能呢?因此,作为超出一般水平的奖赏就是十分重要的了。其实,奖金也不仅仅只有我们所提到的这种形式,在长期的发展与实践中,已经形成了完整而系统的奖金体系,在企业奖酬制度中占有重要地位。下面我们就看一看奖金到底有哪些形式:

(1)计件制。纺纱女工的工资是按其完成的布匹数计算的,这是人们通常的看法,但其实这也是奖金的一种形式。因为它不能以职工的职务为基础,而是以她们当前的工作绩效为基础的,本质上应属奖励的性质。但是,这种方式并不适用于所有行业。广告设计人员绝对不能以完成广告作品件数来发奖金,广告作品有大小之分、好坏之分,因而获得收益也是不尽相同的。因而,我们说,计件制作为一种奖励制度主要适用于一线工人与某些行业。

(2)奖金制。既然计件制有其应用的范围,那必然在其他行业、部门有另外的形式。无法想象的是:纺织厂女工一个月挣了4 000元,而纺织厂老板仅挣

400元工资。对于不在一线工作的人而言，按照工作绩效以奖金方式发放酬劳就成为主要的形式。尤其对那些对企业作出重大贡献，如安全、质量、发明等方面表现突出的员工应给予奖励。

（3）佣金制。佣金这个词主要用于销售领域人员的奖酬。它既不同于简单的计件计薪，也不同于没有明确依据的奖金发放，而是以佣金这种新的形式向销售人员发放酬劳。随着佣金制的不断发展，产生了以下两种形式：一是单纯佣金制，即销售人员收入完全来自于佣金，佣金等于销售量与佣金率的乘积。二是混合佣金制，对于销售难度比较大的行业，简单的佣金很难增强销售人员的积极性，于是产生了混合佣金制，在这种制度下，销售员所得佣金只构成了其收入一部分，他还领取定额的固定工资。既然有难度大的行业，必然有一些相对稳定的行业，它们则采取超额佣金制。销售员所获得的不是全部佣金，而是佣金中扣除了既定定额后的差额。这定额是事先销售员同意要保证完成的销售额。

（4）企业全员奖励制。这有些类似于我国一贯实行的奖励制度，即全体职工共同分享大家对公司效益增长所作的贡献，在国外称为"利益分享计划。"利益的共同分享有利于调动企业员工的团队精神，使每个员工都感觉到自己是集体中的一员，企业的兴衰与自己休戚相关，因而个人作为一个整体受到奖励，而不仅是在产量、质量、效率或成本的某方面进行激励。

（5）股票奖励制。顾名思义即以股票为载体对员工的绩效进行奖励，当然这只适合于发行股票的公司。它往往有两种表现形式：一种是股票折扣优惠制，即发给员工的股票都按市价给予优惠折扣。支付方式灵活方便，说不定你会发现自己工资账户的一部分已转化为手中的股票了。另一种是股票优惠选购权奖励制度，这种奖励以某种权利的形式出现，即员工可以在指定期限和一定数量限额内，以优惠价购买本企业股票的权利，但买与不买及买的数量由员工决定，不带有强制性。无论哪种方式都以股票为纽带将员工与企业紧紧地联系在了一起。

凡此种种，虽仅是列举其中一部分，但足以看出奖励制度的多样性。下面我们还会具体地介绍各种不同的方式。

奖金是手段，激励是目的

一家工程公司以年薪15万美元雇了有一年工作经验的戴佛，1年后，戴佛表现优异，在年终考核后加薪至15.5万美元。当工作满两年时，公司将他的待遇调到15.75万美元。与其他两个有5年工作经验的同事的薪水相比，仅仅差2 500美元。其中的一个知道这件事后，提出要求加薪，公司未允，于是他跳槽到了另外一家公司。

从这个例子可以看出，奖酬高对本人有着正面的刺激作用，然而，最根本的并不在于奖金，而在于奖金背后对工作的认同与赞许。此外，部分人提薪有可能挫伤其他人的工作积极性，处理得不恰当容易引起员工情绪的波动，更有甚者，会直接危及整个组织的稳定性。

此时我们发现，奖金远没有我们想象的那么简单，我们不能只是停留在奖金上，而是要弄清楚为什么发奖金，发奖金用何种方式及其作用如何。

原来奖金竟然这么复杂，其实我们只需要记住两句话：奖金是手段，激励是目的。

在管理过程中，一切行为均是为特定目的服务的，奖金发放也不例外，它的目的就是激励。应不应当对员工进行奖励、如何进行奖励都必须围绕激励的效果进行考虑。

当然，奖金作为一种手段就有运用得是否恰当的问题。这其中便涉及技巧问题。按一般人的理解，随着工作经验的增加，工作效率相应提高，因而奖金所得应当相应的增加。于是，我们一般看到的奖金序列往往是奖金随工龄成正比例增长。人们熬到一定年头就会有其相应的奖金。但是随着技术的进步，年轻工人知识层次较高，对工作掌握能力较快，因而工作效率会得到成倍或十几倍增加，此时管理者该如何做呢？若提高年轻工人奖金，但这会挫伤老员工的感情。若两边一起提，但公司会有无谓的支出，而且也无法完全调动年轻员工工作的热情，这难道是个两难问题吗？我们将在以下内容作出合理的解释。

正确看待奖金奖励的管理

奖金奖励管理是在一个特定的环境中进行的，若美国总统与曼哈顿中央公园的园林工奖金相同，那总统出访就得步行了。更无法想象给印度士兵发放涂有牛油的子弹。因此，在奖金奖励管理过程中必须考虑到相关的因素，这些因素既有公司所处大环境如国家民族的特点，当然也要包括企业内部的因素。只有充分考虑这些因素，才能使老板开出的奖金最少但是用得最有效。

第一，奖金与劳动力市场的供需关系与竞争状况。奖金的多少，不可否认是吸引人才的一种关键性条件。对企业成败至关重要的高级管理人员和技术人员而言，尽管他们的需要不仅仅局限于金钱和物质，但无可否认的是：在相同的地区，一种"比较规范"的作用是相当巨大的。所谓"比较规范"即本地区、本行业、本国的其他企业，尤其是竞争对手对其员工制定的奖金政策与水准。奔驰的工程师决不会甘于仅及宝马公司工程师1/2的奖金，这种状况对他而言不仅仅是奖金的多少，更重要的在于受尊重的程度。

第二，奖金与地区及行业的特点与惯例。在偏远地区，经济开放的思想还没有完全深入人们的头脑，"平均""稳定"至上的观点仍成为主宰，在这里对奖金制度大刀阔斧的改革则是不合时宜的，因为业已形成的习惯犹如一道"挡风墙"，会形成一种无形的抵抗力量，致使奖金制度不仅没有起到激励的作用，反而被破坏得不成样子。

第三，奖金与当地生活水平。在什么山上唱什么歌。20世纪80年代延续至今的"出国热"，究其根由，就是一种利益的驱动，即国外比国内优越得多的生活水平。同样的，美国老板与中国老板所定的奖金额肯定不是一样的。要么美国员工穷饿而死，要么中国员工饱极而亡。因而，在不同的生活水平条件下，不能奢谈相同的奖金制度，更谈不上"全球一致"了。

奖金奖励制度的确立不仅受到外在环境的影响，还有许多企业自身内部条件也约束奖金的确定。

第四，奖金与单位工作性质。很显然，不同业务性质的单位，员工的薪酬也不应当相同。一般来讲，体力劳动者主要从事简单的体力性劳动，因为劳力成本在总成本中所占比重不大，自然奖酬会低些。而脑力劳动者从事的是技术含量高，较为复杂的工作，因而奖酬会有所提高。由此可见，公司是干什么的对员工奖金奖励会有非常直接的影响。

第五，奖金与公司经营状况。奖金不仅与单个员工的业绩有关，还与整个公司的经营状况有关。公司业务收入大幅上升，自然会有更多的资金用于奖金发放，员工的"钱袋子"就会渐渐鼓起来。而亏损的企业绝不可能砸锅卖铁以满足发放奖金的需要。当然经营好坏没有绝对的判断标准，职工们一般也不愿以此评价薪酬的合理性，因而经营状况的影响是间接的和远期的。

当然，企业老总在制订奖金奖励计划时会综合权衡所有这些因素，并在适当的时候加以调整以改善员工对企业的形象认识。

第八章　人力资源经理必备财务知识

运用好奖金激励的技巧

前面我们提到奖金奖励作为激励的一种手段有很强的技巧性，在操作过程中必须善于运用这些技巧才能妥善处理好劳资双方的关系。奖金的两端既是利益的对立者，你多必定我少，同时又是利益的统一体，只有齐心一致才有企业业绩的提高。既然技巧这么重要，我们就谈谈操作过程中应当注意些什么问题。

第一，当员工提出辞职不干时。公司一切运转良好，各部门运作井井有条，这时，人事部经理向你递上了辞呈。你该怎么办？一般来说，辞职的动机主要来自物质与精神两方面，要么是觉得薪酬偏低，要么是觉得干得没劲。如果是后一种情况，你看是否给他调换一个合适的职位。如果是前一种情况，那就要给他适当加薪。当然，这样的处理有一定条件，即你认为此人表现杰出，对公司还有一定忠诚感。否则对平庸之辈听任他走了也无所谓。而且应当注意的是，这种加薪是只此一次，倘若他一而再再而三地提出加薪要求，那"炒鱿鱼"就是在所难免的了。

第二，当一个面孔在你眼前频频出现时。这几天，你吃工作餐时为什么总有一个身影在旁边晃动？这多半是那位员工想在你面前多多表现，说不定哪一天，他会将自己最不寻常的工作成绩开一张清单并亲手交给你。这时，你必须"拨开迷雾，把世界看清楚"。他的确工作非常出色还是夸夸其谈？他的工作成绩是富有实际意义的还是仅仅流于形式？他是为了加薪还是为寻求某种认同？总之，漠视是万万不可的，要么以微笑加赞许给予肯定，要么暗示其"此路不通"，在这种时候，冷静与睿智是你的法宝。

第三，当员工直截了当地向你"狮子大开口"时。员工们会有这样一种认识："当你只想获得一棵树木时，不妨先要求整片森林。"于是他向你提出的加薪要求往往会令你震惊，诸如下月奖金加50％或60％，甚至要翻番。这时你应当注意他笔直躯干上那双惶恐的眼睛。其实他也清楚，他的要求是肯定不会被答应的，但哪怕只满足一部分，他也很满足了。即使吃不上"肉"，喝口汤也会感到快乐。

于你而言，千万不要形成"是该加薪了"的认识，你必须对目前奖金奖励的水平进行客观估计，准确判断，进而作出决策。

总之，主管必须懂得，奖金是为激励服务的，面对激励对象的种种要求，保持清醒的头脑至关重要，而且要注意自己的表达方式，让员工听后有一种"如蜜在胸"的感觉。做得好的话,他的奖金并没有实质提高,甚至还略有下降呢。我们只是提供了这些方法,成不成主要还得看你自己做得如何。

完美的个人奖励计划

面对上万人的企业,老总肯定是分身乏术,也不可能照我们所说的技巧坦诚相见,而最有效的方法是制定一个适用于全体员工的个人奖励计划,让所有员工以这个奖励计划为依据。那么我们就看看如何制定这样的计划吧。

个人奖励计划是以人作为计算奖金的单位的一种奖励计划。它使员工的收入与工作表现直接联系起来,若员工能超额完成或表现超过预先定制的标准,便可以获得奖金或者额外的报酬。

个人奖励计划可以根据产量多少或工作时间的长短作为奖励的标准。按产量多少进行奖励的方式我们称为计件制。它又衍生出各种不同形式的计件法;把时间作为奖励尺度,我们称为计效制,它鼓励员工努力提高工作效率,减少完成工作所需要的时间,节省人工和各种制造成本,并且根据员工不同的情况进行相应的奖励。

另外,奖励计划可以按照生产水平与工资的关系分为定分与变分两种。

定分奖工制是指在节余利益的分配过程中,雇主与雇员按某个确定的比例进行分配。比如,在计件制中,员工每做一件会得到一定额的奖励,而其他的节余归老板所有。

变分奖工制是指在节余利益的分配方面,劳资双方的比例因为工作效率不同而有所差别,比如著名的罗恩制(Rowan Premium Plan)。在相同时间内,不同员工所做产品量不同,将奖金与工效进行挂钩是这种方法的核心。

下面我们将对个人奖励计划的各种具体形式进行具体介绍。

计件制

在这里,我们向大家介绍三种计件制。

第一,简单计件制。这种计件制计算方法易于掌握,计算过程非常简便,因而得到了普遍采用。月底张三和李四分别得了360元与480元奖金,为什么李四比张三多得120元呢?很简单,因为李四多做出了120件产品。从这个简单的例子我们推出简单计件制的公式,即:

完成件数×每件工资率=应得工资

每件工资率是事先确定的。打个比方,一件衣服总成本20元,出厂价40元,每件衣服利润为20元,公司老板确定一件衣服工资率为6元,那么员工的工资就是所完成件数的6倍了。

这种方法将报酬与工作效率相结合,可以激励员工的工作表现,完成产品数量多的员工收入比较多,可以使员工更加勤奋工作,减少员工偷懒。但是,计件工资率往往很难确定,而且容易引起员工的猜忌。而且,在这种方式下,工人没有最低的工资保障,假设因原料供应中断而停产数日,员工的工资就会受到很大影响。这种方式还容易引起一味追求数量而忽视质量,产品粗制滥造,必须要有检验制度加以配合。

第二,梅里克多计件制。这种计件制将工人分成了三个等级,随着等级变化,工资率递减10%。中等和劣等的工人获得合理的报酬,而优等的工作则会得到额外的奖励。

在标准83%以下时:EL=NRL

在标准83%~100%时:EM=NRMRM=1·RL

在标准100%以上时:EH=NRHRH=1.2RL

其中:RH、RM、RL表示优、中、劣三个等级的工资率,依次递减10%。EH、EM、EL分别表示优、中、劣三个等级工人的收入。

第三,泰勒的差别计制。这种计件制首先要制定标准的要求,然后根据员工完成标准的情况有差别地给予计件工资。

当完成量在标准的100%以下时:E=ERL

当完成量在标准的100%以上时:E=NRHRH=1.5RL

其中:E代表收入,N代表完成工作的件数或数量,RL代表低工资率,RH代表高工资率,通常为低工资率的1.5倍。

梅里克和泰勒的计件制的特点在于用科学方法加以衡量,高工资率要高于单纯计件制中的标准工资,对高效率的员工有奖励作用,另一方面对低效率员工改进工作也有一定的刺激作用。

计效制

鉴于计件制侧重产品数量而相对忽视产品质量的情况,在其后又出现了计效制。计效制也有多种衍生形式,我们这里将向您介绍几种:

第一,标准T时制。这种奖励制度以节省工作时间的多寡来计算应得的工资。当工人的生产标准有要求时,按照超出的百分比给予不同比例的奖金。对每位员工均有最低工资率做保障。

如某人进行电信传输工作,完成该工作的标准时间是5小时,每小时工资率为30元,合计即150元。如果该工人节省工作时间,折合为标准的20%,那么他的工资率就会提高为标准工资率的120%,他的工资就是30×5×1.2=180元。

第二,哈尔西50—50奖金制。哈尔西50—50奖金制的特点是工人和公司分享成本节约额,通常进行五五分账,若工人在低于标准时间内完成工作,可以获得的奖金是其节约工时的工资的一半,计算公式是:

E=TR+P(S-T)R

其中:E表示收入,R表示标准工资率,S为标准工作时间,T为实际完成时间,P为分成率通常为1÷2。

下面我们用一个例子来说明这种计效制,如某工人工资率为25元/小时,预计用4小时可完成工作,但他在3小时内完成了工作,他的收入是:

E=25×3+1÷2×(4-3)×25=87.5元

而且我们还会发现,P(S-T)R部分即奖金有可能大于TR的日薪,只要P(S-T)>T,即S>3T,因此当工人的实际工作时间是预计标准时间的1/3时,他的奖金会超过日薪。

第三,罗恩制。罗恩制的奖金水平不固定,依据节约时间占标准工作时间的百分比而定,计算公式是:

E=TR+(s-T)÷s×TR

或E=TR[1+(s-T)÷s]

各符号的含义同上。下面我们举个例子加以说明。某工人完成工作的实际时间为6小时,标准时间为8小时,每小时工资率为20元,那么该工人的工资是:

E=20×6+[(8-6)÷8]×20×6=150元

若奖金水平为25%,当实际工作时间相当于标准工时的一半时,所获奖金与哈尔西的计效制相同。

根据这种方法所计算出的奖金,其比例可以随着节约时间的增多而提高,但平均每超额完成一个标准工时的奖金额会递减,即节省工时越多,工人的奖金水平越低于工作超额的幅度,这一方面避免了过度高额奖金的发出,而且也使低效率员工能够获取计时的薪金。

佣金制

前面我们已经提到了佣金制的几种形式，下面我们将借助例子进行具体说明。

第一，单纯佣金制。对销售人员而言，单纯佣金制是一种风险较大而且挑战性极强的制度。阿凯是A公司的推销员，她的合同中规定，每推销一件产品，可以提成3.5%，这3.5%就是我们所指的提成比率。

阿凯的收入＝每件产品单价×提成比率×销售的件数

假设她3月份推销了1 000件产品，每件以100元卖出，则她的收入是：1 000×100×3.5%＝3 500元。但是若遇上工厂停工，或市场不景气的时候，阿凯的日子就不好过了。

第二，混合佣金制。每个月都推销那么多产品对阿凯来讲简直是太难了，于是她投靠了有1 500元底薪的B公司。B公司推销员的工资是这样计算的：

阿凯的收入＝销出产品数×单价×提成比率＋底薪

尽管提成比率略低，仅为2.5%，但每月能保证1 500元入账，也挺划得来，同样是销出1 000件单价100元的产品：

阿凯的收入＝1 000×100×2.5%＋1 500＝4 000元

比原来的工资还多了500元。

可是没过多久阿凯就发现，尽管都是100元的产品，但B公司产品的销路实在太差了，自己不仅是常吃闭门羹，还经常被客户奚落，根本不如在A公司干得痛快，但自己又怎能再回A公司呢？

第三，超额佣金制。C公司的产品卖得很红火，使阿凯怦然心动，但一看它的报酬，眉头一皱，不行，还得仔细算算：

C公司的薪酬是这样计算的：

收入＝销出产品数×单价×提成比率（一般为2.5%）－定额产品数×单价×提成比率

原来必须完成一事实上的定额才能开始有所收入。按3月份销售的平均水平看，100元产品平均每人销出3 000件，于是平均工资：（定额为1 000件）

100×3 000×2.5%－100×3 000×2.5%＝5 000元

做得好的员工还会收入更高，这么一算使阿凯下定决心投奔C公司。

从以上三种佣金制我们不难看出，根据产品销售状况不同，应制定不同的员工奖励制度，只有这样，才能保证在最少奖金支出的基础上实现最大的激励效果。

团体奖励计划

前面我们所提到的都是个人奖励计划,即奖励对象是针对个人,但往往我们会发现工资差距过大会导致企业内部人心浮动,而且企业效益提高不仅仅是生产人员的功劳,还凝聚着管理人员和后勤人员的劳动,因此在某些情况下还应当将个人奖励与团体奖励结合起来。此外,连续性生产工作流程条件也是团体奖励计划产生的原因之一。

团体奖励计划可以促进团体内各成员间的合作精神,也可以利用团队压力,防止及减少个别员工的工作标准不一致的情况。集体统一计算奖励还可以节省不少行政费用和时间。当然,没有区别的奖励不容易激发个别员工的努力,因而也有可能比不上个别奖励计划的效果。

团体奖励计划有许多种方法,主要有两种,一种以节约成本为基础,另一种以分享利润为基础。

以节约成本额(cost reduction)为基础的奖励制度能够使工人努力提高效率,减少工时,节省原料,然后从工人的节约中获得奖金。

以分享利润为基础的奖励制度目的是将企业的部分盈利,分给全部有关的员工,以激发员工付出更大努力与最佳的合作精神。

团体奖励计划以节约成本为基础(cpst reditopm),斯坎伦计划、克拉克计划以分享利润为基础(profit sharings)。

下面我们将分别对主要的各种方式进行具体介绍,我们可领略到奖励计划的设计者们如何千方百计地激发员工的积极性的。

第一,斯坎伦计划。斯坎伦计划的目的是减少员工劳动力成本而不影响公司的运转。奖励主要根据员工的工资(成本)与企业销售收入的比例,鼓励工人增加生产以降低成本,因而使劳资双方均可以获得利益,下面我们用一个例子进行说明。

基本公式:员工奖金 = 节约成本 × 75%

= (标准工资成本 − 实际工资成本) × 75%

= (商品产值 × 工资成本占商品产值百分比 − 实际工资成本) × 75%

其中:工资成本占商品产值的百分比由过去的统计资料得出。

下面,我们举例说明。

【例8-11】某公司去年商品产值(Sales Valuesof Poduction)为 $ 10 000 000;

总工资额为 \$ 4 000 000；目前的商品产值为 \$ 950 000。

那么，标准工资成本＝\$ 950 000×4 000 000÷10 000 000＝\$ 380 000，实际只有 \$ 330 000。

节约成本＝\$ 380 000－\$ 330 000＝\$ 50 000

员工奖金＝\$ 50 000×75％＝\$ 37 500

其余的25％则是企业预留的储备金，以供日后的需要。

在西方国家，斯坎伦奖励计划实施得非常成功，企业内所有员工，从经理到工人，从主管人员到办事人员都参与提出节约成本的办法，改进生产和管理的方法，提高员工的工作情绪，而员工随着参与决策程度的提高，埋怨情绪也相应减少。

当然，该方法在实施过程中也存在着不少的问题，由于所生产的产品结构、价格及工人工资对成本节约额有很大影响，因而即使付出了很大的努力，节约成本还是不尽如人意，奖金数目自然也会减少。而普通员工并不了解这一切，在他们看来，所付出的节约和种种努力应当得到相应的回报，而看着几乎毫无变化的工资单会形成十分强烈的反对情绪。

此外，奖金以个人的工资为基数，按工资的比例进行计划，若所有员工均以薪金的10％作为奖励，工资较低的员工所获奖励必定比较少，因而不利于提高低工资员工的积极性，而他们恰是公司存在的根本所在。

长时间的实践表明，这个奖励计划适合于组织规模较小而产品线及成本较为稳定的公司。如果在实施过程中有优良的管理制度与劳资关系相配合，那一定也会事半功倍。

第二，克拉克计划。克拉克计划在原理上与斯坎伦计划相仿，但计算方式要复杂得多。克拉克计划的基本假设是工人的工资总额保持在工业生产总值的一个固定水平上。克拉克主张研究公司过去几年的记录，以其中工资总额占生产价值（或净产值）的比例作为标准比例，以确定奖金的数目。

计算方法是计算每元工资占生产价值的比例。如每生产1美元的产品，花费成本包括：电力、物料及消耗品 0.6美元；每美元增值0.4美元；在每美元的增值中，劳工成本为0.2美元，那么劳工成本在增值部分的比例就是50％。

经济生产力指数（Economic ProductivityIndex，EPI）为：

EPI＝1÷0.5＝2

在这里我们要引入预期生产价值的概念，预期生产价值是经济生产力指数与劳工成本之积，这里我们设预期生产价值为 $200 000。

如果实际生产价值超过了预期生产价值，则说明出现了节约额：

节约额＝实际生产价值－预期生产价值

$\quad$ ＝ $280 000 - 200 000$

$\quad$ ＝ $80 000

工人对于价值的贡献率为50％，因而奖励应当按照增值比例进行计算，应得奖金额为：

$80 000 \times 50\% = $40 000

奖金分配给个别员工时，也按其工资与工作时数进行分配，把75％给工人，25％留作公司的储备金。

当看完第一遍，你一定是一头雾水，因为其中有好几个未曾谋面的新概念。不过，在惊讶于Rucker的数学思想之余，不要忘了考虑，这种方法用于你的公司合适吗？检验的最好方法就是实践，先试一下，自然会一目了然。

利润分享计划

利润分享计划是一种分红式的计划，主要有三种形式：现金现付制（Cashor Current Payment Plan）、递延式滚存制（Deferrde Plan）、现付与递延两者混合奖励制（Combined Plan），下面我们分别介绍。

第一，现金现付制。员工最高兴的时候莫过于看工资单了，尽管也可能最扫兴。而对雇主而言，让员工在惊喜的气氛中工作只有好处，没有坏处。现金现付制就是这样一种让员工时时能尝到甜头的制度。

现金现付制通常将所实现利润按预定部分发给工人。将奖金与工作表现直接挂钩，在工人作出努力表现后随即支付奖金，一般最好是每月或每两个月就进行及时的奖励。当然在每季或每年发一次奖金也可以，但这笔奖金数量应当相当多，否则对员工的激励效果不会十分明显。而且需要注意的是，要将奖金与基本工资区分开，防止员工形成奖金制度化的认识，否则不仅起不到激励的作用，若员工奖金减少，还会引起他们的反对。

第二，递延式滚存制。这种方式是指利润中发给员工应得的部分不会及时派发，而是转入该员工的账户，留待将来支付，通常员工到退休时才会得到这笔奖金。在某些国家，员工离开公司时若尚未到退休，则这笔奖金不会发给员工。这对员工跳槽形成了一定的约束。

这种奖金类似于养老保险，将奖金延迟支付，可以累积到较高的金额，使员工增添一些保障。但因为员工看不到眼前的利益，因而会大大降低鼓励员工的作用。

第三，现付与递延两者混合奖励制。这种制度将前两种制度的优点结合在了一起，以现金即时支付一部分应得的奖金，余下部分转入员工账户，留待将来支付。它既保证了对员工有现实的激励作用，又为员工日后，尤其是退休以后的生活提供了一定的保障。

从以上三种分享利润为基础的奖金制度我们还应发现：分享利润的奖金制度优点是不必要求有精确复杂的成本计算，而且还可以保证公司有支付奖金的能力。缺点是员工奖金的高低没有同员工工作效率的高低相挂钩，与公司的原则有所违背，奖金与付出的努力没有明确关系，员工也很难清楚地知道自己在利润变化过程中应当承担的具体责任。

股票奖励制

在前面我们所谈到的奖金奖励都是以现金的形式进行发放的，但随着公司制的不断发展和股份制经济的蓬勃成长，以股票作为奖励形式的制度应运而生。在目前，股票奖励制主要有以下两种形式。

第一，股票折扣优惠制。

汤姆3月份工作成绩突出：在与另一公司的合同谈判时立下了汗马功劳，老板决定折价发给他1 000股公司股票，每股按市场价的60％出售。该公司股票的市价是10元，那么就意味着汤姆6 000元买进的股票转手就能以10 000元卖出。若公司行情上扬，这6 000元还会不断地产生新的财富。

如果说发奖金可以使员工吃穿好一些，那发股票就等于给员工一台生钱的机器。在当今世界，钱的增值或许比钱本身更重要，这也就是股票奖励备受青睐的原因了。

然而，有时你会发现，员工有时手头没有足够的钱买下你所奖励的股票，或者他本不希望再多持有公司的股票，记住，强制的另一面就是反抗。员工可能根本就不需要股票，甚至有时还会产生种种厌恶或抵触的情绪，这时你应该晓得，是该给员工一些自由的时候了。

第二，股票优惠选购权奖励制度。当义务变成权利时，不管它是否有根本性的改变，至少会得到愉快的认同，于是产生了这种制度。

汤姆干得好极了，经理把他叫到办公室，告诉他可以在年底前任一时间以60％的市价买入公司股票，而且不限金额。

这时汤姆可以买，也可以不买，可以多买，也可以少买，这时你会发现，他比以前工作得更卖力了，因为他得到了最宝贵的自由。

股票奖励制最大的优点就是企业所有者多元化，就连员工也成了企业的所有者，能够极大地调动员工的工作热情。实践证明，员工持股有非常好的效果并且被越来越多的企业所采用。但你一定要记住，切忌强行发售。

奖惩一定要分明

魏惠王问大臣卜皮："你担任地方官的时间很久，和人民接触的机会最多，应该听过百姓对寡人的批评吧？"

"百姓们都说大王很仁慈。"

魏惠王大喜："是吗？果真如此，国家一定能治理很好。"

"不，相反，国家快要灭亡了。"

魏惠王愕然："寡人以仁慈治国，这有错吗？"

卜皮回答："陛下只想给天下百姓仁慈的形象，就不能居人之上。所谓的仁慈包含怜悯、仁心、宽厚、慈祥。如今即使百姓、大臣犯罪，陛下在处罚他们时，也会踌躇不前。有过不罚，无功受禄。天下人都会看不起大王，百姓也会放肆。臣说国家快要灭亡，就是这个道理。"

在管理中对部下仁慈宽厚并不代表全部，更重要的是，要懂得赏罚分明。古人尚且知道这个道理，我们当然更应该如此。身为管理人员的你，怎能让作奸犯科之徒安然处于公司之中？怎能让偷懒之人拿着一样的工资？

奖赏固然会激励人，但惩罚更能够告诉那些犯错者，绝不能为所欲为，同时这也是对所有员工进行的反面教育。中国有句俗话："杀一儆百"。坚定的惩恶决心更能激发所有员工的正义感与斗志。千万不要感情用事，更不能以君子之心度小人之腹。记住：善待恶人无异于自杀。

前面我们已经把奖励的各种方式通览无余，下面我们看看到底该如何惩罚那些懒惰的员工。

制度是惩罚的依据，完善的管理制度使公司的运作有章可循，也可以使为恶之人有所顾忌。当他迟到时，当他偷懒时，当他破坏财物时，制度就像一把利剑，指在他的胸口。

光有制度显然是不够的，健全的制度必须辅以有效的监督，必须有相应的管

第八章　人力资源经理必备财务知识

理机构与人员，而且更应当发挥所有员工的作用，进行交互式评议与监督，形成点（老板）—线（管理者）—面（所有员工）的管理体系。

在合法的范围内可以选择多样化的惩罚手段。体罚自然不能使用，因为这是有悖于文明国家的法律的，但是你可以用经济、纪律处分等多种有效的形式进行惩罚。

刚直不阿是中国传统上对清官的评价，作为管理者也必须把仁爱与刚直不阿结合起来，只有这样才能使你的员工敬你爱你怕你却又天天想着你。

 最重要的是胡萝卜加大棒

写到这里，似乎我们已经把奖罚都摆在读者的面前了，这就好比是做菜，刀案齐全，菜已切好，只等开炒了，那么我们不妨把这盘菜炒好端出来，以总结我们这章的内容。或许用名人的话更容易让人记住，那就是"胡萝卜加大棒"。

在前面几节，你见到的恐怕不仅仅是胡萝卜，还有青萝卜、白萝卜、水萝卜，大的小的，各式各样，一应俱全。可以说，员工尝到的甜头是够多的了。外国各种学者变着法儿地发奖金，以激励员工工作，管理者更是常常要给员工提成、加薪、发奖金。当然料备好了还需要挑选，也要注意用料的分量，这些我们在前面已经提醒过了，这里就不再赘述了。

至于大棒，似乎小了点，但它却比匕首更为有用，它可以起到成倍甚至百倍的作用，别小看它，要用得妥帖，玩得顺手，小玩意儿也能玩出大手笔，这就要看管理者的技巧了。

第四节　让上上下下感谢你

——学习合理避税的方法

 合理避税不是偷骗抗欠税

纳税人追求财富最大化是一种天然本性，在不违法的前提下，通过事前筹划，尽可能地避掉一些税收是天经地义的。但是，一提到避税，很多人就会想当然地把它与偷、骗、抗和欠税联系在一起。其实不然，合理避税是纳税人的一种合理、合法优化税收的活动，它与偷、骗、抗和欠税有着本质的区别。

偷税

偷税是违法的，税收违法活动中偷税影响很坏、现象最多。由于税收是对纳税人利益的剥夺，尽量少缴或不缴税是纳税人的朴素愿望，因此，偷税是各国普遍存在的现象，即使在发达国家，税收征收管理比较完善、纳税人纳税意识普遍较高的情况下，偷税也是屡禁不止的痼疾。

《中华人民共和国税收征收管理法》第六十三条规定："纳税人伪造、变造、隐匿、擅自销毁账簿、记账凭证，或者在账簿上多列支出或者不列、少列收入，或者经税务机关通知申报而拒不申报或者进行虚假的纳税申报，不缴或者少缴应纳税款的，是偷税。对纳税人偷税的，由税务机关追缴其不缴或者少缴的税款、滞纳金，并处不缴或者少缴的税款50%以上5倍以下的罚款；构成犯罪的，依法追究刑事责任。"

偷税行为人主要通过以下三种手段进行偷税。

1.伪造、变造、隐匿和擅自销毁账簿、记账凭证

其中，伪造是指行为人依照真账簿、真凭证的式样制作虚假的账簿和记账凭证，以假充真的行为，俗称造假账、两本账；变造是指行为人对账簿、记账凭证进行挖补、涂改、拼接等方式，制作假账、假凭证等以假乱真的行为；隐匿是指

行为人将账簿、记账凭证故意隐藏起来，使税务机关难以查实计税依据的行为；擅自销毁是指在法定的保存期内，未经税务主管机关批准而擅自将正在使用中或尚未过期的账簿、记账凭证销毁处理的行为。

2. 在账簿上多列支出或者不列、少列收入

多列支出是指在账簿上大量填写超出实际支出的数额以冲抵或者减少实际应税收入的数额，虚增成本，乱摊费用，缩小利润数额等行为；不列、少列收入是指纳税人账外经营、取得应税收入不通过销售账户，直接转为利润或者专项基金，或者挂在往来账户不结转等行为。

3. 经税务机关通知申报而拒不申报或进行虚假的纳税申报

其中，经税务机关通知而拒不申报，是指应依法办理纳税申报的纳税人，不按照法律、行政法规的规定办理纳税申报，经税务机关通知后，仍拒不申报的行为；进行虚假的纳税申报是指在纳税人进行纳税申报的过程中，制造虚假情况，如不如实填写或者提供纳税申报表、财务会计报表以及其他的纳税资料等，少报、隐瞒应税项目、销售收入和经营利润等行为。

根据《中华人民共和国刑法》第二百零一条规定，偷税数额占应纳税额的10％以上不满30％并且偷税数额在1万元以上不满10万元的，或者因偷税被税务机关给予两次行政处罚又偷税的，处3年以下有期徒刑或者拘役，并处偷税数额1倍以上5倍以下罚金。偷税数额占应纳税额30％以上，并且偷税数额在10万元以上的，处3年以上7年以下有期徒刑。

应当注意的是，偷税数额占应纳税额的比例和实际偷税的数额这两种数额必须都达到《中华人民共和国刑法》规定的标准，才构成偷税罪。

骗税

骗税主要针对出口退税而言。我国实行的出口退税制度，是一项鼓励企业出口创汇，参与国际竞争，拓宽国际市场，符合国际惯例的有效政策。但是，有一些不法企业和个人利用该项税收优惠政策骗取出口退税，这样不仅导致国家税款的大量流失，而且扰乱了市场经济秩序，影响了公平竞争环境的形成。

我国税法规定，以假报出口或者其他欺骗手段骗取国家出口退税款，由税务机关追缴其骗取的退税款，并处以骗取税款1倍以上5倍以下的罚款；构成犯罪的，依法追究刑事责任。处罚一般分成三档：第一档是数额较大的，处以5年以下有期徒刑或者拘役，并处骗取税款1倍以上5倍以下罚金；第二档是数额巨大或者有其他严重情节的，处以5年以上10年以下有期徒刑，并处骗取税款1倍以上5

倍以下罚金；第三档为数额特别巨大或者有其他特别严重情节的，处10年以上有期徒刑或者无期徒刑，并处骗取税款1倍以上5倍以下罚金或者没收财产。对骗取国家出口退税款的，税务机关可以在规定期间内停止为其办理出口退税。

出口退税是国家鼓励企业出口的一种国际通行的政策，通过出口退税，商品以不含税的价格进入国际市场，可以提高产品的竞争力，促进企业发展，但是对违反国家法律，采取假报出口或其他欺骗手段骗取国家出口退税款的，税务机关可以取消其出口退税的资格，并且在一定期限内停止为其办理出口退税，使其在经济上受损失，从而起到制裁的作用。

抗税

抗税是一种明目张胆地对抗国家法律的行为，它是所有未按照规定缴纳税款的行为中手段最恶劣、情节最严重、影响最坏的一种行为，它不仅严重妨碍了国家税务人员依法执行公务，扰乱了正常的税收秩序和社会秩序，影响了国家税收收入的实现，而且给税务人员的人身安全带来了威胁。特别是那些以暴力方法对税务人员进行人身伤害的抗税行为，所侵害的客体不只是国家税收，而且指向税务人员的人身健康和生命权利。

我国税法明确规定：以暴力、威胁方法拒不缴纳税款的，是抗税，除由税务机关追缴其拒缴的税款、滞纳金外，依法追究刑事责任。情节轻微、未构成犯罪的，由税务机关追缴其拒缴的税款、滞纳金，处拒缴税款1倍以上5倍以下的罚款；以暴力、威胁方法拒不缴纳税款的，处以3年以下有期徒刑或者拘役，并处拒缴税款1倍以上5倍以下罚金；情节严重的，处以3年以上7年以下有期徒刑，并处拒缴税款1倍以上5倍以下罚金。

以暴力方法拒不缴纳税款，是指行为人对税务人员采用暴力方法，包括殴打、推搡、伤害、强行禁闭以及为阻碍征税而砸毁税务人员使用的交通工具、聚众冲击打砸税务机关等直接侵害人身安全的暴力方法；以威胁方法拒不缴纳税款，是指纳税人采用威胁的方法拒不缴纳税款，如扬言以拼命的威胁方法拒缴税款，或以对税务人员及其亲属的人身、财产的安全采取伤害、破坏相要挟，使其放弃执行自己的征税公务，达到拒缴税款的目的。

以威胁方法拒不缴纳税款的行为特征包括以下几项：

（1）当事人侵害的对象是正在依法执行征税公务的税务人员。

（2）采取阻碍的方式，通常是以暴力、威胁方法迫使税务人员放弃执行公务。

（3）实施这种行为的主体既可以是纳税人、扣缴义务人，也可以是其他人。

因此，构成抗税行为的关键特征是对税务机关和税务人员实施暴力和威胁，抗税行为成立与否并不决定于抗拒缴纳税款的数额大小。只要以暴力、威胁方法拒不缴纳税款，不管税款多少，都可构成抗税。

欠税

欠税是指超过税务机关核定的纳税期限，没有按时缴纳税款、拖欠税款的行为。这里的纳税期限是指税法中规定的纳税期限。欠缴税款既影响国家税款的及时入库，又占用了国家税款，破坏了税法的严肃性，因此应该承担法律责任。

对不按期缴纳或者解缴的，税务机关应当责令其限期缴纳或者解缴。在现实中，纳税人未按照规定期限缴纳或者解缴税款的可以分为故意的和非故意的两种情况。对于故意的，一般是纳税人或者扣缴义务人出于一定的目的占用税款，不按期缴纳或者解缴，对于这种情况，不论是否是故意的，税务机关都要责令其限期缴纳，如果过期仍不缴纳，也没有提出申请，或者提出申请，税务机关没有批准，对纳税人及扣缴义务人上述行为给予一定的处罚，避免其无偿占用国家税款。对于非故意的，一般是纳税人或扣缴义务人不知道应该纳税，或者是知道但由于各种原因不能按期缴纳或者解缴。

我国税法规定，纳税人欠缴应纳税款，采取转移或者隐匿财产的手段，妨碍税务机关追缴欠缴的税款的，由税务机关追缴欠缴的税款、滞纳金，并处欠缴税款50%以上5倍以下的罚款；构成犯罪的，依法追究刑事责任。对于违反法律、行政法规的规定提前、延缓征收或摊派税款的，由其上级机关或者行政监察部门责令改正，对直接负责的主管人员和其他直接人员依法给予行政处分。

合理避税必备五种素质

合理避税虽是光明正大的，但毕竟是有一定程度的钻税法空子、"打擦边球"的意味，纳税人如果不具备一定的专业素质，就很有可能把合理避税弄成不合理了。

具有丰富的税收专业知识

合理避税是一项专业性很强的工作，需要有扎实的理论知识和丰富的实践经验来支持。扎实的理论知识要求纳税人除了对法律、税收政策和会计知识相当精通外，还应该通晓工商、金融、保险、贸易等方面的知识；丰富的实践经验要求纳税人能在极短的时间内掌握企业的基本情况、涉税事项、涉税环节、筹划意图，在获取真实、可靠、完整的筹划资料的基础上，选准策划切入点，制定正确的筹划步骤，针对不同的情况作出最符合企业要求的有效筹划方案。成功的筹划方案是"斗智斗勇的结果"。

纳税人只有具备了丰富的理论知识和实践经验，才能达到企业所要求的目标。如果一个纳税人具有非常强的筹划意识，并且一心想获取税收上的好处，但没有丰富的理论知识和实践经验作为基础，也只能是一厢情愿。

全面了解税法，关注政策动向

我国的税法在立法体制上有多个层次，既有全国人民代表大会及其常务委员会制定的税收基本法律，如《中华人民共和国个人所得税法》《中华人民共和国税收征收管理法》等；又有国务院制定的税收行政法规，如《中华人民共和国增值税暂行条例》《中华人民共和国消费税暂行条例》等，还有财政部、国家税务总局和海关总署制定的税收规章，如实施细则、通知、办法等。此外，具体的税收法规变化频繁，同一个问题一年中可能有好几个处理文件。稍不注意，使用的法规就可能过时。既然合理避税筹划方案主要来自不同的投资、筹资、经营方式，因此，对于与投资、筹资、经营活动相关的税收法律、法规的全面了解，就成了合理避税筹划的基础性环节。有了这种全面了解，才能策划出不同的纳税方案，并且进行比较分析，优化选择，进而作出对纳税人最有利的投资、筹资或经营决策。反之，如果对有关的政策、法规不了解或者不甚了解，就无法策划出多种筹划方案，合理避税筹划活动也就无法正常进行。

提高自己的沟通能力

一个优秀的纳税人，不仅应掌握理论知识和丰富的实践经验，而且还应该有良好的沟通能力。

沟通能力具体表现在与税务机关的沟通和与企业领导人的沟通两个方面。纳税人提供的筹划方案只有在获得税务机关批准的前提下，才有可能实现其筹划的目的。纳税人如何将一个成功的筹划方案通过自己的沟通技巧获得税务机关的认可，是一个十分重要的问题。这就要求纳税人具有良好的口才，能根据税务机关对筹划方案提出的各种问题，以极其简洁的语言说明其筹划思路、步骤和操作方法，作出有理有据的解释，从而得到税务机关的认可。当然，合理避税筹划方案同样也必须经过本企业领导人的同意。

企业领导人与纳税人对生产经营活动的关注点不可避免地存在着差异。他们虽然都希望通过合理避税筹划来为企业获取最大的税收利益，但企业领导人关心的是整个企业的整体利益和长远利益，关心的是企业的长远发展；而纳税人有可能只从当前的利益出发，可能出现与领导人相异的观点。这时就要求纳税人通过自己丰富的理论知识和实践经验，和领导人进行有效的沟通，以作出正确的筹划方案。有时候，领导人可能为了一己私利或者怕麻烦，对纳税人的正确合理避税筹划方案不予支持，这时就更需要纳税人具有良好的沟通能力，对其循循诱导，晓之以理，争取获得领导人的支持。

所以，纳税人应该掌握一定的沟通技巧，既要坚持合理合法的原则，又要通过出类拔萃的口才达到与企业领导人的一致，以谋求企业整体利益的最大化。

保持良好的职业道德

职业道德是纳税人的精神面貌，它反映了纳税人的品德和气质，集中体现了纳税人的形象。纳税人的职业道德具体体现在正确地处理好国家利益和企业利益的相互关系上。进行合理避税筹划的前提条件是合法，但由于企业领导人对于某些涉税事项、涉税环节分不清合法与非法的界限，往往会提出一些影响筹划合法性的要求；有些领导人则要求将某些违反税收法律、法规的行为纳入筹划方案。面对这种情况，纳税人必须以国家利益为重，态度鲜明地维护税法的权威性，维护国家集体的利益，绝不能为了一己私利而放弃原则，更不能受利益的驱动而主动进行违反税法、损害国家利益的行为。

评估方案的针对性、可行性

针对性是指在做具体的筹划时，要针对企业不同的生产经营情况，做到有的放矢。不同地区、行业、部门和生产经营规模，国家对其有着不同的税收政策和法规。因此，在具体的筹划过程中，所形成的思路、看问题的角度以及采用的筹划方式不尽相同。

例如，对于年销售额达不到80万元的商业企业，应按3％的征收率征收增值税，而对于小规模工业企业则按照6％的征收率征收增值税。可行性和可操作性是指纳税人要针对企业的具体情况量体裁衣，做出的筹划方案，应该切实可行，不能像个空中楼阁。

因此，纳税人不仅是企业进行合理避税筹划的主要参加者，也是企业进行合理避税筹划的主要策划者。筹划方案的成功与否，与纳税人的工作密不可分。做个合格的纳税人，对于企业筹划方案的成功，起着相当重要的作用。

合理避税必备六种意识

合理避税筹划是纳税人在现行税制条件下,通过充分利用各种有利的税收政策和合理安排涉税行为,在合法的前提下实现利益的最大化。纳税人是合理避税筹划的主体,他所具备的意识是合理避税取得成功的重要因素。

纳税人为减轻自身税负,获取经济利益,首先应该想到的是合理避税,而不是采取其他非法的手段。我们认为,纳税人应该具备的合理避税意识包括以下几个方面。

价格筹划意识

所谓价格筹划意识,就是要求纳税人在进行经济活动时,要具有运用转让定价进行合理避税的意识。转让定价是合理避税的基本方法之一,对于一个具有一定规模、生产产品的品种和数量都较多的企业来说,更是如此。一个微小的价格变动,都会引起企业利润很大的变动。转让定价虽然被列为税务局重点稽查的对象,但由于转让定价具有很大的灵活性和隐蔽性,特别是在专利技术、商标使用权等无形资产的转让方面,具有更大的弹性空间。因此,利用转让定价进行合理避税,是纳税人应该而且必须具备的筹划意识之一。

优惠筹划意识

所谓优惠筹划意识,是指纳税人在进行经济活动时,要具有充分利用国家税收优惠政策的意识。税收优惠政策是国家为了一定的目的,对某些纳税人和征税对象给予鼓励和照顾的一种特殊规定。对于纳税人来说,应该积极地利用税收优惠政策。因为,税收优惠政策是国家明文规定的,具有很强的操作性,运用税收优惠进行合理避税,其成本是最小的,收益也是最大的。这种筹划既不会成为税务机关的稽查对象,又符合国家意图,还可以减轻自身税负,一举三得,何乐而不为呢?

漏洞筹划意识

所谓漏洞筹划意识,是指纳税人在进行经济活动时,要具有找出税制中的漏洞并利用之的合理避税筹划的意识。一个国家的税制,不管其如何先进、如何完善,总可以找出其中的漏洞。如税收立法上的漏洞、税收征收管理上的漏洞等。由于找出税收中的漏洞需要比较强的专业能力,所以在利用漏洞合理避税筹划时,应该有两个分析权衡的过程:其一是"成本—收益"分析,其二是"风险—

收益"分析。

空白筹划意识

所谓空白筹划意识，是指纳税人在进行经济活动时，要具有利用税法空白进行合理避税筹划的意识。税法空白是指依据税法总纲应该有而实际上没有的税法内容，其产生的原因是因为立法者的失误或技术研究水平不够。

例如，由于技术原因，我国还没有制定电商税收法律。因此，很多纳税人就利用国家税收立法在这方面的空白进行合理避税筹划。

和利用税法漏洞进行筹划一样，在利用税法空白进行筹划时，要有"成本—收益"和"风险—收益"分析权衡的过程。

弹性筹划意识

所谓弹性筹划意识，是指纳税人在进行经济活动时，要具有利用税法弹性进行合理避税筹划的意识。弹性筹划是指利用税法构成要素中如税率、税额、优惠和惩罚性措施等存在一定的幅度而进行的合理避税筹划。

例如，营业税中娱乐业的税率为5%～20%，纳税人便可以选择最有利于自己的税率纳税。当然，其前提是征得税务机关的同意。

弹性筹划要坚持一个总原则和三项分原则：一个总原则是增加利润，降低损失；三项分原则是：税率、税额最小，优惠最大，惩罚最小。同时，弹性筹划要注意搞好和税务机关的关系。

规避筹划意识

所谓规避筹划意识，是指纳税人在进行经济活动时，要具有利用税法中关于某些临界点的规定进行合理避税筹划的意识。临界点可分为税基临界点和优惠临界点两大类。

例如，土地增值税税率采用四级超率累进税率，增值额没有超过扣除项目金额30%的，适用税率为30%；超过50%，未超过100%的部分，适用税率为40%；增值额超过扣除项目金额100%，未超过200%的部分，适应税率为50%；增值额超过扣除项目金额200%的部分，适用税率为60%，纳税人可以利用50%这一临界点，将增值额控制在49%左右，从而规避应纳税额。

当然，在进行规避筹划时，纳税人一定要注意"收益—成本"比较。如果仅为了规避一点税款，而把自己限制在很小的规模，那就得不偿失了。

人力资源经理避税三大招

到了单位发放年终奖的高峰期,少则上千元、多则上万元,远远超出平时月份的工资收入,辛苦了1年的员工早就巴望着这笔过年费。企业中高层所缴个税有天壤之别,特别是那些平时只拿基本工资、年终领取绩效奖金的业务骨干和高管,最后一个月年终奖要缴的个税甚至是全年工资的三四倍,大多数人直呼"吃不消",并强烈要求公司"想想办法"。如果企业的人力资源部门能够未雨绸缪,开展"避税筹划",一个高级白领全年避税过万元都可能。这样的人力资源经理公司上上下下没有不喜欢的。

我们先来看看没做税务筹划下的情况。

某企业高级管理人员月薪1万元,12月该企业给他发放年终奖金12万元。根据税法规定,"个人一次取得数月奖金或年终加薪、劳动分红,可单独作为一个月的工资薪金所得计算纳税。由于对每月的工资薪金所得计税时已按月扣除了费用,因此对上述奖金原则上不再减除费用,全额作为应纳税所得额直接按适用税率计算应纳税款"。这样,这位高管全年应缴纳的个人所得税为:全年工资、薪金应纳税:[(10 000-1 200)×20%-375]×12=16 620(元);年终奖部分个人所得税:120 000×45%-15 375=38 625(元);共计16 620+38 625=55 245(元)。

如果采取税务筹划会如何呢?先看看常用的避税三大招数。

一种是将年终奖金分3次发放,作为后3个月的月奖金。通常来说,业绩考核的企业经过前三季度基本可以确定年终奖金额,企业高管的年终分红在11月份同样能够"大差不差"计算出来,因此大都将奖金分发在11月、12月和次年1月。同样以月薪1万元、年终奖12万元为例,分摊到后3个月就是每月发放奖金40 000元,那么当月发放奖金所得应并入当月工资计征税款。其全年应负担的个人所得税为:[(10 009-1 200)×20%-375]×9+[(10 000+40 000-1 200)×30%-33 751]×3=46 260(元),节省 55 245-46 260=8 985(元);相当于这名高管一个月工资。

第二种常见手段是不发放年终奖金,而是将奖金平摊到各月中,每月工资1万元,奖金1万元(如果该员工工作业绩未达要求,则在第四季度逐步扣发工资奖金),则其全年应负担的个人所得税为:[(20 000-1 200)×20%-375]×12=40 620(元),节省55 245-40 620=14 625(元)。

第三种手段往往和上述方式同时使用，就是发放有价证券、礼品、购物券等。例如在一些股份制企业里，公司在年终会给表现出色的员工配发股份，参与公司分红。按照税法规定，利息、股息、红利所得适用20%的比例税率，即使缴税，也比10多万元年终奖适用的30%～45%的比例税率低很多。不过单位发放的有价证券、礼品，最好根据市场价来折算纳入个人收入缴纳个税，否则在日后查账时一旦发现就要补缴税款并加以处罚。

必修课：经常关注税务政策的调整

除了以上基本的三招外，经常关注税务机关的政策调整也是人力资源经理的必修课。

为合理解决个人取得全年一次性奖金征税问题，国家税务总局出台了《国家税务总局关于调整个人取得全年一次性奖金等计算征收个人所得税方法问题的通知》（简称《通知》），明确规定从2005年1月1日起，对个人当月内取得的全年一次性奖金，除以12个月，按其商数确定适用税率和速算扣除数。

《通知》规定，纳税人取得全年一次性奖金，单独作为一个月工资、薪金所得计算纳税，但在计征时，应先将雇员当月内取得的全年一次性奖金，除以12个月，按其商数确定适用税率和速算扣除数。如果在发放一次性奖金的当月，雇员工资薪金所得低于税法规定的费用扣除额，还应将全年一次性奖金减除"雇员当月工资薪金所得与费用扣除额的差额"后的余额，按上述办法确定全年一次性奖金的适用税率和速算扣除数。

《通知》明确，在一个纳税年度里，对每一个纳税人，该计算办法只允许采用一次。同时，雇员取得除全年一次性奖金以外的其他各种名目奖金，如半年奖、季度奖、加班奖、先进奖、考勤奖等，一律与当月工资、薪金合并，按税法规定缴纳个人所得税。

全年一次性奖金是指行政机关、企事业单位等扣缴义务人根据其全年经济效益和对雇员全年工作业绩的综合考核情况，向雇员发放的一次性奖金，也包括年终加薪、实行年薪制和绩效工资办法的单位根据考核情况兑现的年薪和绩效工资。

2005年1月1日以后一次性领取的属于2004年度的奖金，以扣缴义务人发放的时间为准，可按（国税发〔2005〕9号）文的有关规定计算缴纳个人所得税。

雇员个人当月内取得的全年一次性奖金的具体计算方法：

雇员当月工资薪金所得高于（或等于）税法规定的费用扣除额的：

【例】某雇员于2015年1月一次性领取2014年度的奖金70 000元，其应纳的个人所得税为：

■确定适用税率和速算扣除数：70 000÷12＝5 833.33（元），5 833.33元的适用税率为15％，速算扣除数为125元。

■应纳税额＝5 833.33×15％－125＝750（元）

第五节　极其重要的福利

——保险

随着现代企业制度的逐步建立和完善，目前中国的社会保障体系也日趋成熟，越来越多的企业把员工福利保障计划作为人力资源管理的重要手段之一。

员工福利保障计划是指企业为员工提供非工资福利的一揽子计划。保险业要发展的员工福利保障计划，是特指寿险公司以团体保险的形式，为企业员工养老、健康、伤残、死亡等提供风险保障计划。目前，团体保险、个人保险和银行保险业务共同构成了人身保险业务的三大主要来源。在我国，自20世纪80年代恢复办理国内寿险业务以来，团体保险保费收入一直占据了寿险业务的一半以上。但从国际上看，员工福利保障计划已经成为团体保险的主流。因此发展员工福利保障计划的团体保险也是大势所趋。

企业最初为员工购买的社会统筹即社会保险是从安定社会出发，以保障员工长期基本医疗水平为主，是为保护员工身体健康而设立的，目前社会保险已远远不能保障员工正常的生活需要及高额医疗费的开支，或因意外情况给家庭带来的不幸，还必须要通过保险公司在原来社会保险的基础上为员工购买团体保险，增加员工的福利保障，中国保监会等有关部门也出台相关政策，要大力加强员工福利保障计划的实施。

2016年1月25日，全国保险监管工作会议在北京召开。会议提出，保险业要抓好各项重点、难点保险改革发展任务，并着力抓好三大重点工作，分别为：实现服务民生三大突破，推出深化改革三大举措，完成风险防控三大工程。

服务民生三大突破。首先要提升大病保险服务水平，把做好大病保险作为扶贫攻坚工作的重要内容来抓。据统计，目前我国大病保险覆盖全国31个省区市，覆盖人口约9.2亿，报销比例普遍提高了10%~15%，约345万大病患者直接受益。

会议还指出，要进一步落实国务院办公厅《关于全面实施城乡居民大病保险的意见》，推动实施大病保险"一站式"结算和异地就医即时结算；研究制定投标管理、服务规范、风险调节、财务独立核算、退出机制等制度；进一步强化与基本医保等医疗保障制度间的互补联动，形成保障合力。同时，要抓好巨灾保险制度落地。要尽快推动《建立城乡居民住宅地震巨灾保险制度实施方案》在全国范围内落地；积极推动地震巨灾保险立法进程，将地震巨灾保险纳入法制化框架；继续推动巨灾保险地方试点，探索研究覆盖洪水、台风等主要自然灾害的巨灾保险制度。

此外，还要推动商业保险税优政策试点顺利实施。2016年，要完善试点方案，推动税优健康保险全国试点；税延养老保险的重点是争取尽快推出税延养老保险试点政策，抓紧制定试点方案，组织好实施工作。同时，要做好税延保险信息平台建设、税延保险监管制度制定、示范条款设计等试点准备工作；加快推进保单登记管理信息平台建设，继续完善并丰富保单登记管理信息平台功能，基本建立起功能较为全面的数据分析平台，进一步扩大保单登记范围，提高登记数据的准确度和全面性。

目前，国内仍有一部分企业没有为企业员工增加福利保障，主要原因是企业相关部门对社会保险与商业保险（团体保险）的区别认识不够；对为员工增加福利保障的事情不够重视，认为员工有了保险（社会保险）就万事无忧了，员工再出什么问题就不属于公司的责任了，其实，这是对自己的公司及员工不负责任。企业给员工增加福利保障，从企业长远来看也是保证企业快速运转、提升企业管理的有力措施。企业每年把福利费交给保险公司，让保险公司来负担员工的生老病残死，使员工无后顾之忧，这样一来不仅可以提高员工的士气，还能够使员工全身心地投入工作，同时也有利于企业资金合理运用和降低运营成本，还有利于企业减轻税负。法律规定，部分保险费是可以税前开支的，从而避免企业资金的管理漏洞和浪费，是有效利用资金的良策。

企业为员工购买高额的福利保障，不仅可以增强员工之间的凝聚力，还有利于提高公司在行业内的形象，有利于公司留住现有的优秀人才，同时也会吸引其他企业的高层优秀人才。优秀人才是保证企业稳步、健康、快速发展的关键，为他们投保高额的福利保障，是确保留住优秀人才的有力手段。

企业购买保险不仅有利于企业自身，还可以凭借它争取银行借款、拆借资金或抵押贷款。同时用企业的提留资金，为合伙人各自投保高额保险，万一有合伙人遭受意外，就可以把这笔保险赔款给其家属，不至于抽走资金而影响企业发展。

因此员工福利保障计划的启动成为实现团体保险健康发展的有效途径，同时也可以有效推动我国社会保障制度的完善。

社会保险

社会保险是政府立法实施的一种社会保障制度，目的是保障劳动者因生、老、病、死、伤、残和失业而暂时或永久丧失劳动能力的情况下，能够从国家和社会获得物质帮助。目前国家规定的基本社会保险品种包括以下五种：养老保险、失业保险、医疗保险、工伤保险、生育保险。

各种保险在实际计算过程中需要很多的参数，所以个人要计算是比较困难的。因为养老保险和职工的利益息息相关，这里就以基本养老保险为例。

第一，基本养老保险由国家、企业和职工个人共同负担。基本养老保险缴费比例为：企业为上一年月平均工资的20%，职工个人为上一年月平均工资的8%。

缴纳基本养老保险费，首先需要确立一个缴费工资基数。这个工资的基数是按照上一年该职工总工资的月平均数来定的。"工资"包括：计时工资、级别工资、工龄工资、计件工资、奖金、各种津贴和补贴、过节费、旅游费、交通费、洗理费、书报费、伙食补助、住房、租房补贴及单位代扣代缴的个人所得税、住房基金、各项社会保险基金、房水电费等。

以北京为例，2014年全年的职工平均工资是77 560元，因此上一年的月平均工资是6 463元。劳动保障部门公布，参保人在上保险的时候缴费基数有一个最高和最低的限额。最低的界限是按照月平均工资6 463元的60%核算，就是3 877.8元。最高的限额是6 463元的300%，就是19 389元。参保人在上一年的月平均工资低于3 877.8元的，比如参保人上一年的月平均工资是3 500元，其养老保险就按照3 877.8元作为缴费基数；如果参保人的上一年的月平均工资是8 000元，也只能按照最高限额3 877.8元作为缴费基数。而上一年的月平均工资在19 389元和3 877.8元之间的参保人员，就按照参保人员实际的工资数作为缴费基数。

第二，参加基本养老保险后享受的待遇。参加基本养老保险的企业职工和个体劳动者，达到国家规定的退休年龄，缴费满规定年限，均可办理退休手续，享受以下同等的基本养老保险待遇：

- 按规定计发的基本养老金，按月领取，直至死亡。
- 享受基本养老金的正常调整待遇。
- 死亡待遇。①丧葬费；②一次性抚恤费；③符合供养条件的直系亲属生活困难补助费，按月发放，直至供养直系亲属死亡。

第三，基本养老金的计发与以下三个因素挂钩：

- 与北京市职工平均工资挂钩。连续缴费到法定退休年龄，按退休前一年职工平均工资计发；中断缴费的按照"去中间，加两头"的办法，按中断年限将全市职工平均工资往前推，降低养老金待遇。
- 与本人每年的缴费工资和缴费年限挂钩。从1998年1月起按本人缴费工资基数的11%建立个人账户，缴费年限越长、按月领取的养老金也越高。缴费年限最低为"中人"10年，（1998年以前上保险的）"新人"15年，缴费不到最低年限的不能办理退休，只能领取一次性生活费。
- 与社会物价指数挂钩。基本养老金并不是一成不变的，对参保人员的基本养老金，每年按全市上年度职工平均工资增长率的一定比例进行调整。当年办理退休手续的人员，从次年起调整基本养老金。职工平均工资负增长时不做调整。

北京市养老金计算公式如下所示。
1.关于月养老金计发办法
月养老金=基本养老金月标准+个人账户养老金月标准+过渡性养老金月标准
注：为使北京市养老保险规定（第183号令）实施后的基本养老金水平合理衔接、平稳过渡，根据国家确定的原则，改革基本养老金计算办法，实行5年过渡（自2006年1月1日至2010年12月31日），过渡期内，符合按月领取基本养老金条件、输退休手续的人员，分别按照新办法的原办法计算基本养老金并进行比较。按新办法计算的基本养老金水平低于按原办法计算的，其差额部分予以补足；高于原办法的，2006年退休的，基本养老金增长幅度不超过按原办法计算的20%；2007年退休的，不超过40%；2008年退休的，不超过60%；2009年退休

的，不超过80%；2010年退休的，不超过100%。自2011年起，基本养老金的计发不再进行两种计算办法比较。

过渡期内，两种计算办法比较时，按原办法计算基本养老金使用的本市职工平均工资封定在2005年的32808元/年（2734元/月）。

2.基础养老金计算公式

J=(C平+C平×Z实指数)÷2×N实+同×1%

基本养老金计算公式中有关指标解释

（1）J为"基础养老金"。

（2）C平为被保险人退休上一年本市职工月平均工资（保留两位小数）。

（3）Z实指数（实际缴费工资指数，计算结果保留四位小数）=（$X_n ÷ C_{n-1}$+……+$X_{1993} ÷ C_{1992}$+$X_{1992} ÷ C_{1991}$）÷N应缴。

（4）X_n，…，X_{1993}，X_{1992}为被保险人退休当年至1992年相应年度各月本人缴费工资基数之和。

（5）C_{n-1}，…，C_{1992}，C_{1991}为被保险人退休上一年至1991年相应年度本市职工平均工资，其中C_{n-1}为被保险人退休上一年本市职工平均工资除以12再乘以当年的应缴费月数，C_{1991}为1991年本市职工平均工资除以12再乘以3。

（6）N应缴为被保险人应缴纳基本养老保险费年限。

（7）C平×Z实指数为本人指数化月平均缴费工资。

（8）N实+同为实际缴费年限与视同缴费年限之和。

（9）以上涉及的缴费年限，均计算到月，保留两位小数。

（10）以上涉及基本养老保险金的计算，以元为单位，保留两位小数。

3.个人账户养老金计算公式

个人账户养老金标准=被保险人个人账户累计储存额÷国家规定的计发月数

国家统一规定的个人账户养老金计发月数如表8-3所示。

表8-3 国家规定的个人账户养老金计发月数

退休年龄（周岁）	计发月数（月）	退休年龄（周岁）	计发月数（月）
40	233	52	185
41	230	53	180
42	226	54	175
43	223	55	170
44	220	56	164
45	216	57	158
46	212	58	152
47	205	59	145
48	204	60	139
49	199	61	132
50	195	62	125
51	190	63	117

（续表）

退休年龄（周岁）	计发月数（月）	退休年龄（周岁）	计发月数（月）
64	109	68	75
65	101	69	65
66	93	70	56
67	84		

4.过渡性养老金计算公式

G=G同+G实

其中：G同=C平×Z同指数×N同×1%

G实=C平×Z实指数×N实98×%1

（1）G为"过渡性养老金"。

（2）G同为按视同缴费年限计算的过渡性养老金。

（3）Z同指数（视同缴费年限的缴费工资指数）=1。

（4）N同（视同缴费年限）为实行个人缴费前按国家规定计算的连续工龄。

（5）G实为按实际缴费年限计算的过渡性养老金。

（6）N实98为被保险人1992年10月1日至1998年6月30日前的实际缴费年限。

（7）以上涉及的缴费年限，均计算到月，保留两位小数。

（8）以上涉及基本养老保险金的计算，以元为单位，保留两位小数。

商业保险

以上讲的是企业的法定责任——社会保险，那么人事经理又该如何为员工购买商业保险呢？

人事经理为员工购买商业保险时应该掌握以下原则。

第一，国家机关团体、企事业单位及其他合法团体中身体健康、能正常工作或学习的人员，都可作为被保险人，由所在单位作为投保人，不能接受以购买保险为唯一目的而临时组成的团体投保团体保险。

团体保险投保的行业：煤矿采选业、金属矿采选业等其他采掘业、烟花爆竹业、火药爆竹制造及处理、潜水工作人员、战地记者、特技演员、动物园驯兽师、高空杂技、飞车、飞人演员、电力高压电工程设施人员、防暴警察、特种兵、空中或海上服役军人等等。

第二，一、二、三类行业，团体投保的最低投保人数为8人，特殊情况下，如投保团体总人数不足8人须全员投保，3人以下的团体不能投保团体险。四类及四类以上行业的团体投保,最低投保人数须达到20人。

投保人全额负担保险费时,符合投保条件且具备参加保险资格者均需参加;若投保条款的承保对象中包括连带被保险人,则符合投保条件的连带被保险人须全员参加。被保险人自负部分保险费时,参加人数必须达到可保人数的75%;若投保条款的承保对象中包括连带被保险人,则符合投保条件的连带被保险人的参保比例必须达到连带被保险人总数的60%以上。

第三,保险公司为投保单位设立公共账户,单位对账户资金有分配权。为每一被保险人设立个人账户,个人账户分为"单位交费"和"个人交费"两个部分。

投保单位可以根据人力资源管理的需要,可以将公共账户的资金分期分配至被保险人个人账户,也可以随时增加或减少被保险人。保险公司为投保单位及每一被保险人提供科学、全面的账户管理,提供账户记录、账户变更、账户查询、对账服务以及缴费、领取、核算等功能,为投保单位的人力资源管理提供强大的服务支持。

第四,保证权益的增值部分企业可自主支配,企业可要求以减保选择权的形式退回企业,也可集中在公共账户内保值增值或另作分配。

企业决定红利的归属分别划入相应账户,成为账户资金余额的一部分,继续保值增值;或以转账方式直接支付给投保单位;或者将红利保留在保险公司以复利方式累积生息,红利累积利率每年由保险公司公布。

第五,保障第一,收益第二:保险的最大功能是转移风险,因而不能本末倒置。

综合投保,避免重复:以便全面有效分散各类风险,避免资金利用不当,从而节省投保费用。谋求高保额:只有高保额才能防范大的风险。缴费灵活,且险种服务功能要全面。一旦决定,及时投保:早一天投保就早一天安心。

第六,单位投保团体意外险,在保单有效期内,如果员工变动,需要到保险公司办理加保或退保手续,但员工离职时在保单有效期内发生保险金给付情况的,不能退保。

公司投保团体保险,若某被保险人离职,或投保单位决定不再为某被保险人投保或要增加被保险人,有如下处理办法:一种方法是直接为该离职人员办理退保手续，按照公司的缴费情况，退还其现金价值（或扣除手续费，退还保险费），也可直接办理新增被保险人的加保手续。另一种办法是当某一被保险人离职时，公司对该被保险人所承担的保险责任自其离职之时起终止。根据公司的要求，保险公司可直接将该个人账户累计额记入"临时账户"，待增加被保险人时，再将其账户金额从"临时账户"中转存入新增被保险人的交费账户，手续更为简单。

第七，所谓分红是指保险公司将实际经营成果优于定价假设的盈余，按一定比例向保单持有人进行分配的一种人寿保险。

红利来源于死差益、利差益所产生的可分配盈余。死差益是指保险公司实际的风险发生率低于预计的风险发生率，即实际死亡人数比预定死亡人数少时所产生的盈余；利差益是指保险公司实际的投资收益高于预计的投资收益时所产生的盈余。

第八，投保团体保险一般不需要每个被保险人填写投保单，只需要单位如实填写有关投保单证就可以了，投保人签名处必须由投保单位的法人代表或其授权人签字，并加盖单位公章（公章应与投保单位的全称一致）。

团体保险单一般是一式两联，分别由投保单位和保险公司持有。需要注意的是，如果单位投保的是包含死亡责任的团体险种，根据《中华人民共和国保险法》的规定需要经被保险人的亲笔签名同意。

第九，人身保险团体业务的被保险人有权知道关于投保险种条款的主要内容，有权指定和变更受益人，被保险人为无民事行为能力人或限制行为能力人的，可以由其监护人指定受益人。

第十，为避免道德风险，即防止投保人、受益人为了获得保险金而故意造成被保险人死亡、伤残或疾病，各国法律一般都规定，受益人由被保险人指定或变更，或经被保险人同意后由投保人指定或变更。

一旦发生变化需要变更受益人，应尽早到保险公司办理保单变更事宜，否则一旦出现赔付，则应依据保单和现行法律法规处理。

第九章
采购经理必备财务知识

从事采购的人必须精打细算,一个大大咧咧的马大哈是不适合做采购经理的。

第一节 采购主管脑筋中第一根弦

——如何订货

 存货管理的目标

存货是指企业在生产经营过程中为销售或者耗用而储备的物资。它包括材料、燃料、低值易耗品、在产品、半成品、产成品、协作件、商品等。

如果工业企业能在生产投料时随时购入所需的原材料,或者商业企业能在销售时随时购入该项商品,就不需要存货。但实际上,企业总有存货的需要,并因此占用或多或少的资金。这种存货的需要出自以下原因:

第一,保证生产或销售的经营需要。实际上,企业很少能做到随时购入生产或销售所需的各种物资,即使是市场供应量充足的物资也如此。这不仅因为不时会出现某种材料的市场断档,还因为企业距供货点较远而需要途中运输及可能出现运输故障。一旦生产或销售所需物资短缺,生产经营将被迫停顿,造成损失。为了避免或减少出现停工待料、停业待货等事故,企业需要存货。

第二,出自价格的考虑。零购物资的价格往往较高,而整批购买在价格上常有优惠。但是,过多的存货要占用较多的资金,并且会增加包括仓储费、保险费、维护费、管理人员工资在内的各项开支。存货占用资金是有成本的,占用过多会使利息支出增加并导致利润的损失;各项开支的增加更直接使成本上升。进行存货管理,就要尽力在各种存货成本与存货效益之间作出权衡,达到两者的最佳结合。这也就是存货管理的目标。

 储备存货的有关成本

与储备存货有关的成本,包括以下三种。

取得成本

取得成本指为取得某种存货而支出的成本,通常用TC_a来表示。其下又分为订货成本和购置成本。

第一,订货成本。订货成本指取得订单的成本,如办公费、运输费、保险费和装卸费等。订货成本中有一部分与订货次数无关,如常设采购机构的基本开支等,称为订货的固定成本,用F_1表示;另一部分与订货次数有关,如运输费、装卸费等,称为订货的变动成本。每次订货的变动成本用K表示;订货次数等于存货年需要量D与每次进货量Q之商。订货成本的计算公式为:

订货成本$=F_1+DK\div Q$

第二,购置成本。购置成本指存货本身的价值,经常用数量与单价的乘积来确定。年需要量用D表示,单价用U表示,于是购置成本为DU。

订货成本加上购置成本,就等于存货的取得成本。其公式可表达为:

取得成本=订货成本+购置成本=订货固定成本+订货变动成本+购置成本

$TC_a=F_1+DF\div Q+DU$

储存成本

储存成本指为保持存货而发生的成本,包括存货占用资金所应计的利息(若企业用现有现金购买存货,便失去了现金存放银行或投资于证券本应取得的利息,是为"放弃利息";若企业借款购买存货,便要支付利息费用,是为"付出利息")、仓库费用、保险费用、存货破损和变质损失等,通常用TC_c来表示。

储存成本也分为固定成本和变动成本。固定成本与存货数量的多少无关,如仓库折旧、仓库职工的固定月工资等,常用F_2表示。变动成本与存货的数量有关,如存货资金的应计利息、存货的破损和变质损失、存货的保险费用等,单位成本用K_c来表示。用公式表达的储存成本为:

储存成本=储存固定成本+储存变动成本

$TC_C=F_2+K_cQ\div 2$

缺货成本

缺货成本指由于存货供应中断而造成的损失,包括材料供应中断造成的停工损失、产成品库存缺货造成的拖欠发货损失和丧失销售机会的损失(还应包括需要主观估计的商誉损失);如果生产企业以紧急采购代用材料解决库存材料中断之急,那么缺货成本表现为紧急额外购入成本(紧急额外购入的开支会大于正常采购的开支）。缺货成本用TC_x表示。

如果以TC来表示储备存货的总成本，它的计算公式为：

$TC=TC_a+TC_c+TC_x=F_1+DK\div Q+DU+F_2+K_c Q\div 2+TC_s$

企业存货的最优化，即是使上式TC值最小。

做好存货决策

存货的决策涉及四项内容：决定进货项目、选择供应单位、决定进货时间和决定进货批量。决定进货项目和选择供应单位是销售部门、采购部门和生产部门的职责。财务部门要做的是决定进货时间和决定进货批量（分别用T和Q表示）。按照存货管理的目的，需要通过合理的进货批量和进货时间，使存货的总成本最低，这个批量叫作经济订货量或经济批量。有了经济订货量，可以很容易地找出最适宜的进货时间。

与存货总成本有关的变量（即影响总成本的因素）很多，为了解决比较复杂的问题，有必要简化或舍弃一些变量，先研究解决简单的问题，然后再扩展到复杂的问题。这需要设立一些假设，在此基础上建立经济订货量的基本模型。

经济订货量基本模型

经济订货量基本模型需要设立的假设条件是：

第一，企业能够及时补充存货，即需要订货时便可立即取得存货。

第二，能集中到货，而不是陆续入库。

第三，不允许缺货，即无缺货成本，TC_s为零，这是因为良好的存货管理本来就不应该出现缺货成本。

第四，需求量稳定，并且能预测，即D为已知常量。

第五，存货单价不变，不考虑现金折扣，即U为已知常量。

第六，企业现金充足，不会因现金短缺而影响进货。

第七，所需存货市场供应充足，不会因买不到需要的存货而影响其他。

设立了上述假设后，存货总成本的公式可以简化为：

$TC=F_1+DK\div Q+DU+F_2+K_c Q\div 2$

当F_1、K、D、U、F_2、K_c为常数量时，TC的大小取决于Q。为了求出TC的极小值，对其进行求导演算，可得出下列公式：

$Q^*=\sqrt{2KD\div K_c}$

这一公式称为经济订货量基本模型，求出的每次订货批量，可使TC达到最小值。

这个基本模型还可以演变为其他形式。

每年最佳订货次数公式：
$$TC^* = D \div Q^* = \sqrt{2KD \div K_C} = \sqrt{K_C \div 2K}$$

与批量有关的存货总成本公式：
$$TC(Q) = \sqrt{2KD \div K_C} + \sqrt{2KD \div K_C} K_c \div 2 = \sqrt{2KDK_c}$$

最佳订货周期公式：
$$t^* = 1 \div N^* = \sqrt{2KD \div DK_C}$$

经济订货量占用资金：
$$I^* = Q^* U \div 2 = \sqrt{2KD \div K_C}$$

【例9-1】某企业每年耗用某种材料3 600千克，该材料单位成本10元，单位存储成本为2元，一次订货成本25元。则：

$Q^* = \sqrt{2 \times 3\,600 \times 25 \div 2} = 300$（千克）

$N^* = D \div Q^* = 3\,600 \div 300 = 12$（次）

$TC(Q^*) = \sqrt{2KDK_c} = \sqrt{2 \times 25 \times 3\,600 \times 2} = 600$（元）

$t = 1 \div N^* = 12 \div 12 = 1$（个月）

$I^* = Q^* U \div 2 = 300 \div 2 \times 10 = 1\,500$（元）

基本模型的扩展

经济订货量的基本模型是在前述各假设条件下建立的，但现实生活中能够满足这些假设条件的情况十分罕见。为使模型更接近于实际情况，具有较高的可用性，需逐一放宽假设，同时改进模型。

第一，订货提前期。一般情况下，企业的存货不能做到随用随时补充，因此不能等存货用光再去订货，而需要在没有用完时提前订货。在提前订货的情况下，企业再次发出订货单时，尚有存货的库存量，称为再订货点，用R来表示。它的数量等于交货时间（L）和每月平均需用量（d）的乘积：

$R = L \cdot d$

续［例9-1］，企业订货日至到货期的时间为10天，每日存货需要量10千克，那么：

$R = L \cdot d = 10 \times 10 = 100$（千克）

即企业在尚存100千克存货时，就应当再次订货，等到下批订货到达时（再次发出订货单10天后），原有库存刚好用完。此时，有关存货的每次订货批量、订货次数、订货间隔时间等并无变化，与瞬时补充时相同。这就是说，订货提前期对经济订货量并无影响，可仍以原来瞬时补充情况下的300千克为订货批量，只不过在达到再订货点（库存100千克）时即发出订货单罢了。

第二，存货陆续供应和使用。在建立基本模型时，是假设存货一次全部入库，故存货增加时存量变化为一条垂直的直线。事实上，各批存货可能陆续入库，使存量陆续增加。尤其是产成品入库和在产品转移，几乎总是陆续供应和陆续耗用的。在这种情况下，需要对基本模型做一些修改。

【例9-2】某零件年需用量（D）为3 600件，每日送货量（P）为30件，每日耗用量（d）为10件，单价（U）为10元，一次订货成本（生产准备成本）（K）为25元，单位储存变动成本（K_c）为2元。

设每批订货数为Q。由于每日送货量为P，故该批货全部送达所需日数则为$Q \div P$，称之为送货期。

因零件每日耗用量为D，故送货期内的全部耗用量为：

$Q \div P \cdot d$

由于零件边送边用，所以每批送完时，最高库存量为：

$Q - Q \div P \cdot d$

平均存量则为：

$(Q - Q \div P \cdot d) \div 2$

E表示最高库存量，E_1表示平均库存量。

这样，与批量有关的总成本为：

$TC(Q) = D \div Q \cdot K + (Q - Q/P \cdot d) \cdot K_c \div 2$
$\quad\quad\quad = D \div Q \cdot K + Q(1 - d \div P) \cdot K_c \div 2$

在订货变动成本与储存变动成本相等时，$TC(Q)$有最小值，故存货陆续供应和使用的经济订货量公式为：

$D \div Q \cdot K = Q(1 - d \div P) \cdot K_c \div 2$

$Q^* = \sqrt{2KDP \div K_C(P-d)}$

将这一公式代入上述$TC(Q)$公式，可得出存货陆续供应和使用的经济订货量总成本公式：

$TC(Q^*) = \sqrt{2KDK_C(1 - d \div P)}$

将上述例题数据代入，则：

$$Q^* = \sqrt{2 \times 252 \times 3\,600 \times 30 \div [2(30-10)]} = 367 \text{（件）}$$
$$TC(Q^*) = \sqrt{2 \times 252 \times 3\,600 \times 2 \times (1-10 \div 30)} \approx 490 \text{（元）}$$

陆续供应和使用的经济订货量模型，还可以用于自制和外购的选择决策。自制零件属于边送边用的情况，单位成本可能较低，但每批零件投产的生产准备成本比一次外购订货的订货成本可能高出许多。外购零件的单位成本可能较高，但订货成本可能比较低。要在自制零件和外购零件之间作出选择，需要全面衡量它们各自的总成本，才能得出正确的结论。这时，就可借用陆续供应或瞬时补充的模型。

【例9-3】某生产企业使用A零件，可以外购，也可以自制。如果外购，单价4元，一次订货成本10元；如果自制，单位成本3元，每次生产准备成本600元，每日产量50件。零件的全年需求量为3 600件，储存变动成本为零件价值的20%，每日平均需求量为10件。

下面分别计算零件外购和自制的总成本，以选择较优的方案。

（1）外购零件
$$Q^* = \sqrt{2KD \div K_c} = \sqrt{2 \times 10 \times 3\,600 \div (4 \times 0.2)} = 300 \text{（件）}$$
$$TC(Q^*) = \sqrt{2KDK_c} = \sqrt{2 \times 10 \times 3\,600 \times 4 \times 0.2} = 240 \text{（元）}$$
$$TC = DU + TC(Q^*) = 3\,600 \times 4 + 240 = 14\,640 \text{（元）}$$

（2）自制零件。
$$Q^* = \sqrt{2KDP \div K_c(P-d)} = 3\,000 \text{（件）}$$
$$TC(Q^*) = \sqrt{2KDP \div K_c(P-d) \div P} = 1\,440 \text{（元）}$$
$$TC = DU + TC(Q^*) = 3\,600 \times 3 + 1\,440 = 12\,240 \text{（元）}$$

由于自制的总成本（12 240元）低于外购的总成本（14 640元），故以自制为宜。

第三，保险储备。以前讨论假定存货的供需稳定且确知，即每日需求量不变，交货时间也固定不变。实际上，每日需求量可能变化，交货时间也可能变化。按照某一订货批量（如经济订货批量）和再订货点发出订单后，如果需求增大或送货延迟，就会发生缺货或供货中断。为防止由此造成的损失，就需要多储备一些存货以备应急之需，称为保险储备（安全存量）。这些存货在正常情况下不动用，只有当存货过量使用或送货延迟时才动用。

设年需用量（D）为3 600件，已计算出经济订货量为300件，每年订货12次。又知全年平均日需求量（d）为10件，平均每次交货时间（L）为10天。为

防止需求变化引起缺货损失,设保险储备量(B)为100件,再订货点R由此而相应提高为:

R=交货时间×平均日需求+保险储备

$= L \cdot d + B$

$= 10 \times 10 + 100$

$= 200$(件)

在第一个订货周期里,$d=10$,不需要动用保险储备;在第二个订货周期内,$d>10$,需求量大于供货量,需要动用保险储备;在第三个订货周期内,$d<10$,不仅不需动用保险储备,正常储备亦未用完,下次存货即已送到。

建立保险储备,固然可以使企业避免缺货或供应中断造成的损失,但存货平均储备量加大却会使储备成本升高。研究保险储备的目的,就是要找出合理的保险储备量,使缺货或供应中断损失和储备成本之和最小。具体操作时,可先计算出各不同保险储备量的总成本,然后再对总成本进行比较,选定其中最低的。

如果设与此有关的总成本为$TC(S,B)$,缺货成本为C_S,保险储备成本为CB,则:

$TC(S,B) = C_S + CB$

设单位缺货成本为K_U,一次订货缺货量为S,年订货次数为N,保险储备量为B,单位存货成本为K_C,则:

$C_S = K_U \cdot S \cdot N$

$CB = B \cdot K_C$

$TC(S,B) = K_U \cdot S \cdot N + B \cdot K_C$

现实中,缺货量S具有概率性,其概率可根据历史经验估计得出;保险储备量B可选择而定。

【例9-4】假定某存货的年需要量$D=3\,600$件,单位储存变动成本$K_C=2$元,单位缺货成本$K_U=4$元,交货时间$L=10$天;已经计算出经济订货量$Q=300$件,每年订货次数$N=12$次。交货期内的存货需要量及其概率分布见表9-1。

表9-1 交货期内的存货需要量及其概率分布

需要量($10 \times d$)	70	80	90	100	110	120	130
概率(P_1)	0.01	0.04	0.20	0.50	0.20	0.04	0.01

先计算不同保险储备的总成本。

(1)不设保险储备量。

即令$B=0$,且以100件为再订货点。此种情况下,当需求量为100件或其以下时，不会发生缺货，其概率为0.75（0.01＋0.04＋0.20＋0.50）；当需求量为110件时，缺货10件（110－100），其概率为0.20；当需求量为120件时，缺货20件（120－100），其概率为0.04；当需求量为130件时，缺货30件（130－100），其概率为0.01。因此，$B=0$时缺货的期望值S_0、总成本$TC(S, B)$可计算如下：

S_0＝（110－100）×0.2＋（120－100）×0.04＋（130－100）×0.01
＝3.1（件）
$TC(S, B) = K_U \cdot S_0 \cdot N + B \cdot K_C$
＝4×3.1×12＋0×2
＝148.8（元）

（2）保险储备量为10件。

即$B=10$件，以110件为再订货点。此种情况下，当需求量为110件或其以下时，不会发生缺货，其概率为0.95（0.01＋0.04＋0.20＋0.50＋0.20）；当需求量为120件时，缺货10件（120－110），其概率为0.04；当需求量为130件时，缺货20件（130－110），其概率为0.01。因此，B＝10件时缺货的期望值S_{10}、总成本$TC(S, B)$可计算如下：

S_{10}＝（120－110）×0.04＋（130－110）×0.01＝0.6（件）
$TC(S, B) = K_U \cdot S_{10} \cdot N + B \cdot K_C$
＝4×0.6×12＋10×2
＝48.8（元）

（3）保险储备量为20件。

同样运用以上方法，可计算S_{20}、$TC(S, B)$为：

S_{20}＝（130－120）×0.01＝0.1（件）
$TC(S, B)$＝4×0.1×12＋20×2＝44.8（元）

（4）保险储备量为30件。

即$B=30$件，以130件为再订货点。此种情况下可满足最大需求，不会发生缺货，因此：$S_{30}=0$。

$TC(S, B)$＝4×0×12＋30×2＝60（元）

然后，比较上述不同保险储备量的总成本，以其低者为最佳。

当$B=20$件时，总成本为44.8元，是各总成本中最低的。故应确定保险储备量为20件，或者说应确定以120件为再订货点。

以上举例解决了由于需求量变化引起的缺货问题。至于由于延迟交货引起的缺货，也可以通过建立保险储备量的方法来解决。确定其保险储备量时，可将延迟的天数折算为增加的需求量，其余计算过程与前述方法相同。如［例9-4］，若企业延迟到货3天的概率为0.01，则可认为缺货30件（3×10）或者交货期内需求量为130件（10×10+30）的概率为0.01。这样就把交货延迟问题转换成了需求过量问题。

第九章 采购经理必备财务知识

第二节 存货进出如何算账

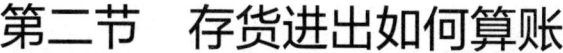
——计价

采购经理必须对存货的购买和发出价格的计算有透彻的理解。本节就从材料的采购成本计算说起。

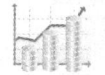 **材料采购成本的计算**

材料采购成本的计算,就是把企业在材料采购过程中发生的材料买价和各项采购费用,按照材料的批量、品种等加以归集,以便计算出该材料的实际采购成本的方法。

采购成本构成

材料采购成本由材料的买价和采购费用组成,其具体内容包括:

第一,买价。买价是指企业采购材料时,按发票价格所支付的货款。买价是材料采购成本的重要组成部分。

第二,运杂费。运杂费是指企业在采购材料过程中所支付的运输费、装卸费和途中保险费等。

第三,损耗。运输途中合理损耗是指材料运输途中发生的定额内损耗。

第四,挑选整理费。入库前的挑选整理费是指材料入库前因整理挑选而发生的损耗。

在采购材料的过程中,所发生的材料买价和采购费用都应记入"材料采购"的总账及其明细账。材料买价是从发票上取得的,属于直接费用,可直接计入该材料的采购成本。发生的采购费用,凡能分清对象的,可以直接计入各种材料的采购成本,凡不能分清对象的,应按合理的分配标准分配后计入每一种材料的采购成本。

在分配购买材料所支付的采购费用时,一般以材料的重量、体积或买价作为分配标准。计算公式为:

采购费用分配率＝采购费用总额÷分配标准之和

某种材料应分摊的采购费用＝该种材料分配标准×分配率

在汇总了每一种材料所发生的买价和采购费用后，就能计算出该种材料的采购成本。

可见，材料采购成本的计算是在"材料采购"明细账上进行的，材料采购成本的计算过程也是采购费用的归集和分配过程。

采购成本的计算方法

现举例说明材料采购成本的计算方法。

【例9-5】某工厂2015年6月购入A、B两种材料，购入材料费用支出情况如表9-2所示。

表9-2 材料费用支出

金额单位：元

材料名称	单位	单价	重量	买价	运输费
A	千克	3	6 000	18 000	
B	千克	6	2 000	12 000	
合计	—	—	8 000	30 000	1 600

从表9-2中可以看出，每种材料的买价属于能分清对象的费用，可直接计入A，B材料的采购成本。采购费用属于不能分清对象的费用，应在A，B两种材料之间按一定的分配标准分配后，再计入A，B材料的采购成本。假如运输费以A，B材料的重量为分配标准，则可分配如下：

运输费的分配率：1 600÷（6 000+2 000）＝0.2（元/千克）

A材料应分摊运费＝6 000×0.2＝1 200（元）

B材料应分摊运费＝2 000×0.2＝400（元）

经过分配后的运输费已归属于各种材料，这样就可以与材料的买价一起记入"材料采购"明细账，从而可计算出各种材料的采购成本并据以结转成本。根据本例资料，设置并登记材料采购明细账，如表9-3、表9-4所示。

表9-3 材料采购明细账

材料名称：A材料　　　　　　　　　　　　　　　　单位：元

月	日	凭证号	摘要	借方			贷方
				买价	运输费	合计	
6			购入6 000千克，每千克3元	18 000		18 000	
			摊配的运输费		1 200	1 200	
			结转的采购成本				19 200
			本期发生额	18 000	1 200	19 200	19 200

表9-4 材料采购明细账

材料名称：B材料   单位：元

月	日	凭证号	摘要	借方			贷方
				买价	运输费	合计	
6			购入2 000千克，每千克6元	12 000	2 000		
			摊配的运输费		400	400	
			结转的采购成本				12 400
			本期发生额	12 000	400	12 400	12 400

根据材料采购明细账的资料编制该厂6月份材料采购成本计算表，见表9-5。在结转已验收入库材料的采购成本时，应做如下会计分录：

借：原材料——A材料　　　　　　　　　　　　　　　19 200
　　　　　——B材料　　　　　　　　　　　　　　　12 400
　贷：材料采购——A材料　　　　　　　　　　　　　19 200
　　　　　　——B材料　　　　　　　　　　　　　　12 400

表9-5 材料采购成本计算表

项目	A材料（6 000千克）		B材料（2 000千克）	
	总成本	单位成本	总成本	单位成本
买价	18 000	3	12 000	6
运输费	1 200	0.2	400	0.2
合　计	19 200	3.2	12 400	6.2

 必须要掌握的存货计价方法

上面讲述的是存货购买的计价方法，下面阐述存货发出的几种基本计价方法。

个别计价法

个别计价法又称个别认定法、具体辨认法、分批实际法。采用这一方法是假设存货的成本流转与实物流转相一致，按照各种存货，逐一辨认各批发出存货和期末存货所属的购进批别或生产批别，分别按其购入或生产时所确定的单位成本作为计算各批发出存货和期末存货成本的方法。

采用这种方法，计算发出存货的成本和期末存货的成本比较合理、准确，但这种方法的前提是需要对发出和结存存货的批次进行具体认定，以辨别其所属的收入批次，所以实务操作的工作量繁重，困难较大。

个别计价法适用于容易识别、存货品种数量不多、单位成本较高的存货计价，如房产、船舶、飞机、重型设备、珠宝、名画等贵重物品。

先进先出法

先进先出法是以先购入的存货先发出这样一种存货实物流转假设为前提，对发出存货进行计价的一种方法。采用这种方法，先购入的存货成本在后购入的存货成本之前转出，据此确定发出存货和期末存货的成本。

【例9-6】某企业20×2年A种存货明细账如表9-6所示。

表9-6　存货明细账

存货类别：　　　　　　　　　　　　　　　　　　计量单位：千克

存货编号：　　　　　　　　　　　　　　　　　　最高存量：

存货名称及规格：A　　　　　　　　　　　　　　最低存量：

20×2年		摘要	收入			发生			结存		
月	日		数量	单价	金额	数量	单价	金额	数量	单价	金额
1	1	期初余额							30	5	15 000
	10	购入	900	60	54 000				300 900	50 60	15 000 54 000
	11	发出				300 500	50 60	15 000 30 000	400	60	24 000
	18	购入	600	70	42 000				400 600	60 70	24 000 42 000
	20	发出				400 400	60 70	24 000 28 000	200	70	14 000
	23	购入	200	80	16 000				200 200	70 80	14 000 16 000
1	31	本月发生额及月末余额	1 700	—	112 000	1 600	—	97 000	200 200	70 80	14 000 16 000

在明细账中，采用先进先出法计算发出存货和期末存货的成本。

采用先进先出法，存货成本是按最近购货确定的，期末存货成本比较接近现行的市场价值，其优点是使企业不能随意挑选存货计价以调整当期利润，缺点是工作量比较繁琐，特别对于存货进出量频繁的企业更是如此。而且当物价上涨时，会高估企业当期利润和库存存货价值；反之，会低估企业存货价值和当期利润。

加权平均法

加权平均法亦称全月一次加权平均法，指以本月全部收货数量加月初存货数量作为权数，去除本月全部收货成本加上月初存货成本，计算出存货的加权平均单位成本，从而确定存货的发出和库存成本。计算公式如下：

存货单位成本＝［月初结存金额＋∑（本月各批收货的实际单位成本×本月各批收货的数量）］÷（月初结存数量＋本月各批收货数量之和）

本月发出存货成本＝本月发出存货数量×存货单位成本

月末库存存货成本＝月末库存存货数量×存货单位成本

【例9-7】仍以［例9-6］中的A种存货明细账为例，采用加权平均法计算其存货成本如下：

A存货平均＝（15 000＋54 000＋42 000＋16 000）÷（300＋900＋600＋200）＝63.5（元/千克）

本月发出存货成本：1 600×63.5＝101 600（元）

月末库存存货成本：400×63.5＝25 400（元）

采用加权平均法，只在月末一次计算加权平均单价，比较简单，而且在市场价格上涨或下跌时所计算出来的单位成本平均化，对存货成本的分摊较为折中。但是，这种方法平时无法从账上提供发出和结存存货的单价及金额，不利于加强对存货的管理。

移动平均法

移动平均法亦称移动加权平均法，指本次收货的成本加原有库存的成本，除以本次收货数量加原有存货数量据以计算加权单价，并对发出存货进行计价的一种方法。计算公式如下：

存货加权单价＝（原有存货成本＋本批收货的实际成本）÷（原有存货数量＋本次收货数量）

本批发货成本＝本批发货数量×存货加权单价

【例9-8】［例9-6］中的A种存货明细账，采用移动平均法计算其存货成本如下：

第一批收货后的平均单位成本＝（15 000＋54 000）÷（300＋900）＝57.5（元）

第一批发货的存货成本＝800×57.5＝46 000（元）

当时结存的存货成本＝400×57.5＝23 000（元）

第二批收货后的平均单位成本＝（23 000＋42 000）÷（400＋600）＝65（元）

第二批发货的存货成本＝800×65＝52 000（元）

当时结存的存货成本＝200×65＝13 000（元）

第三批收货后的平均单位成本＝（13 000＋16 000）÷（200＋200）＝72.5（元）

该种存货月末结存400件，月末存货成本为29 000元（400×72.5）；本月发出存货成本合计为98 000元（46 000＋52 000）。

移动加权平均法的优点在于能使管理当局及时了解存货的结存情况，而且计算的平均单位成本以及发出和结存的存货成本比较客观。但采用这种方法，每次收货都要计算一次平均单价，计算工作量较大，对收发货较频繁的企业不适用。

后进先出法

后进先出法对成本流转的假设与先进先出法相反，它是以后收进的存货先发出为假定前提，对发出存货按最近收进的单价进行计价的一种方法。

第三节 明白采购的过程
——采购过程的核算

 如何进行采购核算

商品采购过程的核算内容

商品采购业务是指商品流通企业为了出售或加工出售而通过货币结算购买商品的活动。在会计核算中凡是支付货款并取得商品所有权,或尚未支付货款而商品已验收入库的,均视为商品采购。

商品采购的入账时间以获得商品的所有权时间为准。商品采购的入账价格,即采购成本应当以商品实际买价入账。商品采购过程中所发生的运费、装卸费、入库的整理挑选费等都应记入当期损益。

设置账户

第一,"材料采购"账户。该账户属于资产类账户,用于核算企业购入商品的实际采购成本,购入的商品不论是否进入本企业仓库,只要是由本企业支付货款的,都要在该账户进行核算。该账户借方登记货款已付但商品尚未入库的采购成本,贷方登记已验收入库商品的采购成本;期末借方余额表示货款已结算,但商品尚未入库的在途商品的采购成本,为了具体反映每种商品的采购成本,"材料采购"账户要按商品的品种规格等设置明细分类账。

第二,"库存商品"账户。该账户属于资产类账户,用来核算企业全部自有的库存商品,包括存放在仓库、门市部和寄存在外库的商品,委托其他单位代管、代销的商品,陈列展览的商品等。

企业的库存商品,可以采用进价或售价进行核算,批发企业的商品采用进价核算,应按商品进货原价记账,零售企业的商品,采用售价核算,应按商品售价记账,商品售价与进价的差额,在"商品进销差价"账户核算。

企业购入的商品，在商品到达验收入库后，应由"材料采购"账户转入本账户。批发企业采用进价核算的商品，应按商品进价借记本账户，贷记"材料采购"账户；零售企业采用售价核算的商品，应按商品售价借记本账户，按商品进价贷记"材料采购"账户，按商品售价与进价的差额，贷记"商品进销差价"账户。

企业销售发出的商品，借记"银行存款""应收账款"等有关账户，贷记商品销售收入账户，结转商品销售成本时，采用进价核算的商品，借记"主营业务成本"，贷记本账户。采用售价核算的商品，可按售价结转"主营业务成本"账户，月末分摊本月已销商品实现的进销差价。

本账户应按商品品种、名称、规格和存放地点等设置明细账。

第三，"商品进销差价"账户。该账户属于资产类账户，是用来核算企业采用售价核算的商品售价与进价之间的差额。

企业购入、加工收回以及销售退回增加的库存商品，按售价借记"库存商品"账户，按进价贷记"材料采购"或"应付账款""银行存款"等账户，按售价与进价差额，贷记本账户。

月末分摊已销商品的进销差价，借记本账中，贷记"主营业务成本"账户。

本账户应按商品类别或实物负责人设置明细账。

第四，"应付账款"账户。该账户属于负债类账户，用来核算企业购买商品、材料物资和接受劳务供应而应付给供应单位的款项。账户贷方登记验收入库的商品、材料物资尚未支付的货款，借方登记偿付的应付账款，月末贷方余额反映应付未付的账款。

本账户按供货单位设置明细账。

第五，"销售费用"账户。该账户属于损益类账户。用来核算企业在商品购进、商品销售、商品储存环节发生的各项费用，包括进货运杂费、装卸费、整理费、包装费、保险费、展览费、仓储保管费、检验费、广告费、商品损耗、经营人员的工资及福利费等。账户的借方登记发生的上述费用，贷方登记期末结转"本年利润"账户的费用，结转后本账户期末应无余额。

本账户应按费用项目设置明细账。

除上述账户外，还要设置其他有关的账户。如"银行存款"账户、"库存现金"账户等。

商品采购过程的核算

第一，批发商品采购过程的核算。批发商品采购按照商品验收入库所办理结算货款的不同情况,可分为以下三种核算方法。

(1)采购商品验收入库,同时结算货款。

【例9-9】丰华商场批发购进不锈钢炒锅2 000个,每个进价50元,货款100 000元,增值税额17 000元,运输费、装卸费共计3 000元,开出转账支票支付,商品验收入库。

这笔经济业务的发生,以银行存款支付的商品进价、税费、运输费等,是商品采购成本,增值税进项税额、销售费用的增加及银行存款的减少,应分别记入"材料采购""应交税费""销售费用"账户的借方和"银行存款"账户的贷方。

这笔经济业务应编制会计分录如下:

借:材料采购 100 000
  应交税费——应交增值税(进项税额) 17 000
  销售费用 3 000
 贷:银行存款 120 000

同时根据商品验收入库单,结转"库存商品"账户。

借:库存商品 100 000
 贷:材料采购 100 000

(2)采购商品先验收入库,后支付货款。

【例9-10】丰华商场购入运动服500套,合同中定价每套80元。货已验收入库,但款未付,暂按合同单价入账。

这笔经济业务的发生,是"库存商品"的增加,应记入"库存商品"账户的借方,货款未付,是债务的增加,应记入"应付账款"账户的贷方。

这笔经济业务应编制会计分录如下:

借:库存商品 40 000
 贷:应付账款 40 000

月末估价入账,是为了核对账实是否相符,待下月初,用红字做上述同样的分录冲回。

借:库存商品 40 000
 贷:应付账款 40 000

(3)采购商品,先承付货款,后验收入库。

【例9-11】丰华商场向爱家日用品厂托购"升降晾衣竿"1 000个,每个进价50元，货款50 000元，增值税额8 500元，代垫运费1 000元，本日已承付货款，商品尚未收到。

这笔经济业务的发生，是材料采购成本、增值税进项税额、销售费用的增加，应分别记入"材料采购""应交税费""销售费用"账户的借方，同时又是银行存款的减少，应记入"银行存款"账户的贷方。

这笔经济业务编制会计分录如下：

借：材料采购　　　　　　　　　　　　　　　　　　　　　50 000
　　应交税费——应交增值税（进项税额）　　　　　　　　　8 500
　　销售费用　　　　　　　　　　　　　　　　　　　　　　1 000
　贷：银行存款　　　　　　　　　　　　　　　　　　　　　59 500

【例9-12】向爱家日用品厂订购的"升降晾衣竿"现已到货并验收入库。

这笔经济业务的发生是库存商品的增加，需结转"库存商品"账户，根据入库单，编制会计分录如下：

借：库存商品　　　　　　　　　　　　　　　　　　　　　50 000
　贷：材料采购　　　　　　　　　　　　　　　　　　　　　50 000

第二，零售商品采购过程的核算。零售商品采购，采用售价金额核算，可分为以下三种核算方法。

（1）购进商品，验收入库，同时支付货款。

【例9-13】岭东零售百货商场向某批发市场购进不锈钢盆500个，每个进价20元，售价26元，以转账支票支付货款。

借：库存商品　　　　　　　　　　　　　　　　　　　　　10 000
　　应交税费——应交增值税（进项税额）　　　　　　　　　1 700
　贷：银行存款　　　　　　　　　　　　　　　　　　　　　11 700

（2）采购商品，先承付货款，后验收入库。

【例9-14】岭东零售百货商场，向某批发城订购箱包600个，每个进价50元，售价65元，今收到托收凭证后，开出支票以支付货款30 000元，增值税额5 100元，代垫运费300元，商品尚未收到。

这笔经济业务，应按进价核算法入账，编制会计分录如下：

借：材料采购　　　　　　　　　　　　　　　　　　　　　30 000
　　应交税费——应交增值税（进项税额）　　　　　　　　　5 100
　　销售费用　　　　　　　　　　　　　　　　　　　　　　　300

贷：银行存款 35 400

【例9-15】岭东零售百货商场向某批发城订购的箱包已到货，并已验收入库。

入库的商品，应按售价核算法结转库存商品，并编制会计分录如下：

借：库存商品 39 000
　　贷：材料采购 30 000
　　　　商品进销差价 9 000

固定资产购入业务的核算

固定资产的核算内容

固定资产是指企业在生产经营中所使用、不以出售为目的的持久性资产。

它的特点包括：使用期限长，一般都在1年以上，例如房屋、建筑物、机器、设备、器具、工具等；具有实物形态，其在使用过程中基本能保持原有实物形态；不以销售为目的；价值比较大。

固定资产投资在一般企业比重都较大，它采用折旧方式收回。固定资产的计价直接影响固定资产的核算，其计价有三种形式：固定资产原价、固定资产净值和重置价值。固定资产原价是指企业在购置、建造固定资产时所支付的货币总额，也称原始价值。

固定资产原价包括固定资产买价、运输费、装卸费、安装费等，但不包括运输过程中损坏而发生的修理费和其他与固定资产本身无关的费用，若购置的是已使用过的固定资产，则应从其原价中扣除原安装成本。

固定资产净值，也称折余价值，是指固定资产的原值减去累计折旧后的余额，它反映固定资产的现有价值。重置价值又称重估价值，是指按目前的经济状况和技术条件，重新购置、建筑和安装同样的固定资产所需的全部支出，这种计价方法多在接受捐赠等情况下使用。

设置账户

固定资产购入业务的核算需设置"固定资产"账户和"在建工程"账户。"固定资产"账户反映固定资产的增减变化，该账户借方反映增加的固定资产的原价，贷方反映减少的固定资产原价，余额在借方，反映企业拥有的固定资产的原价。购入的固定资产如需安装，则还要发生一些建造费用应列为固定资产原值。因此，要通过"在建工程"账户进行成本核算，"在建工程"账户的借方登记购入固定资产实际支付的价款及安装费用，贷方结转已完工的固定资产的实际成本（即原价），余额在借方，表示已投入安装但尚未完工或为其他工程的备料。

固定资产购入业务的核算

这里我们以机器设备为例说明购入固定资产业务的核算。

在企业购入的机器设备中，有的不需要安装即可投入生产使用，有的则需要安装、调试后才能投入生产使用。如果是前者，在投入生产使用时，应按购入时的实际成本（即原始价值）入账，实际成本包括买价、运杂费、包装费用等。如果购入的是后一种，则应通过"在建工程"账户核算其安装工程成本，应将其购进时支付的买价、运杂费、包装费以及安装时发生的安装费用记入"在建工程"账户的借方。安装工程完工交付使用时，应按安装工程的全部支出（即实际成本），从在建工程的贷方转入"固定资产"账户的借方。

【例9-16】某企业购入不需要安装的机器设备一台，买价15 000元，运杂费1 600元，包装费400元，全部款项已用银行存款支付。

这项经济业务说明，购入机器设备一方面使企业固定资产增加，应记入"固定资产"账户的借方，另一方面以银行存款支付，使企业银行存款减少，应记入"银行存款"账户的贷方。会计分录如下：

借：固定资产　　　　　　　　　　　　　　　　　　　　17 000
　　贷：银行存款　　　　　　　　　　　　　　　　　　　17 000

【例9-17】企业购入需要安装的机器设备一台，买价75 000元，包装费和运杂费2 200元，全部款项以银行存款支付。安装过程中耗用材料5 200元，耗用人工费2 600元。

这项经济业务说明，购入需要安装的机器设备，一方面企业的在建工程支出增加85 000元（75 000＋2 200＋5 200＋2 600），另一方面使企业银行存款减少77 200元，库存材料减少5 200元，应付职工薪酬增加2 600元。因此，这项经济业务涉及"在建工程""银行存款""原材料""应付职工薪酬"四个账户。在建工程支出增加，应记入"在建工程"账户的借方；银行存款、库存材料的减少，应分别记入"银行存款"账户和"原材料"账户的贷方；应付职工薪酬的增加，应记入"应付工资"账户的贷方。会计分录如下：

借：在建工程　　　　　　　　　　　　　　　　　　　　85 000

贷：银行存款　　　　　　　　　　　　　　　　77 200
　　原材料　　　　　　　　　　　　　　　　　 5 200
　　应付职工薪酬　　　　　　　　　　　　　　 2 600

【例9-18】［例9-16］中安装工作完毕，经验收合格交付使用，结转安装工程成本。

这项经济业务说明，安装工程完工交付使用，使企业固定资产增加，应按实际成本记入"固定资产"账户的借方，结转完工工程成本记入"在建工程"账户的贷方。会计分录如下：

借：固定资产　　　　　　　　　　　　　　　 85 000
　贷：在建工程　　　　　　　　　　　　　　　 85 000

第四节　不可忽视的一环
——发票管理

 发票管理的各环节

发票的购领

已办理税务登记的单位和个人,可以按下列规定向主管国家税务机关申请购领发票。

第一,提出购票申请。单位或个人在申请购票时,必须提出购票申请报告,在报告中载明单位和个人的名称、所属行业、经济类型、需要发票的种类、名称、数量等内容,并加盖单位公章和经办人印章。

第二,提供有关证件。购领发票的单位或者个人必须提供税务登记证件,购买专用发票的,应当提供盖有"增值税一般纳税人"确认专章的税务登记证件,经办人身份证明和其他有关证明,提供财务印章或发票专用章的印模。

第三,持簿购买发票。购票申请报告经国家主管机关审查批准后,购票者应当领取国家税务机关核发的《发票购领簿》或者《增值税专用发票购领簿》,根据核定的发票种类、数量以及购票方式,到指定的国家税务机关购领发票。单位或个人购买专用发票的,还应当场在发票联和抵扣联上加盖发票专用章或财务印章等章戳。有固定生产经营场所、财务和发票管理制度健全、发票使用量较大的单位,可以申请印有本单位名称的普通发票;如普通发票式样不能满足业务需要,也可以自行设计本单位的普通发票样式,报省辖市国家税务局批准,按规定数量、时间到指定印刷厂印制。自行印制的发票应当交主管国家税务机关保管,并按前款规定办理购领手续。

第四,固定业户到外县(市)销售货物的应当凭机构所在地国家税务机关填发的《外出经营活动税收管理证明》向经营地国家税务机关申请购领或者填开经营地的普通发票。申请购领发票时，应当提供保证人或者根据所领购发票的票面限额及数量缴纳不超过1万元的发票保证金，并限期缴销发票。按期缴销发票的，解除保证人的担保义务或者退还保证金，未按期缴销发票的，由保证人承担法律责任或者收缴保证金。

第五，依法不需要办理税务登记的纳税人以及其他未领取税务登记证的纳税人不得领购发票，需用发票时，可向经营地主管国家税务机关申请填开。申请填开时，应提供足以证明发生购销业务或者提供劳务服务以及其他经营业务活动方面的证明，对税法规定应当缴纳税款的，应当先缴税后开票。

发票的填开

第一，发票只限于用票单位和个人自己填开使用，不得转借、转让、代开发票；未经国家税务机关批准不得拆本使用发票。

第二，单位和个人只能按照国家税务机关批准印制或购买的发票使用，不得用"白条"和其他票据代替发票使用，也不得自行扩大专业发票的使用范围。

第三，发票只准在购领发票所在地填开，不准携带到外县（市）使用。到外县（市）从事经营活动，需要填开普通发票，按规定可到经营地国家税务机关申请购买发票或者申请填开。

第四，凡销售商品，提供服务以及从事其他经营业务活动的单位和个人，对外发生经营业务收取款项，收款方应如实向付款方填开发票；但对收购单位和扣缴义务人支付个人款项时，可按规定由付款单位向收款个人填开发票；对向消费者个人零售小额商品或提供零星劳务服务，可以免于逐笔填开发票，但应逐日记账。

第五，使用发票的单位和个人必须在实现经营收入或者发生纳税义务时填开发票，未发生经营业务一律不准填开发票。

第六，单位和个人填开发票时，必须按照规定的时限、号码顺序填开，填写时必须项目齐全、内容真实、字迹清楚，全份一次复写，各联内容完全一致，并加盖单位财务印章或者发票专用章。填开发票应使用中文，也可以使用中外两种文字。对于填开发票后，发生销货退回或者折价的，在收回原发票或取得对方国家税务机关的有效证明后，方可填开红字发票，用票单位和个人填错发票，应书写或加盖"作废"字样，完整保存各联备查。用票单位和个人丢失发票应及时报告主管国家税务机关，并在报刊、电视等新闻媒介上公开声明作废，同时接受国家税务机关的处理。

增值税一般纳税人填开专用发票，除按上述规定填开外，还应执行下列规定：

■一般纳税人销售货物、应税劳务必须向购买方开具专用发票，但下列情况不得开具专用发票：向消费者销售应税项目；销售免税项目；销售报关出口的货物、在境外销售应税劳务；将货物用于非应税项目；将货物用于集体福利或个人消费；将货物无偿赠送他人；提供应税劳务（应当征收增值税的除外）、转让无形资产或销售不动产；商业企业零售的烟、食品、服装、鞋帽（不包括劳保福利用品）、化妆品等消费品，生产和经营机电、机车、汽车、轮船等大型机械、电子设备的工商企业，凡直接销售给使用单位的；向小规模纳税人销售应税项目可以不开具专用发票。

■一般纳税人必须按规定的时限开具专用发票。采用预收货款、托收承付、委托银行收款结算方式的，为货物发出的当天。采用交款提货结算方式的，为收到货款的当天。采用赊销、分期付款结算方式的，为合同约定的收款日期的当天。设有两个以上机构并实行统一核算的纳税人，将货物从一个机构移送其他机构用于销售，按规定应当征收增值税的，为货物移送的当天。将货物交付他人代销，为收到受托人送交的代销清单的当天。将货物作为投资提供给其他单位或个体经营者，为货物移送的当天。将货物分配给股东，为货物移送的当天。

■一般纳税人经国家税务机关批准采用汇总方式填开增值税专用发票的，应当附有国家税务机关统一印制的销货清单。

■销售货物并向购买方开具专用发票后，如发生退货或销售折让，应视不同情况分别按以下规定办理：购买方在未付货款并且未作账务处理的情况下，须将原专用发票的发票联和抵扣联主动退还销售方。销售方收到后，应在该发票联和抵扣联及有关的存根联、记账联上注明"作废"字样，整套保存，并重新填开退货后或销售折让后所需的专用发票。在购买方已付货款，或者货款未付但已作账务处理，专用发票发票联及抵扣联无法退还的情况下，购买方必须取得当地主管国家税务机关开具的进货退出或索取折让证明单（以下简称证明单）送交销售方，作为销售方开具红字专用发票的合法依据。销售方在未收到证明以前，不得开具红字专用发票；收到证明单后，根据退回货物的数量、价款或折让金额向购买方开具红字专用发票。红字专用发票的存根联、记账联作为销售方扣减当期销项税额的凭证，其发票联和抵扣联作为购买方扣减进项税额的凭证。购买方收到红字专用发票后，应将红字专用发票所注明的增值税额从当期进项税额中扣减。如不扣减，造成不纳税或少纳税的，属于偷税行为。

■凡具备使用电子计算机开具专用发票条件的一般纳税人，可以向主管国家税务机关提交申请报告以及按照专用发票（机外发票）格式用电子计算机制作的模拟样张，根据会计操作程序用电子计算机制作的最近月份的进货、销货及库存清单及电子计算机设备的配置情况，有关专用发票电子计算机技术人员、操作人员的情况等，经主管国家税务机关批准，购领由国家税务机关监制的机外发票填开使用。

小规模纳税人申请代开专用发票的规定：

■向主管国家税务机关提出书面申请，报县（市）国家税务机关批准后，领取《国家税务局代开增值税专用发票许可证》。

■持《国家税务局代开增值税专用发票许可证》、供货合同、进货凭证等向主管国家税务机关提出申请，填写《填开增值税专用发票申请单》，经审核无误后，才能开具专用发票。

发票的保管

第一，单位和个人应当建立发票使用登记制度，设置发票登记簿，并定期向主管国家税务机关报告发票使用情况。

第二，单位和个人应当在办理变更或者注销税务登记的同时，办理发票和发票购领簿的变更、缴销手续。

第三，使用发票的单位和个人应当妥善保管发票，不得丢失。发票丢失，应当于丢失当日书面报告主管国家税务机关，并在报刊和电视等传播媒介上公开声明作废，并接受国家税务机关的处罚。

第四，开具发票的单位和个人应当按照国家税务机关的规定存放和保管发票，不得擅自损毁。已经开具的发票存根联和发票登记簿，应当保存5年。保存期满，报经主管国家税务机关查验后销毁。

违反发票管理的法律责任

违反发票管理法规的具体行为包括以下几项。

第一，未按规定印制发票

- 未经省国家税务局批准，而私自印制发票。
- 伪造、私刻发票监制章，伪造、变造发票防伪专用品。
- 印制发票的企业未按《发票印制通知书》印制发票，转借、转让发票监制章和发票防伪专用品。
- 印制发票的企业未按规定保管发票成品、发票防伪专用品、发票监制章，以及未按规定销毁废品而造成流失。
- 用票单位私自印制发票。
- 未按国家税务机关的规定制定印制发票管理制度。
- 其他未按规定印制发票的行为。

第二，未按规定购领发票

- 向国家税务机关或国家税务机关委托单位以外的单位和个人取得发票。
- 私售、倒买倒卖发票。
- 贩卖、窝藏假发票。
- 将发票借用他人。
- 盗取（用）发票。
- 私自向未经国家税务机关批准的单位和个人提供发票。
- 其他未按规定取得发票的行为。

第三，未按规定填开发票

- 单联填开或上下联金额、内容不一致。
- 填写项目不齐全。
- 涂改、伪造、变造发票。
- 转借、转让、代开发票。
- 未经批准拆本使用发票。

- 虚构经济业务活动，虚填发票。
- 填开票物不符发票。
- 填开作废发票。
- 未经批准，跨县（市）填开发票。
- 其他未按规定填开发票的行为。

第四，未按规定取得发票

- 应取得而未取得发票。
- 取得不符合规定的发票。
- 专用发票只取得记账联或只取得抵扣联的。
- 取得发票时，要求开票方或自行变更品名、金额或增值税税款。
- 擅自填开发票入账。
- 其他未按规定取得发票的行为。

第五，未按规定保管发票

- 丢失发票。
- 损（撕）毁发票。
- 丢失或擅自销毁发票存根联。
- 未按规定缴销发票。
- 印制发票的企业丢失发票或发票监制章及发票防伪专用品等。
- 未按规定建立发票管理制度。
- 未按国家税务机关规定设专人保管专用发票。
- 未按国家税务机关规定设置专门存放专用发票的场所。
- 未经国家税务机关查验擅自销毁专用发票的基本联次。
- 其他未按规定保管发票的行为。

第六，未接受税务机关检查

- 拒绝检查、隐瞒真实情况。

■刁难，阻挠税务人员进行检查。
■拒绝接受《发票换票证》。
■其他未按规定接受国家税务机关检查的行为。

有上述所列行为之一的单位和个人，由国家税务机关责令限期改正，没收非法所得，并处1万元以下的罚款。有所列两种或者两种以上行为的，可以分别处罚。

非法携带、邮寄、运输或者存放空白发票的，由国家税务机关收缴发票，没收非法所得，并处1万元以下的罚款。

私自印制、伪造变造、倒买倒卖发票，私自制作发票监制章，发票防伪专用品的，由国家税务机关依法查封、扣押或者销毁，没收非法所得和作案工具，并处1万元以上5万元以下的罚款，构成犯罪的，由司法机关依法追究刑事责任。

违反发票管理法规，导致纳税人、扣缴义务人以及其他单位或个人未缴、少缴或者骗取税款的，由国家税务机关没收非法所得，并处未缴、少缴或者骗取税款一倍以下的罚款外，还对纳税人、扣缴义务人以及其他单位或者个人进行依法查处。

单位或者个人有下列行为之一的，应当承担刑事责任：

■虚开增值税专用发票的（虚开是指为他人虚开、为自己虚开、让他人自己虚开、介绍他人虚开增值税专用发票行为之一的。下同）。
■伪造或出售伪造的增值税专用发票的。
■非法出售增值税专用发票的。
■非法购买增值税专用发票或者购买伪造的增值税专用发票的。
■虚开用于骗取出口退税、抵扣税款的其他发票的。
■伪造、擅自制造或者出售伪造、擅自制造的可以用于骗取出口退税、抵扣税款的其他发票的，以及以营利为目的，伪造、擅自制造或者出售伪造、擅自制造的上述规定以外的其他发票的。
■非法出售可以用于骗取出口退税、抵扣税款的其他发票的，以及以营利为目的，非法出售上述规定以外的其他发票的。
■盗窃增值税专用发票或者其他发票的。

为了防止专用发票的伪造，专用发票设有特殊的防伪标记。其防伪标志与鉴别方法如下：

一是水印防伪图案，专用发票发票联（第二联）和抵扣联（第三联）使用带防伪图案的水印专用纸印制。如将发票联和抵扣联背面对光检查，可以看见水印防伪图案。每组图案外边由四个长33MM，宽为25MM的标准税徽图案组成的环拱，中间为正反"税"字拼音字母"SHUI"，左右两组图案连环构成整体画面。

二是红色荧光防伪标记，专用发票发票联（第二联）和抵扣联（第三联）使用红色荧光油墨印全国统一发票监制章。用专用发票鉴别仪检查发票联和抵扣联，可以显示大红色荧光反应的全国统一发票监制章。"全国统一发票监制章"形状为椭圆形，规格长轴为3厘米，短轴为2厘米，边宽为0.1厘米，内环加细线。上环刻制"全国统一发票监制章"字样，下环刻制"税务局监"制字样，中间刻制监制税务机关所在地省（市、区）、市（县）的全称或简称，字体为正楷，印色为大红色。

无色荧光防伪标记，专用发票发票联（第二联）和抵扣联（第三联）使用无色荧光油墨套印"国家税务总局监制"字样和相应的团花图案。只有用专用发票鉴别仪检查，才可以看见这一防伪标记。专用发票应同时印有上述三项防伪标记，缺一不可。

增值税专用发票的填开实例

【例9-19】大众公司（属增值税一般纳税人）于20×2年4月12日销售给工农加工厂（属增值税一般纳税人）绿豆10.2吨，含税单价3 020元/吨，价外收取包装费1 122元；塑料复合包装袋200 000只，不含税单价0.55元/只；A型包装机械10台，不含税单价2 685元/台；B型包装机械5台，不含税单价1 710元/台；C型包装机械6台，不含税1 011台。请开具增值税专用发票。

每吨绿豆包装费 = 1 122 ÷ 10.2 = 110（元/吨）

绿豆计税单价 =（3 020 + 110）÷（1 + 13%）= 2 769.912（元/吨）

销售额 = 10.2 × 2 769.912 = 28 253.10（元）

税额 = 28 253.10 × 13% = 3 672.90（元）

价税合计 = 31 926（元）

塑料复合包装袋和ABC包装机械的单价、销售额、税率、税额计算如表9-7所示。

表9-7 大众公司销售资料

货物名称	数量	单价（元）	销售额（元）	税率	税额（元）	价税合计（元）
复合包装袋(个)	200 000	0.55	110 000.00	17%	18 700.00	128 700.00
A型包装机械(台)	10	2 685	25 850.00	17%	4 564.50	31 414.50
B型包装机械(台)	5	1 710	8 550.00	17%	1 453.50	10 003.50
C型包装机械(台)	6	1 011	6 066.00	17%	1 031.20	7 097.22
合　　计			151 466.00		25 749.20	177 215.22

为了减少开具增值税专用发票的工作量，降低专用发票的使用工作成本，销售货物品种较多的，可以汇总填开专用发票。如果所售货物适用的税率不一致，应按不同税率分别汇总填开增值税专用发票。汇总填开专用发票，可以不填写"商品或劳务名称""计量单位""数量"和单价栏。

汇总填开增值税专用发票，必须附有销售方开具并加盖财务专用章或发票专用章的销货清单。销货清单由省国家税务局统一制定，内容主要包括购销双方的单位名称、商品或劳务名称、计量单位、数量、单价、销售额，销货清单的汇总销售额应与专用发票的"金额"栏的数字一致。购货方应索取销货清单一式两份，分别附在发票联和抵扣联之后。

第十章
生产经理必备财务知识

清楚地知道什么是生产成本,如何控制好成本是生产经理的必备技能。

第一节 时刻注意着

——什么是成本，如何控制成本

 不可或缺的成本概念

财务会计中使用的成本概念

在财务会计中，成本是根据财务报表的需要定义的。它们由会计准则或会计制度来规范，因此可以称之为"报表成本""制度成本"或"法定成本"。注册会计师的主要业务之一是财务报表审计，准确理解财务会计中的成本含义有重要意义。

在财务会计中，成本是指取得资产或劳务的支出。例如，固定资产的成本是指取得该资产的买价、运输和保险等相关支出。

取得资产的方式可以分成两种：一种资产是企业从外部购置的，另一种资产是企业自己生产的。在外购场合下，资产的取得成本是买价加上有关支出的全部或部分，可称之为"购置成本"；在自己生产的场合下，资产的取得成本是在生产经营过程中提供产品或劳务所发生的支出，包括生产成本、营业成本和管理成本等，可称之为"生产经营成本"。购置成本是对投入物的计价，而生产经营成本是对产出物的计价。

成本计算和成本管理所说的成本是指生产经营成本，它具有以下特征。

第一，成本是经济资源的耗费。生产经营过程也同时是经济资源的耗费过程。例如，为生产产品需要耗费原材料、磨损固定资产以及用现金支付工资等。原材料、固定资产和现金，都是企业的资产。这些资产原本可以为企业换取经济利益，现在被耗用掉了。成本是经济资源的耗费，经常作为耗费、花费的同义词使用。

经济资源耗费包括经济资源的失去或放弃。"失去"是指资产被消耗掉，如材料被消耗掉、设备被磨损等；"放弃"是指给了企业外部，如用货币支付加工费等。

根据成本归属理论，当任何原材料或设备在耗用之后，它们的原始购置成本就随之归属于产出物，成为产出物的成本。

第二，成本是以货币计量的耗费。生产经营成本是以货币支出计量的。它们若不是过去已经支付了货币，就是将来需要支付货币。没有支付货币的耗费，如生产对环境的损害等，如果企业对此不需要支付现金则不能计入生产经营成本。

根据成本流转观念，企业从购进设备和原材料开始，直到把产品交给客户，随着实物的流转，成本亦在流转。会计人员追溯成本的流转过程，通过成本记录反映企业的经济活动，最初购置资产的货币支出逐步归属到产品。因此，成本总是需要支付货币的。

第三，成本是特定对象的耗费。成本总是针对特定对象或目的的。成本是转嫁到一定产出物的耗费，是针对一定的产出物计算归集的。这个产出物称为成本计算对象。它可以是一件产品或者一项服务。

成本和费用的区别之一，就是成本有特定的对象，而费用没有特定对象。广义的费用是资产的耗费。它强调资产已经被耗费，而不是被"谁"耗费；狭义的费用仅指为取得营业收入的资产耗费。它强调与特定会计期收入配比的耗费，而不是特定产出物的耗费。

第四，成本是正常生产经营活动的耗费。从理论上说，企业的全部经济活动应当分为生产经营活动、投资活动和筹资活动。这三项活动的损益在利润表中要分开报告，以便分别评价其业绩。企业经济活动的正常损益和非正常损益也要分开报告，以便评价企业的获利能力。只有生产经营活动的正常耗费才能计入生产经营成本并从营业收入中扣减，以便使营业利润能反映生产经营活动的正常获利能力。

管理会计中使用的成本

管理会计是为企业管理服务的。它所使用的成本概念与管理学相同，可称之为"管理成本"。管理学上信奉的原则是"不同目的需要不同意义的成本"，因此在企业管理中使用多种成本信息。最一般的管理成本定义是"为了达到特定目标所失去或放弃的一项资源"。管理成本比"财务报表成本"的含义更广泛。它们不一定需要支付货币，例如机会成本，也不一定实际发生了耗费，例如各种未来成本。

管理成本可以分成以下两大类。

第一，决策使用的成本。公司的决策，例如制定总体或长期规划、新产品的发展、设备投资等，需要会计人员提供有关的内部非常规报告。这些报告要提供边际成本、增量成本、机会成本、资本成本等信息。决策使用的这些成本通常不被记入账簿系统,其共同特征是属于"未来"成本,而记入账簿的成本是"过去"成本。

第二,日常计划和控制使用的成本。日常计划主要是指资源分配决策和定价决策,日常控制主要是指按责任中心比较预算与实际成本。它们都需要会计部门提供内部常规报告。这些报告要提供预算成本、目标成本、变动成本、差异成本和可控成本等信息。这些数据可以通过账簿系统处理,也可以在账外记录和加工。

管理用的成本数据,通常不受统一的财务会计制度约束,也不列入财务报表。但是,这并不意味着管理成本与注册会计师审计无关。事实上,许多企业的成本计算制度同时提供财务报表的成本数据和部分日常管理用的常规成本数据,是一个具有多重目标的综合系统,并因此增加了成本审计的复杂性。

经济成本

在经济学中,成本属于价值范畴。产品的价值包括三部分:物化劳动转移的价值(C)、活劳动补偿的价值(V)、活劳动为社会创造的价值(M)。成本是C+V的部分,即生产产品所转移物化劳动的价值和消耗活劳动需要补偿的价值,具体表现为产品所消耗的生产资料价值和劳动力报酬的支出。

经济学中的成本概念主要有以下两个特征:

■成本是需要补偿的价值,而不是可分配的价值,只有为社会创造的价值(M)是可供分配的价值。

■成本是经济价值的消耗,包括生产资料消耗和劳动力消耗,而不是为社会创造新的价值。

会计理论从根本上说是经济理论、管理理论的一部分,从经济学角度研究会计问题可以使我们的视野更开阔、认识问题更深刻。因此,经济学的成本概念也对会计师的职业判断有影响。从历史发展趋势看,财务会计和管理会计的成本概念有向经济成本接近的趋势。

 抓好成本管理的工作

成本管理是管理者在满足客户需要的前提下,在控制成本与降低成本的过程中所采取的一切手段,目的是以最低的成本达到预先规定的质量、数量和交货时间。成本管理按其目的和方法分为成本控制和成本降低两种。

成本管理的重要性

在企业的经济活动中，成本管理非常重要，但又常常被忽视。

第一，成本管理涉及企业的竞争能力。企业的竞争战略，可以分为成本领先和产品奇异两大类。企业应始终如一地积极进取，追求一切降低成本而又不必牺牲产品形象的机会，并且应追求一切代价合理的可以树立产品奇异形象的机会。企业要在成本领先和产品奇异之间作出权衡。无论采取什么战略，成本一旦控制，企业也就失去了竞争优势。

第二，成本管理是企业增加盈利的根本途径，直接服务于企业的经营目的。增加利润是企业的经营目的之一，也是社会经济发展的动力。在任何情况下，降低成本都可以增加利润。在收入不变的情况下，降低成本可使利润增加；在收入增加的情况下，降低成本可使利润更快增长；在收入下降的情况下，降低成本可抑制利润的下降。即使不完全以营利为目的的国有企业，如果成本很高，不断亏损，其生存受到威胁，则难以在调控经济、扩大就业和改善公用事业等方面发挥作用，还会影响政府财政收支，加重纳税人负担，对国计民生不利。

第三，成本管理是抵抗内外压力，求得生存的主要保障。企业在经营过程中，外有同业竞争、政府课税和经济环境逆转等压力，内有职工改善待遇和股东要求分红的压力，经常遭受内外夹攻。企业用以抵抗内外压力的武器，主要是降低成本、提高产品质量、创新产品设计和增加产销量。其中，降低成本是最主要的。降低成本可以提高企业价格竞争能力；可以提高安全边际率，使企业在经济萎缩时能生存下去；提高售价会引发经销商和供应商相应的提价要求和增加流转税负担，而降低成本可避免这类外部压力；成本降低了，才有力量去提高质量、创新设计，或者提高职工待遇和增加股利。

第四，成本管理是企业发展的基础。把成本控制在同类企业的先进水平上，是企业迅速发展的基础。成本降低了，可以削减售价以扩大销售，销售扩大后经营基础稳固了，才有力量去提高产品质量、创新产品设计，寻求新的发展。许多企业陷入困境的重要原因之一，是在成本失去控制的情况下盲目发展，一味在促销和开发新产品上冒险，一旦市场萎缩或决策失误，企业没有抵抗能力，很快就会倒闭。

成本管理容易被人忽视。在企业的组织结构中，没有专门管理成本的职能部门。企业的活动按生产经营过程分为生产作业过程、市场营销过程和新产品开发过程，分别设有生产部门、销售部门和新产品开发部门；企业的活动按涉及的资源要素分为财务资源和人力资源两类，分别设有财务管理部门和人力资源管理部门。此外，设置会计部门以专门对外部和内部提供信息。企业一般不设置专门的"成本管理部门"，不是因为它不重要，而是由于"任何人、任何事都要花钱用物"，成本不可能由少数人来管理。成本支出涉及企业的全体员工，是每个人的职责之一，而非一部分人的专门职责。会计部门的职责是提供成本信息，而不是全部成本管理。正是成本管理的普遍性，使其容易被忽视。

搞好成本控制

成本控制是指运用以成本会计为主的各种方法，预定成本限额，按限额开支成本和费用，以实际成本和成本限额比较，衡量经营活动的成绩和效果，并以例外管理原则纠正不利差异，以提高工作效率，实现以至超过预期的成本限额。

第一，成本控制系统的组成。一个企业的成本控制系统包括组织系统、信息系统、考核制度和奖励等内容。

（1）组织系统。组织是指人们为了一个共同目标而从事活动的一种方式。在企业组织中，通常将目标划分为几个子目标，并分别指定一个下级单位负责完成。每个子目标可再划分为更小的目标，并指定更下一级的部门去完成。一个企业的组织机构可以用管理等级和平均控制跨度来描述。管理等级是最高级单位和最低级单位之间的等级，控制跨度是指一个单位所属下级的数目。一个企业的组织机构还可以用各级管理等级之间权力集中和分散的程度来描述。

在一个高度集中的组织机构中，权力集中于较高级别的管理层次，低级管理人员只拥有很少的决策权。在一个企业里，权力很可能在一个职能领域中高度集中，而在其他职能领域则高度分散。一般说来，生产、财务和人事管理都属于高度集中的领域。

成本控制系统必须与企业组织机构相适应，即企业预算是由若干分级的小预算组成的。每个小预算代表一个分部、车间、科室或其他单位的财务计划。与此有关的成本控制，如记录实际数据、提出控制报告等，也都是分小单位进行的。这些小单位作为责任中心，必须有十分明确的、由其控制的行动范围。按其所负责任和控制范围不同，分为成本中心、利润中心和投资中心。成本中心是以达到最低成本为经营目标的一个组织单位；利润中心是以获得最大净利为目标的一个组织单位；投资中心是以获得最大的投资收益率为经营目标的一个组织单位。按企业的组织结构合理划分责任中心，是进行成本控制的必要前提。

（2）信息系统。成本控制系统的另一个组成部分是信息系统，也就是责任会计系统。责任会计系统是企业会计系统的一部分，负责计量、传送和报告成本控制使用的信息。

责任会计系统主要包括编制责任预算、核算预算的执行情况、分析评价和报告业绩三个部分。

通常企业分别编制销售、生产、成本和财务等预算。这种预算主要按生产经营的领域来落实企业的总体计划。为了进行控制，必须分别考查各个执行人的业绩，这就要求按责任中心来重编预算，按责任中心来落实企业的总体计划。这项工作被称为责任预算，其目的是使各责任中心的管理人员明确其应负的责任和应控制的事项。

在实际业务开始之前，责任预算和其他控制标准要下达给有关人员，他们以此控制自己的活动。对实际发生的成本、取得的收入和利润，以及占用的资金等，要按责任中心来汇集和分类。为此，需要在各明细账设置时考虑责任中心分类的需要，并与预算的口径一致。在进行核算时，为减少责任的转嫁，分配共同费用时，应按责任归属选择合理的分配方法。各单位之间相互提供产品或劳务，要拟定适当的内部转移价格，以利于单独考核各自的业绩，报告预算的执行情况。在预算期末要编制业绩报告，比较预算和实际的差异，分析差异的产生原因和责任归属。此外，要实行例外报告制度，对预算中没有规定的事项和超过预算限额的事项，要及时向适当的管理级别报告，以便及时作出决策。

（3）考核制度。考核制度是控制系统发挥作用的重要因素。考核制度的主要内容有：

规定代表责任中心目标的一般尺度。它因责任中心的类别而异，可能是销售额、可控成本、净利润或投资收益率。必要时还要确定若干次级目标的尺度，如市场份额、次品率、占用资金的限额等。

规定责任中心目标尺度的唯一解释方法。例如，什么是销售额，是总销售额还是扣除折让和折扣后的销售净额。作为考核标准，对它们必须事先规定正式的解释。

规定业绩考核标准的计量方法。例如，成本如何分摊，相互提供劳务和产品使用的内部转移价格，使用历史成本还是使用重置成本计量等，都应作出明确规定。

规定采用的预算标准。例如，使用固定预算还是弹性预算，是宽松的预算还是严格的预算，编制预算时使用的各种常数是多少等。

规定业绩报告的内容、时间、详细程度等。

（4）奖励制度。奖励制度是维持控制系统长期有效运行的重要因素。

人的工作努力程度受业绩评价和奖励办法的影响。经理人员往往把注意力集中到与业绩评价有关的工作上面，尤其是业绩中能够影响奖励的部分。因此，奖励可以激励人们努力工作。

奖励有货币奖励和非货币奖励两种形式，如提升、加薪、表扬、奖金等。惩罚也会影响工作努力程度，惩罚是一种负奖励。

规定明确的奖励办法，让被考核人明确业绩与奖励之间的关系，知道什么样的业绩将会得到什么样的奖励。恰当的奖励制度将引导人们去约束自己的行为，尽可能争取好的业绩。奖励制度是调动人们努力工作、以求实现企业总目标的有力手段。

第二，成本控制的基本原则。虽然各个企业的成本控制系统是不一样的，但是有效的控制系统仍有一些共同特征。它们是任何企业实施成本控制都应遵循的原则，也是有效控制的必要条件。根据成本控制的长期经验和体会，以及人们对成本形成过程的研究，许多人提出过有效控制成本的基本原则，但看法并不统一。成本控制的基本原则可以概括为以下四条。

（1）经济原则。这条原则是指因推行成本控制而发生的成本，不应超过因缺少控制而丧失的收益。

任何管理工作和销售、生产、财务活动一样，都要讲求经济效益。为建立某项控制，要花费一定的人力或物力，付出一定的代价。这种代价不能太大，不应超过建立这项控制所能节约的成本。

通常，增加控制环节发生的成本比较容易计量，而控制的收益比较难于确定，但不能因此否定这条原则。在一般情况下，控制的收益会明显大于其成本。人们可以作出定性的判断。当然，确实有些企业为了赶时髦，不计工本，搞了一些华而不实的烦琐手续，经济效益不大，甚至得不偿失。不符合经济原则的控制办法，是没有生命力的，是不可能持久的。

经济原则在很大程度上决定了我们只在重要领域中选择关键因素加以控制，而不对所有成本都进行同样周密的控制。

经济原则要求成本控制要能起到降低成本、纠正偏差的作用，具有实用性。成本控制系统应能揭示何处发生了失误，谁应对失误负责，并能确保采取纠正措施。只有通过适当的计划工作、组织工作和领导工作来纠正脱离目标的偏差，才能证明成本控制系统是有用的。

经济原则要求在成本控制贯彻"例外管理"原则。对正常成本费用支出可以从简控制，而格外关注各种例外情况。例如，对脱离标准的重大差异展开调查，对超出预算的支出建立审批手续等。

经济原则还要求贯彻重要性原则。应把注意力集中到重要事项，对成本细微尾数、数额很小的费用项目和无关大局的事项可以从略。

经济原则要求成本控制系统应具有灵活性。面对已更改的计划，出现了预见不到的情况，控制系统仍能发挥作用，不至于在市场变化时控制系统成为无用的"装饰品"。

（2）因地制宜原则。因地制宜原则是指成本控制系统必须个别设计，适合特定企业、部门、岗位和成本项目的实际情况，不可照搬别人的做法。

适合特定企业的特点是指大型企业和小型企业，老企业和新企业，发展快和相对稳定的企业，这个行业和那个行业的企业，同一企业的不同发展阶段，其管理重点、组织结构、管理风格、成本控制方法和奖金形式都应当有区别。例如，新建企业的管理重点是销售和制造，而不是成本；正常营业后管理重点是经营效率，要开始控制费用并建立成本标准；扩大规模后管理重点转为扩充市场，要建立收入中心和正式的业绩报告系统；规模庞大的老企业，管理的重点是组织的巩固，需要周密的计划和建立投资中心。不存在适用所有企业的成本控制模式。

适合特定部门的要求是指销售部门、生产部门、技术开发部门、维修部门和管理部门的成本形成过程不同，建立控制标准和实行控制的方法应有区别。

适合职务与岗位责任要求是指总经理、厂长、车间主任、班组长需要不同的成本信息，应为他们提供不同的成本控制报告。

适合成本项目的特点是指材料费、人工费、制造费用和管理费用的各明细项目，以及资本支出等，有不同的性质和用途，控制的方法应有区别。

（3）全员参加原则。企业的任何活动，都会发生成本，都应在成本控制的范围之内。任何成本都是人的某种作业的结果，只能由参与或者有权干预这些活动的人来控制，不能指望另外的人来控制成本。任何成本控制方法，其实质都是设法影响执行作业或有权干预作业的人，使他们能自我控制。所以，每个职工都应负有成本责任。成本控制是全体职工的共同任务，只有通过全体职工协调一致的努力才能完成。

成本控制对员工的要求是：具有控制成本的愿望和成本意识，养成节约成本的习惯；关心成本控制的结果；具有合作精神，理解成本控制是一项集体的努力过程，不是个人活动，必须在共同目标下同心协力；能够正确理解和使用成本控制信息，据以改进工作，降低成本。

有效控制成本的关键，是调动全体员工的积极性。一般说来，人是不希望别人控制自己的。严格的成本控制并不是一件令人愉快的事情，不论对各级主管人员还是一般职工都是如此。但是，控制总是必需的。

为了调动全体员工成本控制的积极性，应注意以下问题：

需要有客观的、准确的和适用的控制标准。虽然管理必然有许多主观成分，但对一名下属的业绩评价，应尽可能实事求是，减少个人偏见和主观性。

鼓励参与制定标准。当一个人真正参与了制订计划和标准时，他常会在心理上觉得介入了该项工作，并愿意承担责任。或者，至少也要让下级充分了解控制标准建立的依据和必要性。

让员工了解企业的困难和实际情况。采用压力和生硬的控制，常会导致不满，而了解实情会激发员工的士气，使他们自觉适应工作的需要。

建立适当的激励措施。努力工作，会取得好的业绩，并得到较多的物质或精神的奖励，从而使人更努力地工作。如果努力之后未得到肯定的评价，取得好的业绩而未得到奖励，或者没有努力的人却得到了奖励，成本控制的积极性就会受到挫伤。

冷静地处理成本超支和过失。在分析成本不利差异时，应始终记住其根本目的是寻求解决问题的办法，而不是寻找"罪犯"。

（4）领导推动原则。由于成本控制涉及全体员工，并且不是一件令人欢迎的事情，因此必须由最高当局来推动。

成本控制对企业领导层的要求是：

重视并全力支持成本控制。各级人员对于成本控制是否认真办理，往往视最高当局是否全力支持而定。

具有完成成本目标的决心和信心。管理当局必须认定，成本控制的目标或限额必须而且可以完成。成本控制的成败，也就是他们自己的成败。

具有实事求是的精神。实施成本控制，不可好高骛远，更不宜急功近利，操之过急。唯有脚踏实地，按部就班，才能逐渐取得成效。

以身作则，严格控制自身的责任成本。

第十章 生产经理必备财务知识

成本降低

成本降低是指为不断降低成本而作出的努力。竞争对手的不断改进和提高，促使每个企业要为提高业绩而不断降低成本，进行不断的努力。

成本降低与成本控制有如下区别：

第一，成本控制以完成预定成本限额为目标，而成本降低以成本最小化为目标。

第二，成本控制仅限于有成本限额的项目；而成本降低不受这种限制，涉及企业的全部活动。

第三，成本控制是在执行决策过程中努力实现成本限额；而成本降低应包括正确选择经营方案，涉及制定决策的过程，包括成本预测和决策分析。

第四，成本控制是指降低成本支出的绝对额，故又称为绝对成本控制；成本降低还包括统筹安排成本、数量和收入的相互关系，以求收入的增长超过成本的增长，实现成本的相对节约，因此又称为相对成本控制。

 成本降低的基本原则

成本降低的基本原则包括以下几项。

以顾客为中心

要以顾客为中心，就必须统一规划产品的交付时间、质量和成本，同时做到更快、更好和更便宜。要在无损于产品质量的条件下降低成本。降低成本，并不意味着其结果将导致产品质量的下降。产品成本的降低决不允许产品的粗制滥造。

系统分析成本发生的全过程

降低成本不仅指降低生产成本，还包括企业其他作业的成本，如研究与开发、设计、营销、配送、售后服务等成本。由于高科技的发展，非生产成本的比重越来越大，许多企业的非生产成本已经超过生产成本。降低成本不仅指降低生产和其他作业成本，还包括管理费用和财务费用的降低。降低成本不仅指降低企业本身的成本，还要考虑供应商的成本和客户的成本。如果企业自身的成本降低了，而客户或供应商的成本增加了，并不能给企业带来长远的利益。成本就像在U形管中的水银，压缩这边的成本，那边的成本就增加。单独降低某项成本，不顾及其他成本的反应，这种成本节约永远不会体现在利润之中。

主要目标是降低单位成本

由于总成本的增减与生产能力利用率的升降有关，真正的降低成本是指降低产品的单位成本。

要靠自身的力量降低成本

市价变动、税收减少等原因也会导致成本降低，但成本降低根本途径在于企业通过自身努力来降低成本。

要持续地降低成本

降低成本不应是应付经济萧条的权宜之计，而是企业的根本方针，应持续不断地进行。"持续不断"是指成本降低没有止境，是无终点的旅行；成本降低必须尽快进行，为了领先，必须跑得快；成本降低不能停止，不进步就是退步。

 ## 成本降低的主要途径

如果说成本控制主要是管理问题，那么成本降低主要是技术方面的问题。成本降低的主要途径是：

第一，开发新产品，改进现有产品的设计，利用价值工程等方法提高产品的功能成本比率。

第二，采用先进的设备、工艺和材料。

第三，开展作业成本计算、作业成本管理和作业管理。作业成本计算是把成本更精确地分配到成本对象（即产品、服务和顾客）的程序，其首要目的是提高盈利能力分析的科学性和有效性。作业成本管理是利用作业成本信息使销售的产品和提供的服务合理化，认清改变作业与工序以提高生产力的机会在哪里。作业管理是把作业成本计算、作业成本管理和非成本问题管理结合起来，包括生产周期、产品质量、交货及时性和顾客满意度等，以创造更多的价值。

第四，改进员工的培训，提高技术水平，树立成本意识。

 ## 学习一点成本会计的技巧

什么是成本会计

成本会计是会计的一个分支。在传统上，成本会计是指采用复式记账方法，连续进行产品或劳务成本计算的会计程序和方法。成本计算可以在账外进行，也可以通过账簿系统进行。只有通过账簿系统对成本进行分类、记录、归集、分配和报告，才称为成本会计。

由于近年来成本会计的重点已转向成本控制和为管理决策提供信息，需要大量的临时性专项成本的计算和分析，使成本会计的内容扩大到账簿系统之外的成本计算，从而包括了管理会计的核算内容。因此，通常将成本会计与管理会计合称为"成本和管理会计"。

成本计算制度

成本计算制度是指为编制财务报表、进行日常的计划和控制等不同目的所共同完成的一定的成本计算程序。

成本计算制度不是会计系统之外临时的和分散的成本统计、技术计算和调查分析，而是与财务会计系统有机结合在一起，周期性进行的常规成本计算，是有稳定程序的、制度化的成本计算。

成本计算制度中计算的成本种类与财务会计体系结合的方式不是唯一的。从总体上看，成本计算制度可以分为实际成本计算制度和标准成本计算制度两类。

第一，实际成本计算制度。实际成本计算制度是计算产品的实际成本，并将其纳入财务会计主要账簿体系的成本计算制度。在实际成本计算制度中，产品的实际成本成为资产负债表"存货"项目的计价依据，并成为利润表"主营业务成本"的计价依据，从而与财务会计有机地结合起来。在成本管理需要时，可以在账外设定成本标准，并分析实际成本与成本标准的差异，以及作出成本分析报告。

第二，标准成本计算制度。标准成本计算制度是计算产品的标准成本，并将其纳入财务会计的主要账簿体系的成本计算制度。在标准成本计算制度中，产品的标准成本和成本差异分别或合并后列入财务报表，与财务会计有机地结合起来。标准成本制度可以在需要时计算出实际成本，分析实际成本与标准的差异，并定期提供成本分析报告。

企业应根据自己成本计算的主要目的和具备的条件，分别采用实际成本计算制度或标准成本计算制度。

广义的成本计算，还包括成本计算制度之外为决策服务的特殊成本计算，如差额成本计算、资本成本计算等。

第二节　最大的成本
——生产经营成本

企业最重要的生产经营成本，通常包括产品成本、销售费用、管理费用和财务费用。生产经营成本可以从不同角度进行分类，不同的成本分类信息有不同的用途。

 各式各样的成本分类

成本按经济性质分类

企业的生产经营过程也是劳动对象、劳动手段和活劳动的消耗过程。因此，生产经营成本按其经济性质可以分为劳动对象的耗费、劳动手段的耗费和活劳动的耗费三大类。前两类是物化劳动耗费，后一类是活劳动耗费。它们构成了生产经营成本的三大要素。

在实务中，为了便于分析和利用，生产经营成本按经济性质划分为以下类别：

第一，外购材料，指耗用的一切从外部购入的原料及主要材料、半成品、辅助材料、包装物、修理用备件、低值易耗品和外购商品等。

第二，外购燃料，指耗用的一切从外部购入的各种燃料。

第三，外购动力，指耗用的从外部购入的各种动力。

第四，工资，指企业应计入生产经营成本的职工工资。

第五，提取的职工福利费，指企业按照工资总额的一定比例提取的职工福利费。

第六，折旧费，指企业提取的固定资产折旧。

第七，税金，指应计入生产经营成本的各项税金，例如营业税、房产税、印花税、车船税等。

第八，其他支出，指不属于以上各要素的耗费，例如邮电通信费、差旅费、租赁费、外部加工费等。

上述生产经营成本的各要素称为"费用要素"。按照费用要素反映的费用称为"要素费用"。

按照费用要素分类反映的成本信息可以反映企业在一定时期内企业发生了哪些生产经营耗费，数额各是多少，用以分析企业耗费的结构和水平；还可以反映物质消耗和非物质消耗的结构和水平，有助于统计工业净产值和国民收入。

成本按经济用途分类

生产经营成本按其经济用途分为以下类别：

第一，研究与开发成本，指为创造新产品、新服务和新生产过程而发生的成本。

第二，设计成本，指为了产品、服务或生产过程的详细规划、设计而发生的成本。

第三，生产成本，指为了生产产品或提供服务而发生的成本。

第四，营销成本，指为了让人们了解、评估和购买产品而发生的成本。

第五，配送成本，指为将产品或服务递交给顾客而发生的成本。

第六，客户服务成本，指为向客户提供售后服务的成本。

第七，行政管理成本，指企业为组织和管理企业生产经营活动，所发生的成本。

在实务中，按照现行财务会计制度规定，生产经营成本分为生产成本、销售费用和管理费用三大类。

第一，生产成本，包括以下四个项目。

直接材料，指直接用于产品生产、构成产品实体的原料及主要材料、外购半成品、有助于产品形成的辅助材料以及其他直接材料。

直接人工，指参加产品生产的工人工资以及按生产工人工资总额和规定的比例计算提取的职工福利费。

燃料和动力，指直接用于产品生产的外购和自制的燃料及动力费。

制造费用，指为生产产品和提供劳务所发生的各项间接费用。

为了使生产成本项目能够反映企业生产的特点，满足成本管理的要求，制度允许企业根据自己的特点和管理要求，对以上项目作适当的增减调整。如果直接用于产品生产的外购半成品成本比重较大,可以将"外购半成品"单独列为一个成本项目;外部加工费比较多的产品,可以将"外部加工费"单独列为一个成本项目;如果产品成本中燃料和动力费所占比重很小,也可以将其并入"制造费用"成本项目中。

第二,销售费用,包括营销成本、配送成本和客户服务成本。

第三,管理费用,包括研究与开发成本、设计成本和行政管理成本。

成本按经济用途的分类,反映了企业不同职能的耗费,也叫成本按职能的分类。这种分类有利于成本的计划、控制和考核。

了解产品成本和期间成本

为了贯彻配比原则,生产经营成本按其转为费用的不同方式分为产品成本和期间成本。

成本转为费用的方式

费用是指应从营业收入中扣除的已耗用成本。企业发生的全部成本转为费用的方式(即与收入配比的方式)分为以下三类:

第一,可计入存货的成本,按"因果关系原则"确认为费用。可计入存货的成本,是指在发生时先记为存货,在其出售时转为费用的成本。例如,生产耗用的材料成本、人工成本和间接制造费用,先记为产品成本,产品未出售前作为"资产"列入财务报表,产品出售时一次转为费用,从收入中扣减。

可计入存货的成本,是按照"因果关系原则"确认为费用的。本期销售成本与本期营业收入存在因果关系,因此要在确认产品销售收入时将有关的产品成本转为费用。

第二,资本化成本,按"合理地和系统地分配原则"确认为费用。资本化成本,是指先记录为资产,然后逐步分期转为费用的成本。例如,固定资产的购置支出,先记为固定资产成本,在财务报告中列为"资产",该资产在使用年限内分期提取折旧,陆续转为费用。

资本化成本是按照"合理地和系统地分配原则"确认为费用的。长期资产成本与本期收入没有因果关系;它们能使若干个会计期受益,因此应合理假定它与收入之间的受益关系,然后按一定规则和程序,系统地将其分配给各会计期。

第三,费用化成本,在发生时立即确认为费用。费用化成本是指在成本发生的当期就转为费用的成本。例如，公司管理人员工资和广告费等，在发生时立即确认为当期费用。

费用化成本包括两种类型：一种是根据因果关系原则确认的费用，例如公司管理人员的工资，其效用在本期已经全部消失，应在本期确认为费用；另一种是不能按"因果关系"和"合理地系统地分配"原则确认的费用，例如广告成本，它可以为企业取得长期的效益，但很难确定哪一个会计期获得多少效益，因此不得不立即确认为费用。

产品成本

作为期间成本的对称，产品成本是指可计入存货价值的成本，包括按特定目的分配给一项产品的成本总和。

划分产品成本和期间成本，是为了贯彻配比原则。按照配比原则的要求，收入和为换取收入的费用要在同一会计期间确认。产品成本在产品出售前与当期收入不能配比，应按"存货"报告，是"可储存的成本"。只有产品出售时才能与当期收入配比，因此在出售时将其成本转为费用。

"产品"在这里是广义的，不仅指工业企业的产成品，还包括提供的劳务，实际上是指企业的产出物即最终的成本计算对象。

"分配"给产品的成本，可能是全部生产经营成本，也可能是其中的一部分。将哪些生产经营成本分配给产品，取决于成本计算的目的和对信息的利用方法。

对内报告使用的产品成本，其范围因目的而异。为短期决策和本量利分析计算的产品成本，仅包括生产成本中随产量变动的部分即变动制造成本；为政府订货（如军用品订货）确定价格计算的产品成本，不仅包括生产成本，还包括政府允许补偿的部分研究与开发成本和设计成本；为定价和选择产品线等决策计算产品成本，应包括从研究与开发成本到行政管理成本的全部成本。因此，产品成本可以分为全部产品成本和部分产品成本两类。全部成本是指为取得一定的产出物所发生的全部成本的总和，部分成本是指仅就其中一部分进行归集和计算的成本。随着生产的发展和科学技术的进步，制造成本在全部成本中的比重越来越小。据统计资料显示，目前平均比重已低于55％，有些高科技企业已低于10％。因此，制造成本法受到越来越多的批评。将非制造成本分配于产品的主要问题是分配的合理性与经济性差。由于作业成本法和计算机技术的发展，这个困难逐渐被克服，全部成本法正日益受到重视。

对外财务报告使用的产品成本内容,由统一的会计制度规定。我国过去的会计制度,曾规定工业企业的"企业管理费"和"销售费用"要分配给产品,是一种全部成本法。后来修改的"制造成本法",只将生产成本分配给产品,是一种"部分成本法"。

期间成本

期间成本作为产品成本的对称,是指不计入产品成本的生产经营成本,包括除产品成本以外的一切生产经营成本。

期间成本不能经济合理地归属于特定产品,因此只能在发生当期立即转为费用,是"不可储存的成本"。正因为期间成本不可储存,在发生时就转为费用,因此也称之为"期间费用"。

无论是产品成本还是期间成本,都是生产经营的耗费,都必须从营业收入中减除,但它们减除的时间不同。期间成本直接从当期收入中减除,而产品成本要待产品销售时才能减除。

产品成本和期间成本的划分是相对的。所有生产经营成本,如果不列入产品成本,就必须列入期间成本。计入产品的成本范围越大,期间成本的范围就越小,反之亦然。

按照我国目前的财务会计制度规定,属于期间成本的是"销售费用""管理费用"和"财务费用"。

一般认为,财务费用不是生产经营活动的成本而属于筹资活动的成本。筹资成本包括借款利息和股利两部分。其中借款利息成本转为费用的方式有两种:一种是资本化借款成本,例如为购置固定资产所借款项的利息,应当计入固定资产的成本,将来在使用中陆续分期转为费用;另一种是费用化借款成本,例如生产经营所需的短期借款利息,在发生的当期作为费用处理,称为财务费用。也有人认为,为筹集生产经营资金而发生的借款利息,也可以作为生产经营成本的一部分看待,甚至主张应将其计入产品成本。还有人认为,权益资本的成本(股利)也应计入产品成本,才能准确计量企业的经营成果。不过,这些观点并未在国际范围内获得广泛认同。

了解直接成本和间接成本

产品成本按其计入成本对象的方式分为直接成本和间接成本。这种分类的目的是为了经济合理地把成本归属于不同的成本对象。

成本对象

成本对象是指需要对成本进行单独测定的一项活动。成本对象可以是一件产品、一项服务、一项设计、一个客户、一种商标、一项作业或者一个部门等。

成本对象可以分为中间对象和最终对象。最终成本对象是指累积的成本不能再进一步分配的成本归集点。最终成本计算对象通常是一件产品或一项服务,是企业的最终产出物。中间成本对象是指累积的成本还应进一步分配的归集点,有时也称成本中心。成本中心是企业中与成本相关联的某个可识别的部门。它们是将共同成本按某个分配基础进一步分配给成本对象之前的一个成本归集点,例如机械加工车间、维修车间、地区销售部等。设置多少中间对象以及中间对象之间的联系,取决于生产组织的特点和管理的要求。

直接成本

直接成本是直接计入各种、类、批产品等成本对象的成本。一种成本是否属于直接成本,取决于它与成本对象是否存在直接关系,并且是否便于直接计量。因此,直接成本也可以说是与成本对象直接相关的成本中可以用经济合理的方式追溯到成本对象的那一部分成本。例如大部分构成产品实体的原材料的成本、某产品专用生产线的工人工资等。对于只有一种产品的企业来说,所有产品成本都是直接成本。

所谓"与成本对象直接相关",是说该成本与某一特定的成本对象存在直接关系,它们之间存在明显的因果关系或受益关系。

所谓"追溯",是指在成本发生后,寻找引起成本发生的特定对象。例如构成产品主要实体的某种材料成本,很容易找到被用于何种产品。

所谓"经济合理的方式追溯",是说将某项成本直接分派给该对象是合乎逻辑的、有道理的,并且追溯到对象的代价不能过高,不得超过所能得到的好处。

间接成本

间接成本是直接成本的反义词,是指与成本对象相关联的成本中不能用一种经济合理的方式追溯到成本对象的那一部分产品成本。例如车间辅助工人的工资、厂房的折旧等大多属于间接成本。

所谓"不能用经济合理的方式追溯",有两种情况:一种是不能合理地追溯到成本对象,另一种是不能经济地追溯到成本对象。例如,总经理的工资很难分辨出每种产品应分担的数额,属于不能合理地追溯到成本对象;又如,润滑油的成本可以通过单独计量追溯到个别产品，但是单独计量的成本较高，而其本身数额不大，更准确的分配实际意义有限，不如将其列入间接制造费用，统一进行分配更经济。

一项成本可能是直接成本，也可能是间接成本，要根据成本对象的选择而定。例如，一个企业设有一个维修车间、若干个按生产工艺划分的生产车间，生产若干种产品，它们都是需要单独计算成本的成本对象。维修车间的工人工资直接计入维修车间成本，随后维修成本要分配给各生产车间成本，生产车间成本还要分配给各种最终产品成本。此时，维修车间工人工资对于"维修车间成本"来说是直接成本，而对于"生产车间成本"和"最终产品成本"来说是间接成本。

第三节 不能糊涂的账
——成本的归集与分配

 掌握成本计算的要求

为了正确计算成本,要分清以下费用界限。

第一,正确划分应计入产品成本和不应计入产品成本的费用界限。企业的活动是多方面的,企业耗费和支出的用途也是多方面的,其中只有部分费用可以计入产品成本。

非生产经营活动的耗费不能计入产品成本。只有生产经营活动的成本才可能计入产品成本。筹资活动和投资活动不属于生产经营活动。它们的耗费不能计入产品成本,而属于筹资成本和投资成本。过去,财政部颁布成本开支范围,明确规定哪些成本可以列入生产经营成本,哪些成本不能列入生产经营成本。近年来,财务会计规范发生很大变化而没有重新规定成本开支范围,使许多人误以为凡是耗费都可以计入产品成本。其实,这种认识是不对的。成本开支范围仍然存在,只不过它散见于有关会计制度之中,而没有集中于一个规范文件。按照我国现行会计制度规定,下列与生产经营活动无关的耗费不能计入产品成本:对外投资的支出、耗费和损失;对内长期资产投资的支出、耗费和损失,包括有价证券的销售损失、固定资产出售损失和报废损失等;捐赠支出;各种筹资费用,包括应计利息、贴现费用、证券发行费用等。

生产经营活动的成本分成正常的成本和非正常的成本。只有正常的生产经营活动成本才可能计入产品成本,非正常的经营活动成本不计入产品成本而应计入营业外支出。非正常的经营活动成本包括灾害损失、盗窃损失等非常损失;滞纳金、违约金、罚款、损害赔偿等赔偿支出;短期投资跌价损失、坏账损失、存货跌价损失、长期投资跌价损失、固定资产减值损失等不能预期的原因引起的资产减值损失；以及债务重组损失等。

正常的生产经营活动成本又被分为产品成本和期间成本。按财务会计制度规定，正常的生产成本计入产品成本，其他正常的生产经营成本列为期间成本。

第二，正确划分各会计期成本的费用界限。应计入生产经营成本的费用，还应在各月之间进行划分，以便分月计算产品成本。应由本月产品负担的费用，应全部计入本月产品成本；不应由本月负担的生产经营费用，则不应计入本月的产品成本。

为了正确划分各会计期的费用界限，要求企业不能提前结账，将本月费用作为下月费用处理，也不能延后结账，将下月费用作为本月费用处理。

为了正确划分各会计期的费用界限，还要求贯彻权责发生制原则，正确核算待摊费用和预提费用。本月已经支付但应由以后各月负担的费用，应作为待摊费用处理。本月尚未支付，但应由本月负担的费用，应作为预提费用处理。

第三，正确划分不同成本对象的费用界限。对于应计入本月产品成本的费用还应在各种产品之间进行划分：凡是能分清应由某种产品负担的直接成本，应直接计入该产品成本；各种产品共同发生、不易分清应由哪种产品负担的间接费用，则应采用合理的方法分配计入有关产品的成本，并保持一贯性。

第四，正确划分完工产品和在产品成本的界限。月末计算产品成本时，如果某产品已经全部完工，则计入该产品的全部生产成本之和，就是该产品的"完工产品成本"。如果这种产品全部尚未完工，则计入该产品的生产成本之和，就是该产品的"月末在产品成本"。如果某种产品既有完工产品又有在产品，已计入该产品的生产成本还应在完工产品和在产品之间分配，以便分别确定完工产品成本和在产品成本。

掌握成本计算的基本步骤

成本计算的过程应符合上述要求，或者说上述要求是通过成本计算过程实现的。

成本计算的基本步骤

成本计算的基本步骤如下：

对所发生的成本进行审核，确定哪些成本是属于生产经营成本，同时将其区分为正常的生产经营成本和非正常的生产经营成本，并在此基础上将正常的生产经营成本区分为产品成本和期间成本。

将应计入产品成本的各项成本，区分为应当计入本月的产品成本与应当由其他月份产品负担的成本，通过"其他应收款"和"其他应付款"账户进行必要调整。

将本月应计入产品成本的生产成本，区分直接成本和间接成本，将直接成本直接计入成本计算对象，将间接成本计入有关的成本中心。

将各成本中心的本月成本，依据成本分配基础向下一个成本中心分配，直至最终的成本计算对象。

将既有完工产品又有在产品的产品成本，在完工产品和期末在产品之间进行分配，并计算出完工产品总成本和单位成本。

将完工产品成本结转至"产成品"财产。

结转期间费用至本期损益。

为了如实地反映企业在整个生产过程中发生的各项费用，正确计算产品成本和各项费用。需要设置有关的成本费用账户，并按一定的程序组织成本费用的核算。

成本核算的主要科目和账户

不同行业的企业可根据行业生产特点和成本管理要求确定账户的名称，以下介绍工业企业中常涉及的成本核算需要设置的账户。

第一，"生产成本"账户。该账户核算工业企业生产发生的各项生产成本。根据生产单位的任务不同，工业企业生产可分为基本生产和辅助生产。"生产成本"账户可以根据需要下设"生产成本——基本生产成本""生产成本——辅助生产成本"两个二级账户，或者直接将"生产成本"分设成"基本生产成本""辅助生产成本"两个总账户。

1."生产成本——基本生产成本"账户

该账户核算基本生产所发生的各种生产费用，计算基本生产产品的成本。其借方登记企业从事基本生产活动的生产单位所发生的直接材料费用、直接人工费用、其他直接费用和"制造费用"账户转入的基本生产单位发生的制造费用；该账户的贷方登记结转的基本生产单位完工入库成品成本；账户期末余额在借方，表示基本生产单位期末尚未完工的在产品成本。账户按产品品种、产品批别或生产步骤等成本计算对象设置明细分类账（或称基本生产成本明细账、成本计算单），账内按成本项目设专栏或专行。

如果企业生产的产品品种较多，可以按照生产单位设置基本生产成本二级账，按照成本项目汇总反映全部产品总成本。

2."生产成本——辅助生产成本"账户

该账户核算辅助生产为全厂生产提供动力、修理、蒸汽、运输等辅助产品或劳务而发生的生产费用，用以计算辅助产品或劳务的成本。其借方登记从事辅助生产活动的辅助生产单位所发生的各项直接费用和自"制造费用"账户转入的辅助生产单位发生的制造费用；该账户贷方登记结转的辅助生产单位完工入库产品（如自制材料、自制工具等）和分配给各受益对象的已完成劳务（如运输服务）的成本。期末余额在借方表示辅助生产单位尚未完工的在产品的成本，如果是提供劳务的辅助生产车间其账户期末一般无余额。

该账户按辅助生产车间和辅助产品、劳务分设明细分类账。账内可按成本项目或者费用项目分设专栏或专行进行明细登记。

第二，"制造费用"账户。该账户核算企业生产车间为生产产品和提供劳务而发生的各项间接费用。该账户借方登记实际发生的制造费用；贷方登记分配转出至"生产成本——基本生产成本"或"生产成本——辅助生产成本"账户的制造费用；除季节性生产企业外，本账户月末一般无余额。该账户应按车间、部门设置明细分类账，账内按费用项目设专栏进行明细登记。辅助生产车间可根据需要选择是否设置制造费用明细账，如果辅助生产车间规模小、费用少，为了简化核算工作，可以不设置"制造费用"明细账，发生的制造费用内容直接登记在"生产成本——辅助生产成本"账户及其明细账的借方。

第三，"长期待摊费用"账户。该账户核算企业已经发生但应由本期和以后各期负担的摊销期限在1年以上的各项费用，如经营租赁方式租入固定资产发生的改良支出等。该账户借方登记企业实际支付的各项长期待摊费用；贷方登记分期摊销的长期待摊费用；账户余额在借方，表示企业已经支出尚未摊销的长期待摊费用。其明细账按费用种类设置。

第四，"销售费用"账户。该账户核算企业在产品销售过程中发生的各项费用以及为销售本企业产品而专设的销售机构的各项经费。其借方登记实际发生的各项销售费用；贷方登记期末转入"本年利润"账户的金额。期末结转后该账户无余额。

第五，"管理费用"账户。该账户核算企业行政管理部门为组织和管理生产经营活动而发生的各项管理费用。其借方登记发生的各项管理费用；贷方登记期末转入"本年利润"账户的金额。期末结转后该账户无余额。

第六，"财务费用"账户。该账户核算企业为筹集生产经营所需资金而发生的各项筹资费用。其借方登记发生的各项财务费用；贷方登记应冲减财务费用的利息收入、汇兑收益以及期末转入"本年利润"账户的财务费用；期末结转后该账户无余额。

第七，"废品损失"账户。该账户用于单独核算废品损失的费用。其账户借方登记不可修复废品的生产成本和可修复废品的修复费用；贷方登记废品残料回收的价值、应收的赔款以及转出的废品净损失；该账户期末应无余额。"废品损失"账户按车间和品种设置明细账，账内按成本项目设置专栏或专行。

 了解成本的归集和分配

成本的归集和分配

成本计算的过程，实际上也是各项成本的归集和分配过程。

成本的归集是指通过一定的会计制度以有序的方式进行成本数据的收集或汇总。收集某类成本的聚集环节，称为成本归集点。例如，制造费用是按车间归集的，所有间接制造费，包括折旧、间接材料、间接人工等都聚集在一起。以后分配时不再区分这些项目，而是统一地按一个分配基础，分配给产品。

成本的分配是指将归集的间接成本分配给成本对象的过程，也叫间接成本的分摊或分派。

成本分配要使用某种参数作为成本分配基础。成本分配基础是指能联系成本对象和成本的参数。可供选择的分配基础有许多：人工工时、机器台时、占用面积、直接人工工资、订货次数、采购价值、品种数、直接材料成本、直接材料数量等。

为了合理地选择分配基础，正确分配间接成本，需要遵循以下四个原则。

第一，因果原则。因果原则是指资源的使用导致成本发生，两者有因果关系，因此应当按使用资源的数量在对象间分摊成本。按此原则，要确定各对象使用资源的数量，例如耗用的材料、工时、机时等，按使用资源的数量比例分摊间接成本。

第二，受益原则。受益原则是指谁受益多，谁多承担成本，应按受益比例分摊间接成本。按此原则，经理人员要确定间接成本的受益者，例如房屋维修成本按各车间的面积分摊，广告费按各种产品的销售额分摊等。因果原则是看"起因"，受益原则是看"后果"，两者有区别。

第三，公平原则。公平原则是指成本分配要公平对待涉及的双方。在根据成本确定对外销售价格和内部转移价格时，合理的成本是合理价格的基础，因此计算成本时要对购销双方公平合理。

第四，承受能力原则。承受能力原则是指假定利润高的部门耗用的间接成本大，应按成本对象的承受能力分摊成本。例如，按部门的营业利润分配公司总部的费用，其依据是承受能力原则。

成本计算的目的引导着成本的归集和分配，使生产经营成本通过一系列中间对象，最终计算出产品总成本和单位成本。

材料费用的归集和分配

在企业的生产活动中，要大量消耗各种材料，如各种原料及主要材料、辅助材料及燃料。它们有的用于产品生产，有的用于维护生产设备和管理、组织生产，此外，还有的用于非工业生产等。其中应计入产品成本的生产角料，还应按照成本项目归集，如用于构成产品实体的原料及主要材料和有助于产品形成的辅助材料，列入"直接材料"项目；用于生产的燃料列入"燃料和动力"项目；用于维护生产设备和管理生产的各种材料列入"制造费用"项目。不应计入产品成本而属于期间费用的材料费用则应记入"管理费用""销售费用"项目。用于购置和建造固定资产、其他资产方面的材料费用，则不得列入产品成本，也不得列入期间费用。

材料费用计入产品成本和期间费用的方法

用于产品生产的原料及主要材料，如纺织用的原棉、铸造用的生铁、冶炼用的矿石、造酒用的大麦、制皂用的油脂等，通常是按照产品分别领用的，属于直接费用，应根据领料凭证直接计入各种产品成本的"直接材料"项目。但是，有时一批材料为几批产品共同耗用。例如，某些化工生产的用料，属于间接费用，则要采用简便的分配方法，分配计入各种产品成本。在消耗定额比较准确的情况下，通常采用材料定额消耗量比例或材料定额成本的比例进行分配，计算公式如下：

分配率＝材料实际总消耗量（或实际成本）÷各种产品材料定额消耗量（或定额成本）之和

某种产品应分配的材料数量（费用）＝该种产品的材料定额消耗量（或定额成本）×分配率

【例10-1】领用某种原材料2 106千克，单价20元，原材料费用合计 42 120元，生产甲产品400件，乙产品300件。甲产品消耗定额1.2千克，乙产品消耗定额1.1千克。分配结果如下：

分配率＝42 120÷（400×1.2＋300×1.1）＝42 120÷（480＋330）＝52（元/千克）

应分配的材料费用：

甲产品：480×52＝24 960（元）

乙产品：330×52＝17 160（元）

合计：42 120（元）

原料及主要材料费用除按以上方法分配外，还可以采用其他方法分配。例如，不同规格的同类产品，如果产品的结构大小相近，也可以按产量或重量比例分配。具体的计算可以比照上例进行。

辅助材料费用计入产品成本的方法，与原材料及主要材料基本相同。凡用于产品生产、能够直接计入产品成本的辅助材料，如专用包装材料等，其费用应根据领料凭证直接计入。但在很多情况下，辅助材料是由几种产品共同耗用的，这就要求采用间接分配的方法。

上述耗用的基本生产产品的材料费用，应记入"生产成本"账户及所属明细账的借方，在明细账中还要按"直接材料""燃料和动力"项目分别反映。此外，用于辅助生产的材料费用、用于生产车间和行政管理部门为管理和组织生产所发生的材料费用，应分别记入"生产成本——辅助生产成本""制造费用""管理费用"等账户及其明细账的借方。至于用于非生产用的材料费用，则应记入其他有关账户。

了解人工费用的归集和分配

人工费用包括：工资和福利费用。分配工资和福利费用，也要划清计入产品成本与期间费用和不计入产品成本与期间费用的工资和福利费用的界限。其中应计入产品成本的工资和福利费用还应该按成本项目归集：凡属生产车间直接从事产品生产人员的工资费用，列入产品成本的"直接人工费"项目；企业各生产车间为组织和管理生产所发生的管理人员的工资和计提的福利费，列入产品成本的

"制造费用"账户；企业行政管理人员的工资和计提的福利费，作为期间费用列入"管理费用"账户。

由于工资制度的不同，生产工人工资计入产品成本的方法也不同。在计件工资制下，生产工人工资通常是根据产量凭证计算工资并直接计入产品成本；在计时工资制下，如果只生产一种产品，生产人员工资属于直接费用，可直接计入该种产品成本；如果生产多种产品，这就要求采用一定的分配方法在各种产品之间进行分配。工资费用的分配，通常采用按产品实用工时比例分配的方法。其计算公式如下：

分配率＝生产工人工资总额÷各种产品实用工时之和

某种产品应分配的工资费用＝该种产品实用工时×分配率

按实用工时比例分配工资费用时，需要注意从工时上划清应计入与不应计入产品成本的工资费用界限。如生产工人为安装固定资产服务，那么这部分生产工时应该划分出来，所分配的费用应计入固定资产的价值，不得计入产品成本。

按照规定的工资总额的一定比例（目前制度规定14％）从产品成本中计提的职工福利费可与工资费用一起分配。

第十章 生产经理必备财务知识

第四节 共同费用怎么摊

——期间费用的核算

期间费用是指不能直接归属于某个特定产品成本的费用。它容易确定其发生的期间,而难以判别其所应归属的产品,因而在发生的当期便从当期的损益中扣除。期间费用包括销售费用、管理费用和财务费用。

为了正确核算期间费用,应注意以下问题:

一是,正确划分资本化成本、计入存货的成本和费用化成本的界限,不能把应当资本化和计入存货的成本计入期间费用。

二是,正确划分当期费用和其他会计期的费用的界限,正确处理各种需要通过"其他应付款"和"其他应收款"处理的跨期摊配费用。

三是,正确划分销售费用、管理费用和财务费用的界限,不得相互混淆。

 销售费用计算的方法

销售费用核算内容

销售费用核算的内容包括销售成本、配送成本和售后服务成本等销售过程中发生的全部成本。

按现行制度规定,其主要项目有运输费、装卸费、包装费、保险费、展览费和广告费,以及为销售本企业商品而专设的销售机构的职工工资、福利费、业务费等经常费用。

核算使用的主要科目及账务处理

企业发生的销售费用在"销售费用"账户中核算,并按费用项目设明细账,进行明细核算。"销售费用"账户的借方反映本期实际发生的各项营业费用,贷方反映期末转入"本年利润"账户的营业费用;"销售费用"账户结转"本年利润"账户后无余额。

企业发生的各项销售费用借记"销售费用"账户,贷记"库存现金""银行存款""应付职工薪酬"等账户;期末,将借方归集的销售费用全部由"销售费用"账户的贷方转入"本年利润"账户的借方,计入当期损益。

【例10-2】某企业12月份发生如下销售费用:
(1)开出转账支票,支付运输费、装卸费、广告费等13 680元。
(2)根据发料凭证汇总表,登记产品销售领用包装材料2 400元。
(3)结转本月专设销售机构职工工资及福利费720元,其中,工资650元,福利费70元。

要求:编制相关会计分录及结账分录。

编制相关会计分录如下:

借:销售费用　　　　　　　　　　　　　　　　　　13 680
　贷:银行存款　　　　　　　　　　　　　　　　　　13 680
借:销售费用　　　　　　　　　　　　　　　　　　 2 400
　贷:原材料　　　　　　　　　　　　　　　　　　　 2 400
借:销售费用　　　　　　　　　　　　　　　　　　　 720
　贷:应付职工薪酬　　　　　　　　　　　　　　　　 720
借:本年利润　　　　　　　　　　　　　　　　　　16 800
　贷:销售费用　　　　　　　　　　　　　　　　　　16 800

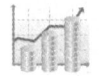
管理费用计算的方法

管理费用核算的内容

管理费用是指企业为组织和管理生产经营活动而发生的各项费用,包括研究与开发成本、设计成本和行政管理成本。

按现行制度规定,其主要项目有以下几项。

■公司经费,包括行政管理部门职工工资、折旧费、修理费、物料消耗、低值易耗品摊销、办公费和差旅费等。

■工会经费。

■待业保险费。

■劳动保险费。

- ■ 董事会费，包括董事会成员津贴、会议费和差旅费等。
- ■ 聘请中介机构费。
- ■ 咨询费（含顾问费）。
- ■ 诉讼费。
- ■ 业务招待费。
- ■ 房产税。
- ■ 车船税。
- ■ 土地税。
- ■ 印花税。
- ■ 技术转让费。
- ■ 矿产资源补偿费。
- ■ 无形资产摊销。
- ■ 职工教育经费。
- ■ 研究与开发费。
- ■ 排污费等。
- ■ 存货盘亏或盘盈（不包括应计入营业外支出的存货损失）。
- ■ 计提的存货跌价准备。

核算使用的主要科目及账务处理

为了反映和监督企业发生的上述各项管理费用，企业应设置"管理费用"账户，并按费用项目进行明细核算。企业发生的各项管理费用，借记"管理费用"账户，贷记"库存现金""银行存款""原材料""应付职工薪酬""其他应收款""其他应付款""累计折旧""无形资产""应交税费"等账户。期末，将本账户借方归集的管理费用全部由本账户贷方转入"本年利润"账户借方，计入当期损益。结转后本账户应无余额。

【例10-3】企业12月份发生下列管理费用：

（1）开出支票，支付本月发生、应由本月负担的房产税、土地使用税、印花税、车船税、业务招待费等费用，共计7 400元。

（2）按规定计提行政管理部门固定资产折旧费2 100元，结算行政管理部门人员工资4 300元，结转低值易耗品实际成本280元。

（3）摊销应由本月负担的保险费、报纸杂志费，共计430元。

（4）按规定预提行政管理部门用房的修理费750元。

要求：根据以上资料编制相关会计分录及结账会计分录。

编制相关会计分录如下：

借：管理费用	7 400
贷：银行存款	7 400
借：管理费用	6 680
贷：累计折旧	2 100
低值易耗品	280
应付职工薪酬	4 300
借：管理费用	430
贷：其他应收款	430
借：管理费用	750
贷：其他应付款	750
借：本年利润	15 260
贷：管理费用	15 260

 ## 财务费用核算的方法

财务费用核算的内容

财务费用是指企业筹集生产经营所需要资金而发生的费用。

按现行财务会计制度规定，其主要项目有利息支出（减利息收入）、汇兑损失（减汇兑收益）、金融机构手续费以及筹集生产经营资金发生的其他费用。

为了正确核算财务费用，必须合理划分资本化利息和费用化利息。划分的基本原则是建固定资产的借款利息，在固定资产达到预定可使用状态前按规定应当资本化，生产经营的借款利息应当费用化。但是，在实际工作中往往会遇到比较复杂的情况，必须根据具体情况分析处理。凡是按规定不能资本化的利息，都要计入财务费用。

财务费用属于期间费用，在发生的当期就计入损益。

核算使用的主要科目及账务处理

企业发生的财务费用在"财务费用"账户中核算,并按费用项目设置明细账,进行明细核算。"财务费用"账户的借方反映本期实际发生的财务费用,贷方反映期末转入"本年利润"账户的财务费用;"财务费用"账户结转"本年利润"账户后无余额。

企业发生的各项财务费用借记"财务费用"账户,贷记"银行存款""其他应付款""长期借款"等账户;企业发生的利息收入、汇兑收益时,借记"银行存款"等账户,贷记"财务费用"账户。期末,将借方归集的财务费用全部由"财务费用"账户的贷方转入"本年利润"账户的借方,计入当期损益。

【例10-4】某企业12月份发生下列财务费用支出:

(1)用银行存款支付短期借款利息支出1 580元。

(2)用银行存款支付银行手续费930元。

(3)银行通知第四季度银行存款利息收入580元。

要求:根据以上资料编制有关会计分录及期末结账分录。

编制相关会计分录如下:

借:财务费用	1 580
贷:银行存款	1 580
借:财务费用	930
贷:银行存款	930
借:银行存款	580
贷:财务费用	580
借:本年利润	1 930
贷:财务费用	1 930

第十一章
法律顾问必备财务知识

懂财务的法律人是奇货可居之才。

第一节　切蛋糕时你主刀

——盈利分配的程序和方式

 股利分配的内容

股利分配是指公司制企业向股东分派股利,是企业利润分配的一部分。股利分配涉及的方面很多,如股利支付程序中各日期的确定、股利支付比率的确定、股利支付形式的确定、支付现金股利所需资金的筹集方式的确定等。其中最主要的是确定股利支付比率:即用多少盈余发放股利,多少盈余为公司所留用(称为内部筹资),因为这可能会对公司股票的价格产生影响。

利润分配的项目

支付股利是一项税后净利润的分配,但不是利润分配的全部。按照我国《公司法》的规定,公司利润分配的项目包括以下部分:

第一,盈余公积金。盈余公积金从净利润中提取形成,用于提取形成。弥补公司亏损、扩大公司生产经营或者转为增加公司资本。盈余公积金分为法定盈余公积金和任意盈余公积金。公司分配当年税后利润时应当按照10%的比例提取法定盈余积金;当盈余公积金的金额达到公司注册资金的50%时,可不再继续提取。任意盈余公积金的提取由股东会根据需要决定。

第二,公益金。公益金也从净利润中提取形成,专门用于职工集体福利建设。公益金按照税后利润的5%~10%的比例提取形成。

第三,股利(向投资者分配的利润)。公司向股东(投资者)支付股利(分配利润),要在提取盈余公积金、公益金之后。股利(利润)的分配应以各股东(投资者)持有股份(投资额)的数额为依据,每一股东(投资者)取得的股利(分得的利润)与其持有的股份数(投资额)成正比。股份有限公司原则上应从累计盈利中分派股利,无盈利不得支付股利,即所谓"无利不分"的原则。但若公司用盈余公积金抵补亏损以后，为维护其股票信誉，经股东大会特别决议，也可用盈余公积金支付股利，不过这样支付股利后留存的法定盈余公积金不得低于注册资本的25%。

利润分配的顺序

公司向股东（投资者）分派股利（分配利润），应按一定的顺序进行。按照我国《公司法》的有关规定，利润分配应按下列顺序进行：

第一，计算可供分配的利润。将本年净利润（或亏损）与年初未分配利润（或亏损）合并，计算出可供分配的利润。如果可供分配的利润为负数（即亏损），则不能进行后续分配；如果可供分配利润为正数（即本年累计盈利），则进行后续分配。

第二，计提法定盈余公积金。按抵减年初累计亏损后的本年净利润计提法定盈余公积金。提取盈余公积金的基数，不是可供分配的利润，也不一定是本年的税后利润。只有不存在年初累计亏损时，才能按本年税后利润计算应提取数。这种"补亏"是按账面数字进行的，与所得税法的亏损后转无关，关键在于不能用资本发放股利，也不能在没有累计盈余的情况下提取盈余公积金。

第三，计提公益金。即按上述步骤以同样的基数计提公益金。

第四，计提任意盈余公积金。

第五，向股东（投资者）支付股利（分配利润）。

公司股东会或董事会违反上述利润分配顺序，在抵补亏损和提取法定盈余公积金、公益金之前向股东分配利润的，必须将违反规定发放的利润退还公司。

股利支付的程序和方式

股利支付的程序

股份有限公司向股东支付股利，其过程主要经历：股利宣告日、股权登记日和股利支付日。

股利宣告日：即公司董事会将股利支付情况予以公告的日期。公告中将宣布每股支付的股利、股权登记期限、除去股息的日期和股利支付日期。

股权登记日：即有权领取股利的股东有资格登记截止日期，也称为除权日。只有在股权登记日前在公司股东名册上有名的股东，才有权分享股利。

股利支付日：即向股东发放股利的日期。

股利支付程序可举例说明如下。

【例11-1】假定C公司2015年11月15日发布公告:"本公司董事会在2015年11月15日的会议上决定,本年度发放每股为5元的股利;本公司将于2016年1月2日将上述股利支付给已在2015年12月15日登记为本公司股东的人士。"

[例11-1]中,2015年11月15日为C公司的股利宣告日;2015年12月15日为其股权登记日;2016年1月2日则为其股利支付日。

股利支付的方式

股利支付方式有多种,常见的有以下几种:

第一,现金股利。现金股利是以现金支付的股利,它是股利支付的主要方式。公司支付现金股利除了要有累计盈余(特殊情况下可用弥补亏损后的盈余公积金支付)外,还要有足够的现金,因此公司在支付现金股利前需筹备充足的现金。

第二,财产股利。财产股利是以现金以外的资产支付的股利,主要是以公司所拥有的其他企业的有价证券,如债券、股票,作为股利支付给股东。

第三,负债股利。负债股利是公司以负债支付的股利,通常以公司的应付票据支付给股东,不得已情况下也有发行公司债券抵付股利的。财产股利和负债股利实际上是现金股利的替代。这两种股利方式目前在我国公司实务中很少使用,但并非法律所禁止。

第四,股票股利。股票股利是公司以增发的股票作为股利的支付方式。股票股利对公司来说,并没有现金流出企业,也不会导致公司的财产减少,只是将公司的留存收益转化为股本和资本公积。但是,股票权利会增加流通在外的股票数量,同时降低股票的每股价值。它不改变公司股东权益总额,但会改变股东权益的构成。

第十一章　法律顾问必备财务知识

第二节　像猎犬一样追逐到底

——参与债务人清算

企业清算是指在企业终止过程中，为保护债权人、所有者等利益相关者的合法权益，依法对企业财产、债务等进行清理、变卖，以终止其经营活动，并依法取消其法人资格的行为。

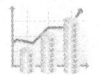 **了解企业清算的类型**

第一，企业清算按其原因，可分为解散清算和破产清算。导致企业解散清算的原因主要有：公司章程规定的营业期限届满或公司章程规定的其他解散事由出现（如经营目的已达到而不需继续经营，或目的无法达到且公司无发展前途等）；公司的股东大会决定解散；企业合并或者分立需要解散；公司违反法律或者从事其他危害社会公众利益的活动而被依法撤销；发生严重亏损，或投资一方不履行合同、章程规定的义务，或因外部经营环境变化而无法继续经营。

破产清算是因经营管理不善造成严重亏损，不能偿还到期债务而进行的清算。其情形有二：一是企业的负债总额大于其资产总额，事实上已不能支付到期债务；二是虽然企业的资产总额大于其负债总额，但因缺少偿付到期债务的现金资产，未能偿还到期债务，被迫依法宣告破产。

第二，依据清算是否自行组织，可以分为普通清算和特别清算。普通清算是指公司自行组织的清算。特别清算是指公司依法院的命令开始，并且自始至终都在法院的严格监督之下进行的清算。

普通清算按法律规定的一般程序进行，法院和债权人不直接干预。特别清算是指不能由企业自行组织，而由法院出面直接干预并进行监督。如果企业不能清偿到期债务，企业有资产不足清偿到期债务的嫌疑，企业无力自行组织清算工作，企业董事会对清算事务达不成一致意见，或者由债权人、股东、董事会中的任何一方申请等情况发生，就应采用特别清算程序。

对普通清算与特别清算，公司并无选择实行的权利。公司解散后，应立即进行普通清算。在普通清算过程中，当有下列情形之一发生时，法院方可命令公司实行特别清算：其一，当公司实行普通清算遇到明显障碍时。例如，公司的利害关系人人数众多，或公司的债权债务关系极为复杂，这时法院依债权人或股东或清算人的请求，或依职权命令实行特别清算。其二，当公司负债超过资产有不实之嫌疑时，即形式上公司负债超过资产，但实际上是否真正超过尚有嫌疑。例如，公司债务数额并非真实，或公司债权数额并非确定，或会计账面上所记载的资产价值较市场价低，所以清算人请求进行特别清算，这时法院依清算人的请求或依职权命令实行。

了解破产清算的全过程

破产界限

当企业资不抵债，亦无债务展期、和解、重整的可能性时，企业实际上已破产。从法律上理解，破产有两层含义：其一是资不抵债时发生的实际上的破产，即债务人因负债超过资产，不能清偿到期债务时发生的一种状况；其二是指债务人因不能清偿到期债务而被法院依法宣告破产。此时债务人资产可能低于负债，也可能等于或超过负债。于是可能出现债务人资产虽然超过负债，却因无法获得足够的现金或无法以债权人同意的其他方式偿还到期债务不得不破产的情况。因为对债务人的破产宣告是依法律上确定的标准进行的，所以这种破产又称法律上的破产。

所谓破产界限，即法院据以宣告债务人破产的法律标准，在国际上又通称为法律破产原因。在破产立法上，对破产界限有两种规定方式：一种是列举方式，即在法律中规定若干种表明债务人丧失清偿能力的具体行为，凡实施行为之一者便认定达到破产界限；另一种方式是概括方式，即对破产界限作抽象性的规定，它着眼于破产发生的一般性原因，而不是具体行为。其通常有三种概括：不能清偿或无力支付；债务超过资产，即资不抵债；停止支付。我国和世界上大多数国家均采用概括方式来规定企业破产的界限。例如，美国于1979年10月1日开始生效的"破产改革法案"中指出，企业不能够用现金支付到期的债务，或者对企业的债权超过了其资产时，应当破产。我国于2006年8月27日通过的《中华人民共和国企业破产法》（以下简称《破产法》）指出，企业因经营管理不善造成严重亏损，不能清偿到期债务的依法宣告破产。

在理解法定企业破产界限时，应注意以下几点：

第一，对于造成亏损原因的理解各国有所不同。世界许多国家不管企业亏损原因，只要不能清偿到期债务便依法宣告破产。我国则对只有因经营管理不善造成严重亏损的企业，在不能清偿到期债务时才予以宣告破产；因其他原因导致不能清偿债务时，则不能采用破产方式解决。

第二，债务到期不能偿还，除指不能以现金偿还外，还包括不能以债权人指定的其他方式偿还，或没有足够的财产作担保，也没有良好的信誉可以借到新债来偿还到期债务。如果债务人能及时筹措到一笔新债来偿还到期债务时，即使债务人的债务已超过了资产，也不能认定已经破产。

第三，不能清偿债务通常是指债务人对全部或部分主要债务在可以预见的一定时间内持续不能清偿，而不是因资金周转一时不灵而暂时停止支付。

破产清算的一般程序

根据我国《破产法》的有关规定，企业破产清算的基本程序大致可分为三个阶段：一是破产申请阶段，二是和解整顿阶段，三是破产清算阶段。在本书中我们主要讲解一下破产申请阶段和破产清算阶段的关键操作程序。它们主要概括如下。

第一，提出破产申请。《破产法》规定，提出破产申请的既可以是债权人，也可以是债务人。当债务人不能清偿到期债务时，债权人可以向债务人所在地人民法院申请宣告债务人破产；债务人不能清偿到期债务，经过上级主管部门同意，可以向当地人民法院自动申请破产。目前，多数企业的破产申请是由破产企业（即债务人）提出。

在具体操作中，企业在提出破产申请前，应对其资产进行全面的清查，对债权债务进行清理，然后由会计师事务所对企业进行全面的审计，并出具资不抵债的审计报告。企业向法院提出破产申请时，要提供如下材料：请求破产的书面申请、会计师事务所对企业进行审计后出具的审计报告、上级主管部门同意破产的批准文件、企业的会计报表、企业对外投资情况、银行账户情况、各项财产明细表、债权人的名单、地址、金额及其他法院认为需要的材料。

第二，法院接受申请。人民法院接到破产申请后即进行受理与否的审查、鉴定。受理债权人破产申请案件5日内应通知债务人，并发布破产案件受理公告；受理债务人破产申请案件后，应在案件受理后15日内通知债权人申报债权，直接发布债权申报公告。

第三，债权人申报债权。债权人应当在收到通知后一个月内，未收到通知的债权人应当自公告之日起3个月内，向人民法院申报债权，说明债权的数额和有无财产担保,并且提交有关证据资料。逾期未申报债权的,视为自动放弃债权。

第四,法院裁定,宣告企业破产。人民法院对于企业的破产申请进行审理,符合《破产法》规定情形的,即由人民法院依法裁定并宣告该企业破产。

第五,组建清算组。按照《破产法》的规定,人民法院应当自宣告企业破产之日起15日内成立清算组,接管破产企业。清算组的组成人员一般包括财政部门、企业主管部门、国有资产管理部门、审计部门、劳动部门、国土管理部门、社会保障部门、人民银行、工商管理部门等部门的人员。清算组可以依法进行必要的民事活动。

清算组成立后,一般都在法院的指导下,设立若干个小组,负责企业职工的思想工作、财产保管工作、债权债务清理工作、破产财产处置工作以及职工的安置工作等。

第六,接管破产企业,进行资产处置等工作。清算组成立后,应接管破产企业的一切财产、账册、文书、资料和印章等,并负责破产财产的保管、清理、估价、处理和分配等。

第七,编报、实施破产财产分配方案。清算组在清理、处置破产财产并验证破产债权后,应在确定企业破产财产的基础上拟订破产财产的分配方案,经债权人会议通过,并报请人民法院裁定后,按一定的债务清偿顺序进行比例分配。

第八,报告清算工作。清算组在破产财产分配完毕之后,应编制有关清算工作的报告文件,向法院报告清算工作,并提请人民法院终结破产程序。破产程序的终结有以下几种情况:

其一是债务人与债权人会议达成和解协议。企业经过整顿,能够根据和解协议清偿债务,人民法院应当终结该企业的破产程序并且予以公告。

其二是破产财产不足以支付破产费用,人民法院应当宣布破产程序终结。

其三是破产财产分配完毕,由清算组提请人民法院终结破产程序。清算组按照破产分配方案在破产财产分配完毕时,立即向人民法院提出关于破产财产分配完毕的报告,提请法院终结破产程序。法院接到此报告后,应及时作出破产程序的裁定并公告此裁定,破产程序即为终结。

第九,注销破产企业。清算组在接到法院终结破产程序的裁定后,应及时办理破产企业的注销登记手续。

至此,破产清算工作宣告结束。

 了解解散清算的特点

比较《公司法》对公司破产清算和解散清算的不同规定,解散清算有其自身的特点。

清算程序

破产清算进入破产清算程序，而解散清算进入一般清算程序。一般清算程序的内容是：

第一，确定清算人或成立清算组。根据《公司法》的有关规定，公司应在公布解散的15天之内成立清算小组，有限责任公司的清算组由股东组成，股份有限公司的清算组则由股东大会确定其人选。逾期不成立清算组的，由法院根据债权人的指定成立清算组。清算组的职权包括：清理公司财产，分别编制资产负债表及财产清单；通知或者公告债权人；处理与清算有关的公司未了结的业务；清缴所欠税款；清理债权、债务，处理公司清偿债务后的剩余财产；代表公司参与民事诉讼活动。

第二，债权人进行债权登记。在清算组成立后，应立即在法定期限内通知、公告债权人进行债权申报，要求其应在规定的期限内对其债权的数额及其有无财产担保进行申请，并提供证明材料，以便清算组或受托人进行债权登记。

第三，清理公司财产，编制资产负债表及财产清单。在这一过程中，如果发现公司资不抵债的，应向法院申请破产。

第四，在对公司资产进行估价的基础上，制订清算方案。清算方案包括清算的程序和步骤、财产定价方法和估价结果、债权收回和财产变卖的具体方案、债务的清偿顺序、剩余财产的分配以及对公司遗留问题的处理等。

第五，执行清算方案。

清算财产的范围及作价。清算财产包括宣布清算时企业的全部财产以及清算期间取得的资产。清算财产的作价一般以账面净值为依据，也可以重估价值或者变现收入等为依据。

确定清算损益。企业清算中发生的财产盘盈、财产变价净收入、因债权人原因确实无法归还的债务，以及清算期间的经济收益等作为清算收益；发生的财产盘亏、确实无法收回的债权，以及清算期间的经营损失等作为清算损失；发生的清算费用优先从现有财产中支付；清算终了，清算收益大于清算损失和清算费用的部分，依法缴纳所得税。

债务清偿及其顺序。企业财产支付清算费用后，按照下列顺序清偿债务：应付而未付的职工工资、劳动保险等；应缴未缴国家的税金；尚未偿付的债务。同一顺序不足清偿的，按照比例清偿。

分配剩余财产。企业清偿债务后的剩余财产的分配原则，一般应按照合同、章程的有关条款处理，充分体现公平、对等，照顾各方利益。其中，除公司章程另有规定外，有限责任公司按投资各方出资比例分配；股份有限公司按照优先股股份面值对优先股股东分配，剩余部分按照普通股股东的股份比例进行分配；国有企业剩余财产要上缴财政。

第六，办理清算的法律手续。企业清算结束后，应编制清算后的资产负债表和损益表，经企业董事会或职工代表大会批准后宣布清算结束。然后，清算机构提出的清算报告连同清算期间内收支报表和各种财务账册，经中国注册会计师审计后，一并报主管财政机关，并向税务部门注销税务登记，向工商行政管理部门办理公司注销手续。

清算组成员的决定机关

破产清算的清算组由人民法院依法组织股东、债权人、有关机关及有关专业人员成立。而解散清算的清算组成员在不同情况下由不同机关决定：

当解散清算由自愿原因导致时，有限责任公司由股东组成清算组，股份有限公司由股东大会确定清算组成员。如果公司在15日内没有成立清算组，债权人可以申请人民法院指定有关人员成立清算组。

当解散清算由强制原因导致时，由有关机关组织股东、有关机关人员及有关专业人员成立清算组。

企业清算实施的方法

清算财产的界定和变现

第一，清算财产的界定。清算财产包括企业在清算程序终结前拥有的全部财产以及应当由企业行使的其他财产权利。企业下列财产计入清算财产：宣告清算时企业经营管理的全部财产，包括各种流动资产、固定资产、对外投资以及无形资产；企业宣告清算后至清算程序终结前所取得的财产，包括债权人放弃优先受偿权利、清算财产转让价值超过其账面净值的差额部分；投资方认缴的出资额未实际投入，而应补足的部分；清算期间分得的投资收益和取得的其他收益等；应当由破产企业行使的其他财产权利。

企业下列财产应区别情况处理：

担保财产。依法生效的担保或抵押标的不属于清算财产，担保物的价款超过其所担保的债务数额的，超过部分属于清算财产。

公益福利性设施。企业的职工住房、学校、托儿园（所）、医院等福利性设施，原则上不计入清算财产；但无须续办并能整体出让的，可计入清算财产。

职工集资款。属于借款性质的视为清算企业所欠职工工资处理，利息按中国人民银行同期存款利率计算；属于投资性质的视为清算财产，依法处理。

党、团、工会等组织占用清算企业的财产，属于清算财产。

人民法院受理清算案件前6个月至破产宣告之日的期间内，清算企业的下列行为无效，清算组有权向人民法院申请追回财产，并入清算财产：隐匿、私分或者无偿转让财产；非正常降价出售财产；对原来没有财产担保的债务提供担保；对未到期的债务提前清偿；放弃自己的债权。

第二，清算财产的变现。清算财产需要变现以偿还债务。财产变现分为单项资产变现和综合资产"一揽子"变现。如果企业合同或章程规定或投资各方协商决定，企业解散时需对现存财产物资、债权债务进行重新估价，并按重估价转移给某个投资方时，则清算组应按重估价值对企业财产作价。

清算债务的界定和清偿

第一，清算债务的界定。清算债务是指经清算组确认的至企业宣告破产或解散止清算企业的各项债务。企业清算债务主要包括下列各项：破产或解散宣告前设立的无财产担保债务；宣告时未到期的债务，视为已到期的债务减去未到期利息后的债务；债权人放弃优先受偿权利的有财产担保债务；有财产担保债务其数额超过担保物价款未受偿部分的债务；保证人代替企业偿还债务后，其代替偿还款为企业清算债务；清算组解除企业未履行合同致使其他当事人受到损害的，其损害赔偿款为企业清算债务；等等。但下列费用不得作为企业清算债务：宣告日后的债务；债权人参加清算程序按规定应自行负担的费用；债权人逾期未申报的债权；超过诉讼时效的债务。

第二，债务的清偿。企业清算财产变现后，先用于支付清算费用、应付未付的职工工资和劳动保险费，以及各种税款，剩余部分用于偿还债务。如果清算财产不足以偿还全部债务，则按《破产法》规定的顺序进行清偿。

清算费用与清算损益

第一，清算费用。清算费用是指企业清算过程中所发生的各项支出。清算费用应当从清算财产中优先拨付，一般随时发生随时支付。清算财产不足以支付清算费用的，清算程序相应终结，未清偿的债务不再清偿。

清算费用的开支范围包括：清算期间职工生活费；清算财产管理、变卖和分配所需费用；破产案件诉讼费用；清算期间企业设施和设备维护费用、审计评估费用；为债权人共同利益而支付的其他费用，包括债权人会议会务费、破产企业催收债务差旅费及其他费用。企业清算组应严格按照经债权人会议审核的开支范围和标准拨付清算费用。

现行政策要求各级主管财政机关协助做好国有破产企业职工的生活救济和就业安置工作。破产企业被整体接收的，安置期间的职工生活费用由接收方企业发放，从企业管理费用中开支。其标准应不低于试点城市规定的最低生活救济标准。破产企业职工的社会保险费由接收方企业从接收破产企业之日起缴纳。接收方企业收到的安置费在资本公积金中单独反映。鼓励破产企业职工自谋职业，对自谋职业的职工，清算组可从破产企业土地使用权等破产财产中，按规定拨付有关安置费用。一次性安置破产企业离退休职工的离退休费和医疗费从企业土地使用权出售所得中支付，处置土地使用权所得不足以支付的，不足部分从处理其他破产财产所得中优先支付。破产企业职工的安置费用来源不足的，按照企业隶属关系，由破产企业所在地人民政府负担。

第二，清算损益。企业清算中发生的财产盘盈、财产变价净收入、因债权人原因确实无法归还的债务，以及清算期间的经营收益等计入企业清算收益。

企业清算终了，清算收益大于清算损失、清算费用的部分，依法缴纳所得税。

剩余财产的分配

企业清偿债务后剩余财产的分配，一般应按合同、章程的有关条款处理，充分体现公平、对等原则，均衡各方利益。

清算后各项剩余财产的净值，不论实物或现金，均应按投资各方的出资比例或者合同、章程的规定分配。其中，有限责任公司除公司章程另有规定外，按投资各方出资比例分配。股份有限公司按照优先股股份面值对优先股股东优先分配，其后的剩余部分再按照普通股股东的股份比例进行分配。如果企业剩余财产尚不足全额偿还优先股股金，则按照各优先股股东所持比例分配。如果是国有企业，则其剩余财产应全部上缴财政。

第三节 公司脱胎换骨时需要你

——股权重组

 什么是股份制改组

根据我国《股份制企业试点办法》和《公司法》的规定，我国企业实行股份制主要有两条途径：一是新组建股份制企业；二是将现有企业有选择地改造为股份制公司。将原国有企业、集体企业、私营企业，经过分立或合并等方式，对股权、资产和组织进行合理划分，重新组合与设置，改组为股份有限公司或有限责任公司，统称为企业的股份制改组。其中，由于国有企业改组为股份制企业具有涉及面广、程序复杂等特点，在一段时期内是我国实现股份制的主要形式。

企业股份制改组涉及企业组织结构变更、债务重组、资产评估与分割及内部管理制度创新等诸多方面，是一项涉及面广、难度大，而且极其敏感和特殊的工作。在改组中，应特别关注以下几个方面的财务问题。

清产核资与产权界定问题

股份制改组前，必须先进行清产核资工作。企业应认真清查现有资产并重新造册，清理债权债务，收回到期债权，偿还到期债务。在清产核资基础上合理界定企业原有产权。理论上，原企业所有资产均归所有权人所有。但由于历史原因，我国国有企业的产权界定在实践中是一个比较棘手的问题，在理论上、法律上也有待于进一步探讨。如许多国有企业的劳动服务公司、子弟学校等可能注册为集体所有制，改制时却可能作为企业投资兴办的下属子公司处理。类似的产权问题都必须在股份制改组过程中加以明确并人格化。

资产剥离问题

股份制改组涉及对原企业资产的重新组合和配置，同时也涉及对原企业负债的划分和承担问题。整体改组的企业，其全部资产和负债均由改组后的股份有限公司承担，不存在资产和负债的划分问题。但若以分立或合并方式改组，原企业存续的，则涉及资产和负债的划分问题。

国有企业股上市不能是全部资产都要转为股本，必须进行资产剥离，以部分优质资产作为发动股份。资产的剥离应遵守以下四项要求：

第一，主业突出。资产的剥离要有形成拳头产业或产品的意识，使企业主营业务突出。

第二，避免同业竞争与规范关联交易。改制企业一般都有全资或控股子公司。这些子公司大都同原企业或存续企业之间存在同业竞争和关联交易。上市前的资产剥离应尽可能做到同业全剥，即生产同一产品的资产要尽量剥离，使将来上市公司的产品与控股公司的产品有别。处理关联交易包括两类工作：一是明确各类关联交易之间的具体关系；二是制定有关的法律文件。

第三，利润适当原则。剥离多少资产上市，必须考虑利润因素。法规要求股票发行价格取决于企业发行当年摊薄后的每股预测利润。于是，每股税后利润多少，在很大程度上关系到股票发行价格。一般应根据利润总量剥离资产，保持每股税后利润在适当水平。

第四，系统设计原则。即要求以系统思想设计企业股份制改组方案，其内容包括：公司资产折股、股权设置、股权结构、股权管理、机构设置的方案；企业分立或合并的方案；原企业与公司的关系及相关问题处理的方案；债权债务处理的方案；非经营性资产剥离及管理的方案；离退休人员、富余人员处置的方案等。

资产评估问题

资产评估是股份制改组的必经程序，企业应聘请具有法定资格的资产评估机构对资产进行全面评估，重新确定企业资产的价值。

债务安排问题

在股份制改组实践中，被改组企业债权债务的划分一般由原企业与改组后的股份制公司签订协议书，以明确各自享有或承担的债权债务。由于债务划分涉及债权人的利益，因此事先必须征得债权人的同意，在与债权人达成有关债务安排的协议之前，企业改组不能进行。

改组上市公司的模拟会计报表编制与审计

改组上市公司的模拟会计报表，是指以改组后公司母体会计核算资料为基础，依据企业改组方案、改组后公司的组织结构、经营方式、会计政策等，对会

第十一章 法律顾问必备财务知识

计报表进行会计调整并重新编制的改组后公司在前3年（假设公司在3年前即已存在）可能形成的会计报表。根据《股票发行与交易管理暂行条例》规定，改组上市公司的上市招股说明书必须包括"经会计师事务所审计的公司近3年或成立以来的财务报告"。由于改组上市公司组建期通常不足3年，改组前后组织结构及适用会计准则（制度）的变化将导致会计报表口径不一致。根据一贯性原则，改组上市公司须基于相同的会计主体假设、会计政策等，对会计报表进行会计调整。经过调整形成的模拟会计报表，一方面较之母体会计报表，能增强报告期内改组上市公司会计信息的可比性、决策相关性，有助于投资者正确了解公司的历史盈利状况并预测未来盈利趋势；另一方面在对会计报表会计调整的过程中，改组上市公司存在操纵利润、粉饰报表的动机与可能，从而很可能降低模拟会计报表的真实性、可靠性。对模拟会计报表的审计将是股份制改组审计的重要内容。

什么是股权置换

股权置换的概念与类型

股权置换也称为股权交换或换股。人们对此有多种解释：第一种是并购方以其自身的股票作为支付方式与目标公司的股东手中的股票相交换实现并购，这一概念本章第一节已经阐述。第二种是公司向股东提供新的证券、权证或选择权以换取股东手中拥有的公司证券、权证或选择权。为了吸引股东换股，公司提供的新的证券的价值要大于原有证券的市场价值。在换股公告中，也会说明换股数量的上限与下限。这种换股会引起公司股份总数的增减变化。第三种股权置换的概念是指在公司股份总数不变的前提下，同一公司同一类股权（如普通股）在不同股东之间股份的增减变化，如我国的国有股配售。

根据置换的证券种类，换股可分为八种类型：其一，用普通股交换公司债券。比如公司用普通股转换投资者手中的可转换债券。其二，用普通股转换优先股。如果公司发行了可转换优先股，到时很有可能要进行这种转换。其三，用优先股交换公司债券。其四，用债券交换公司普通股。如公司为了减少股本，可能用新的债券交换股东手中的股票。其五，用优先股交换普通股。其六，用新发债券换回发行在外的优先股。实际上，前三种交换是后三种交换的逆过程。其七，行权换股。持有股票期权的高级管理人员可以在规定时期内以约定的股票期权的行权价格购买本公司股票，这个购买的过程称为行权。其八，持有同类股票的股东之间的股权交换,如我国上市公司普通股中流通股与非流通股的交换、国有股配售等。

股权置换对股东和公司财务的影响

从实证分析结果来看,凡是通过换股增加公司的杠杆效率,或者提高了未来收益,或者使管理者对公司控制力加强,均会引起公司股价提高。这对股东是有利的。通过换股,公司可以灵活地调整公司的资本结构。例如,在利率较低时发行股票交换原利率高的旧债券,有利于降低公司的资本成本,提高企业的经营效益。

什么是公司内部人持股

职工持股计划

职工持股计划(ESOPs),是一种由企业职工拥有本企业产权的股份制形式。企业职工通过购买企业部分股票而拥有企业的部分产权,并获得相应的管理权。

职工持股计划起源于西方,最早出现在美国。它是在20世纪六七十年代重振美国经济、改善传统劳资对立关系的宏观背景下产生的。推行职工持股计划的目的不在于筹集资金,而旨在扩大资本所有权,使公司普通职工广泛享有资本,使他们可以同时获得劳动收入和资本收入,从而增强职工的参与意识,调动职工的积极性。它的一般做法是:企业成立一个专门的职工持股信托基金会,基金会由企业全面担保,贷款认购企业的股票。企业每年按一定比例提取工资总额的一部分,投入职工持股信托基金会以偿还贷款。当贷款还清后,该基金会根据职工相应的工资水平或劳动贡献的大小,把股票分配到每个职工的"职工持股计划账户"上。职工离开企业或退休,可将股票卖给职工持股信托基金会。内部职工股股东拥有收益权和投票权,可以依据所拥有的股份,参与公司重大问题的投票,但没有股份转让权和继承权,只有在因故离职或退休时,才能将属于自己的那一部分股份按照当时的市场价值转让给本公司其他职工,或由公司收回,自己取得现金收益。

职工持股计划在西方的发展历程并不长,但它带来的制度创新意义和显著的实际效果则显示出强大的生命力。第一,职工持股制度是完善公司治理结构、改善企业效率的重要举措。在美国,实施了职工持股计划的企业生产率比未实施职工持股计划的企业高。但这种效应的产生也是有条件的，即职工持股制度只有与职工参与决策管理相结合时，才会对企业效率有积极影响。第二，职工持股计划是公司抵御敌意收购的有效对策。通过实行职工持股计划，将公司股份分散于企业职工之中，利用企业职工担心企业被并购后可能裁员的心理和职工对企业的归属感，在一定程度上可以帮助企业抵御敌意收购。因此，不少企业为了应付可能的敌意收购而实行职工持股计划。

经理层融资收购

所谓"经理层融资收购"（Management Buy-Out，缩写为MBO），又称"经理层（管理层）收购"，是指目标公司的经理层利用杠杆收购这一金融工具，通过负债融资，以少量资金投入收购自己经营的公司。应该说，"经理层融资收购"是"杠杆收购"（Leveraged Buy-Out，缩写为LBO）的一种。"杠杆收购"是利用借债所融资本购买目标公司的股份，从而改变公司出资人结构、相应的控制权格局以及公司资产结构的金融工具。一般而言，利用杠杆收购来重组目标公司的收购方，可以是其他公司、个人或机构投资者等外部人，也可以是目标公司的管理层这样的内部人。只有在运用杠杆收购的主体是目标公司的经理层时，一般的LBO才变成了MBO。当收购主体不仅仅包括目标公司的经理层，还包括公司职工时，经理层收购又演变成为经理层职工收购（Management & Employee Buy-Out，缩写为MEBO）。

经理层收购主要包括如下步骤：第一，制定收购计划。收购计划包括收购的主要参与者、效果、融资计划、企业资本结构的调整和收购完成之后的操作计划等。第二，资金筹措。其融资来源主要有：银行或其他金融机构的贷款、风险基金投资、卖方贷款和收购合伙人投资。在发达市场经济国家，不少金融机构愿为公司收购提供经济援助，经理人员往往只需付1%～5%的资金即可获得企业50%左右的股权和经营管理权。第三，接管改组公司，完成收购。由于经理层收购由目标企业内部经理人员实施，所以收购过程中经理层不会遇到太大的阻碍。

 什么是股票回购

股票回购的动因

股票回购是指上市公司从股票市场上购回本公司一定数额的发行在外的股票。公司在股票回购完成后可以将所回购的股票注销，也可以将回购的股份作为

"库藏股"保留，但不参与每股收益的计算和收益分配。库藏股日后可移作职工持股计划和发行可转换债券等，或在需要资金时将其出售。

在现实中，股票回购按其目的分类，有两种基本类型：第一，红利替代型。公司回购了部分普通股，发行在外的股数就相应减少，每股收益势必提高，从而导致企业股票市价上涨，由股价上涨所得的资本收益就可以代替股利收入，所以股票回购也被认为是支付股利的方式之一。与直接派发现金红利一样，股票回购所用资金通常来源于公司的经营盈余。第二，战略回购型。它直接服务于公司的战略目标，不是以向股东发放股利为目的。战略回购的规模较大，在进行战略回购时，公司不仅需要动用现金储备，而且往往需要大规模举债，或出售部分资产或子公司以筹集股票回购所需的现金，在短期内使公司资本结构发生实质性重整。

股票回购的具体动因主要有以下几项。

第一，巩固既定控股权或转移公司控股权。许多股份公司的大股东为了保证其所代表股份公司的控股权不被改变，往往采取直接或间接的方式回购自己的股份，即指公司直接以自身名义或通过自己的关联公司购回自己的股份。有些股份公司的法定代表人并非是公司最大股东的代表者，在实际中，这些法定代表人为了保证不改变在公司中的地位，也为了能在公司中实现自己的意志，往往采取回购股份的方式分散或削弱原控股股东的控股权，以实现原控股权的转移。

第二，提高每股收益。由于财务上的每股收益指标以流通在外的股份数作为计算基础，不少股份公司基于自身形象、上市需求和投资人渴望高回报等原因，采取了股份回购并库存自身股份的方式来操纵每股收益指标，减少实际应支付红利的股份数量。

第三，稳定或提高公司股价。过低的股价会降低人们对公司的信心，使消费者对公司产品产生怀疑，削弱公司出售产品、开拓市场的能力，使公司难以从证券市场进一步融资，对公司经营造成不良影响。在这种情况下，公司回购股票以支撑股价，有利于使投资者重又关心公司的运营情况，恢复消费者对公司产品的信任，公司也有了进一步配股融资的可能。因此，公司在其股价过低时回购股票是维护公司形象的有力途径。此外，在市价发行的股票市场，为使市价发行的新股顺利被投资者吸收，上市公司也经常在二级市场进行股票回购，以稳定交易和提高股价。

第四，改善资本结构。任何产业的发展都会经历上升期、成熟期和衰退期。

在上升期，企业内部融资不足，往往通过发行股票融资，大大加快资本的形成。但当产业进入衰退期后，公司资金较为充裕，却由于行业进入衰退期而不愿扩大投资，这部分剩余资金若无适当的投资项目，只能作为银行存款或购买短期证券，影响公司的净资产收益率。这时，通过股份回购减少公司资本，不仅可充分利用公司资本改善公司资本结构，还可提高每股收益。

第五，反收购策略。股票回购在国外常被用作重要的反收购策略。股票回购可提高公司股价，减少流通在外的股份，使收购方收购难度增加。但由于回购的股票无表决权。回购后进攻企业的持股比例也会上升，因此公司需将回购股票再卖给稳定股东，不能起到反收购的作用。

我国对股票回购的法律规定

在国外成熟的证券市场，回购是一种合法化的公司行为。但由于股票回购不可避免地会引起股票价格波动，并涉及内幕交易，世界各国对上市公司回购股份都规定了十分严格的条件。我国原则上不允许股票回购。《公司法》规定，公司不得收购本公司的股票，但为减少公司资本或者与持有本公司股票的其他公司合并时除外。公司收购本公司股票后，必须在10天内注销该部分股票，依照法律、行政法规办理变更登记并公告，也即按照现行法律，我国公司不存在库藏股概念。

什么是股权重组与并购

企业并购的形式多种多样，按照不同的分类标准可划分为许多不同的类型。

按并购双方产品与产业的联系划分

按双方产品与产业的联系划分，并购可分为横向并购、纵向并购、混合并购。

第一，横向并购。当并购方与被并购方处于同一行业、生产或经营同一产品，并购使资本在同一市场领域或部门集中时，则称为横向并购。如奶粉罐头食品厂合并咖啡罐头食品厂，两厂的生产工艺相近，并购后可按购受企业的要求进行生产或加工。这种并购投资的目的主要是确立或巩固企业在行业内的优势地位，扩大企业规模。

第二，纵向并购。纵向并购是对生产工艺或经营方式上有前后关联的企业进行的并购，是生产、销售的连续性过程中互为购买者和销售者（即生产经营上互为上下游关系）的企业之间的并购。如加工制造企业并购与其有原材料、运输、贸易联系的企业。其主要目的是组织专业化生产和实现产销一体化。纵向并购较少受到各国有关反垄断法律或政策的限制。

第三，混合并购。混合并购是对处于不同产业领域、产品属于不同市场，且与其产业部门之间不存在特别的生产技术联系的企业进行并购，如钢铁企业并购石油企业，因而产生多种经营企业。采取这种方式可通过分散投资、多样化经营降低企业风险，达到资源互补、优化组合、扩大市场活动范围的目的。

按并购的实现方式划分

按并购的实现方式划分，并购可分为承担债务式、现金购买式和股份交易式并购。

第一，承担债务式并购。在被并购企业资不抵债或资产债务相等的情况下，并购方以承担被并购方全部或部分债务为条件，取得被并购方的资产所有权和经营权。

第二，现金购买式并购。现金购买式并购有以下两种情况：

并购方筹集足额的现金购买被并购方全部资产，使被并购方除现金没有持续经营的物质基础，成为有资本结构而无生产资源的空壳，不得不从法律意义上消失。

并购方以现金通过市场、柜台或协商购买目标公司的股票或股权，一旦拥有其大部分或全部股本，目标公司就被并购了。

第三，股份交易式并购。股份交易式并购也有以下两种情况：

以股权换股权。这是指并购公司向目标公司的股东发行自己公司的股票，以换取目标公司的大部分或全部股票，达到控制目标公司的目的。通过并购，目标公司或者成为并购公司的分公司或子公司，或者解散并入并购公司。

以股权换资产。并购公司向目标公司发行并购公司自己的股票，以换取目标公司的资产，并购公司在有选择的情况下承担目标公司的全部或部分责任。目标公司也要把拥有的并购公司的股票分配给自己的股东。

按涉及被并购企业的范围划分

按并购涉及被并购企业的范围划分，并购分为整体并购和部分并购。

第一，整体并购。整体并购指资产和产权的整体转让，是产权的权益体系或资产不可分割的并购方式。其目的是通过资本迅速集中，增强企业实力，扩大生产规模，提高市场竞争能力。整体并购有利于加快资金、资源集中的速度，迅速提高规模水平与规模效益。实施整体并购也在一定程度上限制了资金短缺者的潜在购买行为。

第二，部分并购。部分并购指将企业的资产和产权分割为若干部分进行交易而实现企业并购的行为。其具体包括以下三种形式：

■ 对企业部分实物资产进行并购。

■ 将产权划分为若干份等额价值进行产权交易。

■ 将经营权分成几个部分（如营销权、商标权、专利权等）进行产权转让。

部分并购的优点在于可扩大企业并购的范围；弥补大规模整体并购的巨额资金"缺口"；有利于企业设备更新换代，使企业将不需要的厂房、设备转让给其他并购者，更容易调整存量结构。

按企业并购双方是否友好协商划分

按并购双方是否友好协商划分，并购分为善意并购和敌意并购。

第一，善意并购。善意并购指并购公司事先与目标公司协商，征得其同意并通过谈判达成收购条件的一致意见而完成收购活动的并购方式。善意并购有利于降低并购行动的风险与成本，使并购双方能够充分交流、沟通信息。目标公司主动向并购公司提供必要的资料。同时善意行为还可避免因目标公司抗拒而带来额外的支出。但是，善意并购使并购公司不得不牺牲自身的部分利益，以换取目标公司的合作。而且漫长的协商、谈判过程也可能使并购行动丧失其部分价值。

第二，敌意并购。敌意并购指并购公司在收购目标公司股权时虽然遭到目标公司的抗拒，仍然强行收购，或者并购公司事先并不与目标公司进行协商，而突然直接向目标公司股东开出价格或收购要约的并购行为。敌意并购的优点在于并购公司完全处于主动地位，不用被动权衡各方利益，而且并购行动节奏快、时间短，可有效控制并购成本。但敌意并购通常无法从目标公司获取其内部实际运营、财务状况等重要资料，给公司估价带来困难，同时还会招致目标公司抵抗甚至设置各种障碍。所以，敌意并购的风险较大，要求并购公司制定严密的收购行动计划并严格保密、快速实施。另外，由于敌意并购易导致股市的不良波动，甚至影响企业发展的正常秩序，各国政府都对敌意并购予以限制。

按并购交易是否通过证券交易所划分

按并购交易是否通过证券交易所划分，并购分为要约收购与协议收购。

第一，要约收购。要约收购指并购公司通过证券交易所的证券交易，持有一个上市公司（目标公司）已发行的股份的30％时，依法向该公司所有股东发出公开收购要约，按符合法律的价格以货币付款方式购买股票，获取目标公司股权的收购方式。要约收购直接在股票市场中进行，受到市场规则的严格限制，风险较大，但自主性强，速战速决。敌意并购多采取要约收购的方式。

第二，协议收购。协议收购指并购公司不通过证券交易所，直接与目标公司取得联系，通过谈判、协商达成共同协议，据以实现目标公司股权转移的收购方式。协议收购易取得目标公司的理解与合作，有利于降低收购行动的风险与成本，但谈判过程中的契约成本较高。协议收购一般都属于善意并购。

弄清楚并购的动因

市场经济环境下，企业作为独立的经济主体，其一切经济行为都受到利益动机驱使，并购行为的目的也是为实现其财务目标——股东财富最大化。同时，企业并购的另一动力来源于市场竞争的巨大压力。这两大原始动力在现实经济生活中以不同的具体形态表现出来，即在多数情况下企业并非仅仅出于某一个目的进行并购，而是将多种因素综合平衡。这些因素主要包括以下几种。

谋求管理协同效应

如果某企业有一支高效率的管理队伍，其管理能力超出管理该企业的需要，但这批人才只能集体实现其效率，企业不能通过解聘释放能量，那么该企业就可并购那些由于缺乏管理人才而效率低下的企业，利用这支管理队伍通过提高整体效率水平而获利。

谋求经营协同效应

由于经济的互补性及规模经济，两个或两个以上的企业合并后可提高其生产经营活动的效率，这就是所谓的经营协同效应。获取经营协同效应的一个重要前提是产业中的确存在规模经济，且在并购前尚未达到规模经济。规模经济效益具体表现在以下两个层次：

第一，生产规模经济。企业通过并购可调整其资源配置使其达到最佳经济规模的要求，有效解决由专业化引起的生产流程的分离，从而获得稳定的原材料来源渠道，降低生产成本，扩大市场份额。

第二，企业规模经济。通过并购将多个工厂置于同一企业领导之下，可带来一定规模经济，表现为节省管理费用、节约营销费用、集中研究费用、扩大企业规模、增强企业抵御风险能力等。

谋求财务协同效应

企业并购不仅可因经营效率提高而获利，而且还可在财务方面给企业带来如下收益：

第一，财务能力提高。一般情况下，合并后企业整体的偿债能力比合并前各单个企业的偿债能力强，而且还可降低资本成本，并实现资本在并购企业与被并购企业之间低成本的有效再配置。

第二，合理避税。税法一般包含亏损递延条款，允许亏损企业免交当年所得税，且其亏损可向后递延以抵消以后年度盈余。同时一些国家税法对不同的资产适用不同的税率，股息收入、利息收入、营业收益、资本收益的税率也各不相同。企业可利用这些规定，通过并购行为及相应的财务处理合理避税。

第三，预期效应。预期效应指因并购使股票市场对企业股票评价发生改变而对股票价格的影响。由于预期效应的作用，企业并购往往伴随着强烈的股价波动，形成股票投机机会。投资者对投机利益的追求反过来又会刺激企业并购的发生。

实现战略重组，开展多元化经营

企业通过经营相关程度较低的不同行业可以分散风险、稳定收入来源、增强企业资产的安全性。多元化经营可以通过内部积累和外部并购两种途径实现，但在多数情况下，并购途径更为有利。尤其是当企业面临变化了的环境而调整战略时，并购可以使企业低成本地迅速进入被并购企业所在的增长相对较快的行业，并在很大程度上保持被并购企业的市场份额以及现有的各种资源，从而保证企业持续不断的盈利能力。

获得特殊资产

企图获取某项特殊资产往往是并购的重要动因。特殊资产可能是一些对企业发展至关重要的专门资产。如土地是企业发展的重要资源，一些有实力、有前途的企业往往会由于狭小的空间难以扩展，而另一些经营不善、市场不景气的企业却占有较多的土地和优越的地理位置，这时优势企业就可能并购劣势企业以获取其优越的土地资源。另外，并购还可能是为了得到目标企业所拥有的有效管理队伍、优秀研究人员或专门人才以及专有技术、商标、品牌等无形资产。

降低代理成本

在企业的所有权与经营权相分离的情况下，经理是决策或控制的代理人，而所有者作为委托人成为风险承担者。由此造成的代理成本包括契约成本、监督成本和剩余损失。通过企业内部组织机制安排可以在一定程度上缓解代理问题，降低代理成本。但当这些机制均不足以控制代理问题时，并购机制使得接管的威胁始终存在。通过公开收购或代理权争夺而造成的接管，将会改选现任经理和董事会成员，从而作为最后的外部控制机制解决代理问题，降低代理成本。

另外，跨国并购还可能具有其他多种特殊的动因，如企业增长、技术、产品优势与产品差异、政府政策、汇率、政治和经济稳定性、劳动力成本和生产率差异、多样化、确保原材料来源、追随顾客等。

充分认识企业并购的风险

企业并购是高风险经营，财务分析应在关注其各种收益、成本的同时，更重视并购过程中的各种风险。

营运风险

所谓营运风险，是指并购方在并购完成后，可能无法使整个企业集团产生经营协同效应、财务协同效应、市场份额效应，难以实现规模经济和经验共享互补。通过并购形成的新企业因规模过于庞大而产生规模不经济，甚至整个企业集团的经营业绩都被并购进来的新企业所拖累。

信息风险

在并购中，信息是非常重要的，知己知彼，百战不殆。真实与及时的信息可以大大提高并购企业行动的成功率。但实际并购中因贸然行动而失败的案例不少，这就是经济学上所称的"信息不对称"导致的结果。

融资风险

企业并购需要大量的资金，所以并购决策会同时对企业资金规模和资本结构产生重大影响。实践中，并购动机以及目标企业并购前资本结构的不同，还会造成并购所需的长期资金与短期资金、自有资本与债务资金投入比率的种种差异。与并购相关的融资风险具体包括资金是否可以保证需要（时间上与数量上）、融资方式是否适应并购动机（暂时持有或长期拥有）、现金支付是否会影响企业正常的生产经营、杠杆收购的偿债风险等。

预测风险

预测风险即对价值的预测风险。并购成功的基础是：在确定要并购的企业后，并购双方最关心以持续经营的观点合理地估算目标企业的价值并作为成交的底价。目标企业的估价取决于并购企业对其未来自由现金流量和时间的预测。如果对目标企业的价值评估不够准确，就会产生对并购公司的估价风险。

反收购风险

在通常情况下，被收购的企业对收购行为往往持不欢迎和不合作态度，尤其在面临敌意并购时，他们可能会"宁为玉碎，不为瓦全"，不惜一切代价布置反收购战役，其反收购措施可能是各种各样的。这些反收购行动无疑会对收购方构成相当大的风险。

法律风险

各国关于并购、重组的法律、法规的细则，一般都通过增加并购成本而提高并购难度。如我国目前的收购规则，要求收购方持有一家上市企业5％的股票后即必须公告并暂停买卖（针对上市企业非发起人），以后每递增5％就要重复该过程，持有30％股份后即被要求发出全面收购要约。这套程序造成的收购成本之高，收购风险之大，收购程度之复杂，足以使收购者气馁，反收购则相对比较轻松。

体制风险

在我国，国有企业资本经营过程中相当一部分企业的收购兼并行为，都是由政府部门强行撮合而实现的。尽管大规模的并购活动需要政府的支持和引导，但是并购行为毕竟应是企业基于激烈市场竞争而自主选择的发展策略，是一种市场化行为。政府依靠行政手段对企业并购大包大揽不仅背离市场原则，难以达到预期效果，而且往往还会给并购企业带来风险。比如，以非经济目标代替经济目标，过分强调"优帮劣、强管弱、富扶贫"的解围行为，将使企业并购偏离资产最优化组合的目标，从而使并购在一开始就潜伏着体制风险。

总之，并购风险非常复杂和广泛，企业应谨慎对待，多谋善选，尽量避免风险，将风险消除在并购的各个环节中，最终实现并购的成功。

筹措好并购的资金

目前适合我国国情的融资方式和途径有内部留存、增资扩股、金融机构信贷、企业发行债券、卖方融资、杠杆收购等方式。在具体的运作中，有些可单独运用，有些则可组合运用，应视并购双方具体情况而定。

增资扩股

收购方选择增资扩股方式取得现金来收购目标公司时，最重要的是考虑股东对现金增资意愿的强弱。就上市公司而言，拥有经营权的大股东可能考虑其自身认购资金来源的资金成本、小股东认购愿望的因素等，同时，还要考虑增资扩股对其股东控制权、每股收益、净资产收益率、每股净资产等财务指标产生的不利影响。对于非上市公司，若股东资金不足而需由外界特定人士认购时，大股东可能会出于保持控制权的考虑而宁可增加借款而不愿扩股。

股权置换（换股）

股权置换实际上是公司合并的基本特色。在企业收购活动中，收购者若将其自身的股票作为现金支付给目标公司股东，可以通过两种方式实现：一是由买方出资收购卖方全部股权或部分股权，卖方股东取得资金后认购收购方的现金增资股，因此双方股东不需另筹资金即可实现资本集中；二是由买方收购卖方全部资产或部分资产，而由卖方股东认购买方的增资股，这样也可达到集中资本的目的。

股权置换完成以后，新公司的股东由并购公司的原有股东和目标公司的原股东共同构成，其中没有改变的是并购公司的原有股东继续保持对公司的控制权，但是由于股权结构的改变，这种控制权受到稀释。

金融机构信贷

金融机构信贷是企业并购的一个重要资金来源，在国外比较流行。由于这种贷款不同于一般的商业贷款，要求收购方提前向可能提供贷款的金融机构提出申请，并就各种可能出现的情况进行坦诚的磋商。即使需要保密，也需在收购初期向金融机构提出融资要求，因为这种贷款与一般的商业贷款相比金额大、偿债期长、风险高，故需较长的商讨时间。

卖方融资（推迟支付）

在许多时候，购并双方在谈判时会涉及购并方推迟支付部分或全部款项的情形。这是在国外因某公司或企业获利不佳，卖方急于脱手的情况下，新产生的有利于收购者的支付方式，与通常的"分期付款方式"相类似。不过这要求收购者有极佳的经营计划，才易取得"卖方融资"。这种方式对卖方的好处在于因为款项分期支付，税负自然也分段支付，使其享有税负延后的好处而且还可要求收购方支付较高的利息。

杠杆收购

杠杆收购是指收购方为筹集收购所需资金，大量向银行或金融机构借债，或发行高利率、高风险债券，这些债务的安全性以目标公司的资产或将来的现金流入作担保。实质上，杠杆收购是收购公司主要通过借债来获得目标公司的产权，且从后者的现金流量中偿还负债的收购方式。

与其他的企业并购融资方式相比较，杠杆收购有如下基本特征。

第一，收购公司用以收购的自有资金远远少于收购总资金，两者之间的比例一般仅为20%～30%。

第二，收购公司的绝大部分收购资金系借债而来，贷款方可能是金融机构、信托基金、个人，甚至可能是目标公司的股东。

第三，收购公司用以偿付贷款的款项来自目标公司的资产或现金流量，即目标公司将支付其自身的售价。

第四，收购公司除投资非常有限的资金外，不负担进一步投资的义务，即贷出收购资金的债权人只能向目标公司求偿，实际上，贷款方通常在目标公司资产上担保，以确保优先受偿地位。

杠杆收购在提高财务效益的同时，也带来了高风险。这种收购的大部分资金依赖于债务，需要按期支付债息，沉重的债息偿还负担可能令收购公司不堪重负而被压垮。收购后公司只有经过重组，提高经营效益与偿债能力，并使资产收益率和股权回报率有所增长，并购活动才算真正成功。

如何在股权重组中反收购

在当今公司并购之风盛行的情况下，越来越多的公司从自身利益出发，在投资银行等外部顾问机构的帮助下，开始重视采用各种积极有效的防御性措施进行反收购，以抵制来自其他公司的敌意并购。

反收购的经济手段

反收购时可以运用的经济手段主要有四大类：提高收购者的收购成本、降低收购者的收购收益、收购收购者、适时修改公司章程等。

第一，提高收购者的收购成本

■股份回购。公司在受到收购威胁时可回购股份，其基本形式有两种：一是公司将可用的现金分配给股东，这种分配不是支付红利，而是购回股票；二是换股，即发行公司债券、特别股或其组合以回收股票，通过减少在外流通股数抬高股价，迫使收购者提高每股收购价。但此法对目标企业颇危险，因负债比例提高，财务风险增加。

■ 寻找"白衣骑士"（White Knight）。"白衣骑士"是指目标企业为免遭敌意收购而自己寻找的善意收购者。公司在遭到收购威胁时，为不使本企业落入恶意收购者手中，可选择与其关系密切的有实力的公司，以更优惠的条件达成善意收购。一般来讲，如果收购者出价较低，目标企业被"白衣骑士"拯救的希望就大；若收购者提供了很高的收购价格，则"白衣骑士"的成本提高，目标公司获救的机会相应减少。

■ "金色降落伞"。公司一旦被收购，目标企业的高层管理者将可能遭到撤换。"金色降落伞"则是一种补偿协议。它规定在目标公司被收购的情况下，高层管理人员无论是主动还是被迫离开公司，都可以领到一笔巨额的安置费。与之相似，还有针对低层雇员的"银色降落伞"。但金色降落伞策略的弊病也是显而易见的——支付给管理层的巨额补偿反而有可能诱导管理层低价将企业出售。

第二，降低收购者的收购收益或增加收购者风险

■ "皇冠上的珍珠"对策。从资产价值、盈利能力和发展前景诸方面衡量，在混合公司内经营最好的企业或子公司被喻为"皇冠上的珍珠"。这类公司通常会诱发其他公司的收购企图，成为兼并的目标。目标企业为保全其他子公司。可将"皇冠上的珍珠"这类经营好的子公司卖掉，从而达到反收购的目的。作为替代方法，也可把"皇冠上的珍珠"抵押出去。

■ "毒丸计划"。"毒丸计划"包括"负债毒丸计划"和"人员毒丸计划"两种。前者是指目标公司在收购威胁下大量增加自身负债，降低企业被收购的吸引力。例如，发行债券并约定在公司股权发生大规模转移时，债券持有人可要求立刻兑付，从而使收购公司在收购后立即面临巨额现金支出，降低其收购兴趣。"人员毒丸计划"的基本方法则是公司的绝大部分高级管理人员共同签署协议，在公司被以不公平价格收购，并且这些人中有一人在收购后被降职或革职时，则全部管理人员将集体辞职。这一策略不仅保护了目标公司股东的利益，而且会使收购方慎重考虑收购后更换管理层对公司带来的巨大影响。企业的管理层阵容越强大、越精干，实施这一策略的效果将越明显。当管理层的价值对收购方无足轻重时，"人员毒丸计划"也就收效甚微了。

■"焦土战术"。这是公司在遇到收购袭击而无力反击时，所采取的一种两败俱伤的做法。例如，将公司中引起收购者兴趣的资产出售，使收购者的意图难以实现；或是增加大量与经营无关的资产，大大提高公司的负债，使收购者因考虑收购后严重的负债问题而放弃收购。

第三，收购收购者。这是作为收购对象的目标企业为挫败收购者的企图威胁进行反收购，并开始购买收购者的普通股，以达到保卫自己的目的。例如，甲公司不顾乙公司意愿而展开收购，则乙公司也开始购买甲公司的股份，以挫败甲公司的收购企图。

第四，适时修改公司章程。这是公司对潜在收购者或诈骗者所采取的预防措施。反收购条款的实施、直接或间接提高收购成本、董事会改选的规定都可使收购方望而却步。常用的反收购公司章程包括：

■董事会轮选制。董事会轮选制使公司每年只能改选很小比例的董事。即使收购方已经取得了多数控股权，也难以在短时间内改组公司董事会或委任管理层，实现对公司董事会的控制，从而进一步阻止其操纵目标公司的行为。

■超级多数条款。公司章程都须规定修改章程或重大事项（如公司的清盘、并购、资产的租赁）所需投票权的比例。超级多数条款规定公司被收购必须取得2/3或80%的投票权，有时甚至会高达95%。这样，若公司管理层和员工持有公司相当数量的股票，那么即使收购方控制了剩余的全部股票，收购也难以完成。

■公平价格条款。公平价格条款规定收购方必须向少数股东支付目标公司股票的公平价格。所谓公平价格，通常以目标公司股票的市盈率作为衡量标准，而市盈率的确定是以公司的历史数据并结合行业数据为基础的。

反收购的法律手段

诉讼策略是目标公司在并购防御中经常使用的策略。诉讼的目的通常包括：逼迫收购方提高收购价以免被起诉；避免收购方先发制人，提起诉讼，延缓收购时间，以便另寻"白衣骑士"；在心理上重振目标公司管理层的士气。

诉讼策略的第一步往往是目标公司请求法院禁止收购继续进行。于是，收购方必须首先给出充足的理由证明目标公司的指控不成立，否则不能继续增加目标公司的股票。这就使目标公司有机会采取有效措施进一步抵御被收购。不论诉讼成功与否，都为目标公司争得了时间，这是该策略被广为采用的主要原因。

目标公司提起诉讼的理由主要有三条：其一，反垄断。部分收购可能使收购方获得某一行业的垄断或接近垄断地位，目标公司可以此作为诉讼理由。其二，披露不充分。目标公司认定收购方未按有关法律规定向公众及时、充分或准确地披露信息等。其三，犯罪。除非有十分确凿的证据，否则目标公司难以以此为由提起诉讼。

反收购防御的手段层出不穷，除经济、法律手段以外，还可利用政治等手段，如迁移注册地、增加收购难度等。以上种种反并购策略各具特色，各有千秋，很难断定哪种更为奏效。但有一点是可以肯定的，企业应该根据并购双方的力量对比和并购初衷选用一种策略或几种策略的组合。

第十一章　法律顾问必备财务知识

第四节　解救财务危机少不了你

——财务重整

重整按是否通过法律程序分为非正式财务重整和正式财务重整两种。

 做好非正式财务重整

当企业只是面临暂时性的财务危机时，债权人通常更愿意直接同企业联系，帮助企业恢复和重新建立较坚实的财务基础，以避免因进入正式法律程序而发生的庞大费用和冗长的诉讼时间。

非正式财务重整主要是指债务展期与债务和解

所谓债务展期即推迟到期债务要求付款的日期；而债务和解则是债权人自愿同意减少债务人的债务，包括同意减少债务人偿还的本金数额，或同意降低利息率，或同意将一部分债权转化为股权，或将上述几种选择混合使用。

企业在经营过程中发生财务困难时，有时债务的延期或到期债务的减免都会为财务发生困难的企业赢得时间，使其调整财务，避免破产。而且债务展期与债务和解均属非正式的挽救措施，是债务人与债权人之间达成的协议，既方便又简捷。因此，当企业发生财务困难时，首先想到的便是债务展期与债务和解。

债务展期与债务和解作为挽救企业经营失败的两种方法，都能使企业继续经营并避免法律费用。虽然由于债务展期或债务和解，会使债权人暂时无法收取账款而发生一些损失，但是，一旦债务人从困境中恢复过来，债权人不仅能如数收取账款，进而还能给企业带来长远效益。因此，债务展期与债务和解的方法在实际工作中普遍被采用。

当企业拟采用债务展期或债务和解措施来渡过难关时，首先，由企业，即债务人向有关管理部门提出申请，召开由企业和其债权人参加的会议；其次，由债权人任命一个由1~5人组成的委员会，负责调查企业的资产、负债情况，并制定出一项债权调整计划，就债权的展期或债务的和解作出具体安排；最后，召开债权人、债务人会议，对委员会提出的债务展期、和解或债务展期与和解兼而有之的财务安排进行商讨并取得一致意见，达成最终协议，以便债权人、债务人共同遵循。

一般而言，债权人同意债务展期或债务和解，表明债权人对债务人很有信心，相信债务人能够走出财务困境并有益于债权人。然而，在债务展期或债务和解后等待还款的一段期间里，由于企业经营的不确定性，随时会发生新的问题而导致债权人利益受损。因此，为了对债务人实施控制，保护债权人利益，在实施债务展期或债务和解后，债权人通常应采取下列措施：

■坚持实行某种资产的转让或由第三者代管。
■要求债务企业股东转让其股票到第三者代管账户，直至根据展期协议还清欠款为止。
■债务企业的所有支票应由债权人委员会会签，以保持回流现金用于还清欠款。

非正式财务重整可以为债务人和债权人双方都带来一定的好处。首先，这种做法避免了履行正式手续所需发生的大量费用，所需要的律师、会计师的人数也比履行正式手续要少得多，使重整费用降至最低点。其次，非正式重整可以减少重整所需的时间，使企业在较短的时间内重新进入正常经营的状态，避免了因冗长的正式程序使企业迟迟不能进行正常经营而造成的企业资产闲置和资金回收推迟等浪费现象。再次，非正式重整使谈判有更大的灵活性，有时更易达成协议。

但是非正式财务重整也存在着一些弊端，主要表现为：当债权人人数很多时，可能难于达成一致；没有法院的正式参与，协议的执行缺乏法律保障。

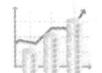 做好正式财务重整

破产法中建立的重整制度，允许企业在破产时进行重整，但需经过法院裁定，因此涉及正式的法律程序。企业在其正常的经营活动中，有时会由于企业自身的经营条件或者企业外部环境的各种原因无法如期偿还债务，从而陷入暂时的财务困难，这时，便可以通过与其债权人协商达成协议后，按照法定的程序对企

业进行重整。企业财务重整是通过一定的法律程序改变企业的资本结构,合理地解决其所欠债权人的债务,以便使企业摆脱所面临的财务困难并继续经营。

正式重整是在法院受理债权人申请破产案件的一定时期内,经债务人及其委托人申请,与债权人会议达成和解协议,对企业进行整顿、重组的一种制度。在正式重整中,法院起着重要的作用,特别是要对协议中的公司重整计划的公正性和可行性作出判断。

依照规定,在法院批准重整之后不久,应成立债权人会议,所有债权人均为债权人会议成员。其主要职责是:审查有关债权的证明材料,确认债权有无财产担保,讨论通过改组计划,保护债权人的利益,确保债务企业的财产不致流失。债务人的法定代表必须列席债权人会议,回答债权人的询问。我国还规定要有工会代表参加债权人会议。

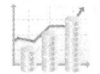 **走好财务重整的程序**

向法院提出重组申请

在向法院申请企业重组时,必须阐明对企业实施重组的必要性,以及不采用非正式重整的原因。同时要满足一定的条件:企业发生财务危机或者在债务到期时企业无法偿还;企业有3个或者3个以下债权人的债权合计数达到一定的数额、如果企业重组的申请符合有关规定,法院将批准重组申请。

法院任命债权人委员会

债权人委员会的权限与职责是:挑选并委托若干律师、注册会计师或者其他中介机构作为其代表履行职责;就企业财产的管理情况向受托人和债务人提出质询;对企业的经营活动、企业的财产及债务状况等进行调查,了解希望企业继续经营的程度以及其他任何与制定重组计划有关的问题,在此基础上,制定企业的继续经营计划呈交法院;参与重组计划的制订,并就所制定的重组计划提出建议提交给法院;如果事先法院没有任命受托人,应向法院提出任命受托人的要求等。

制定企业重整计划

重整计划既可能改变企业债权人的法定的或者契约限定的权利,也可能改变企业股东的权益,无财产担保的债权人则往往选择以牺牲其部分债权为代价而收回部分现金。经法院批准的重整计划,对企业本身、全体债权人及全体股东均有约束力。

重整计划是对公司现有债权、股权的清理和变更作出安排，重整公司资本结构，提出未来的经营方案与实施办法。一般来讲，制定重整计划需要包括下述四项内容：

第一，估算重整企业的价值。这是非常困难的一步，常采用的方法是收益现值法，即：

- 估算公司未来的销售额。
- 分析公司未来的经营环境，以便预测公司未来的收益与现金流量；确定用于未来现金流量贴现的贴现率。
- 用确定的贴现率对未来公司的现金流入量进行贴现，以估算出公司的价值。

第二，调整公司的资本结构，削减公司的债务负担和利息支出，为公司继续经营创造一个合理的财务状况。为达到这一目的，需要对某些债务延期，将某些债务转换为股权。

第三，公司新的资本结构确定之后，用新的证券替换旧的证券，实现公司资本结构的转换。要做到这一点，需要将公司各类债权人和权益所有者按照求偿权的优先级别分类统计，同一级别的债权人或权益所有者在进行资本结构调整时享有相同的待遇。一般来讲在优先级别在前的债权人或权益所有者得到妥善安排之后，优先级别在后的债权人或权益所有者才能得到安置。

第四，重整计划通常还包括以下措施：

- 如果公司现有管理人员不称职，对公司管理人员进行调整，选择有能力的管理人员替代原管理人员对公司进行管理，补充聘用新的经理和董事。
- 对公司存货及其他有关资产进行分析，对那些已经贬值的存货及其他资产的价值进行调整，以确定公司资产的当前价值，这也是重整公司资本结构、重新安排公司债权和股权的基础。
- 改进公司的生产、营销、广告等各项工作，改善经营管理方法，提高企业各个环节、各个职能部门之间的有效运转和协调配合；提高公司的工作效率。
- 必要时还需要制定新产品开发计划和设备更新计划，以提高生产能力。

执行企业重整计划

按照重整计划所列示的措施逐项予以落实，包括整顿原有企业、联合新的企业,以及随时将整顿情况报告债权人会议,以便使债权人及时了解企业重整情况。

经法院认定宣告终止重整

终止重整通常发生于:其一,企业经过重整后,能按协议及时偿还债务,法院宣告终止重整;其二,重整期满,不能按协议清偿债务,法院宣告破产清算而终止重整;其三,重整期间,不履行重整计划,欺骗债权人利益,致使财务状况继续恶化,法院终止企业重整,宣告其破产清算。

作好财务重整的决策

企业濒临破产时面临一项财务决策,即是通过清算而使企业解体,或者通过重整而生存下去,这项财务决策正确与否直接关系到企业的生死存亡,故必须慎重进行。

影响重整抑或破产清算财务决策的重要因素,首先是企业重整价值与清算价值之比较。重整价值是指企业通过整顿,重整后所恢复的价值,包括设备的更新、过时存货的处理,以及对经营管理所做的种种改善等;而清算价值则指依企业使用的资本资产专门化程度所确定的价值,包括该资产的变现价值,以及在清算过程中所发生的资产清理费用及法律费用。通常,以重整价值大于清算价值作为重整优先考虑的条件。

其次,法院或债权人对企业重整的认可是以重整计划是否具备公平性和可行性为依据的。公平性是指在企业重整过程中对所有的债权人一视同仁,按照法律和财产合同规定的先后顺序,对各债权人的求偿权予以确认,不能违背法律。可行性是指重整应具备的相应条件,主要包括债权人与债务人两方面。为了使重整可行,债务人一般应具备如下条件:一是必须具有良好的道德信誉,在整个重整过程中,债务人不能欺骗债权人,如非法变卖企业财产以充作私用,损害债权人利益;二是债务人能提供详细的重整计划,以表明其有足够的把握使重整成功;三是债务人所处的经营环境有利于债务人摆脱困境,取得成功。为了使重整可行,必须经债权人会议讨论通过同意重整,并愿意帮助债务人重建财务基础。